埃及通史

4

托勒密王朝

[爱尔兰] 约翰·彭特兰·马哈菲 —— 著　　刘舒婷 —— 译

图书在版编目（CIP）数据

埃及通史. 托勒密王朝 /（爱尔兰）约翰·彭特兰·马哈菲著；刘舒婷译. -- 重庆：重庆出版社, 2025.5. -- ISBN 978-7-229-19187-0

Ⅰ. K411

中国国家版本馆CIP数据核字第2024KL1999号

埃及通史：托勒密王朝
AIJITONGSHI: TUOLEMIWANGCHAO

[爱尔兰] 约翰·彭特兰·马哈菲 著　　刘舒婷 译

出　　品：	华章同人
出版监制：	徐宪江　连　果
责任编辑：	陈　丽　史青苗
特约编辑：	王宏亮
责任校对：	刘小燕
营销编辑：	刘晓艳　冯思佳
责任印制：	梁善池
封面设计：	@框圈方圆

重庆出版集团
重庆出版社 出版

（重庆市南岸区南滨路162号1幢）

北京毅峰迅捷印刷有限公司　印刷

重庆出版集团图书发行有限公司　发行

邮购电话：010-85869375

全国新华书店经销

开本：889mm×1194mm　1/32　印张：9.75　字数：220千

2025年5月第1版　2025年5月第1次印刷

定价：70.00元

如有印装质量问题，请致电023-61520678

版权所有，侵权必究

本书是《埃及通史》(全6卷)中的第 4 卷

根据斯克里布纳之子公司所出版本译出

爱尔兰皇家学院院长、都柏林圣三一学院古代史教授

大英帝国骑士十字勋章获得者

约翰·彭特兰·马哈菲的作品

序 言

在撰写本卷的过程中，我得到了皮特里教授的慷慨帮助，他将自己许多珍贵的收藏品的照片和埃及纪念碑的照片提供给我；《古典评论》的编辑们向我提供了最新发现的托勒密铭文的复制品（第138页[1]）；詹姆斯·格雷戈先生向我寄送了一份与贝勒尼基儿童时期头饰相符的头饰复制品（第117页[2]）；弗朗西斯·卢埃林·格里菲斯先生向我解释了托勒密王朝的各种头衔（附录）；最后，朱塞佩·博蒂博士允许我复制他新绘制的亚历山大城的地图，尽管该地图不完整，并且远未定稿，但它比迄今为止任何城市的地图要先进得多。遗憾的是，直到本书快要付印时，该地图才到手，因此无法在适当的位置将其插入并进行讨论[3]。

约翰·彭特兰·马哈菲

【注释】

1　指原著138页。——译者注
2　指原著117页。——译者注
3　在原著中，该图放在了附录后面。为了方便读者查阅，现移到序言后。——译者注

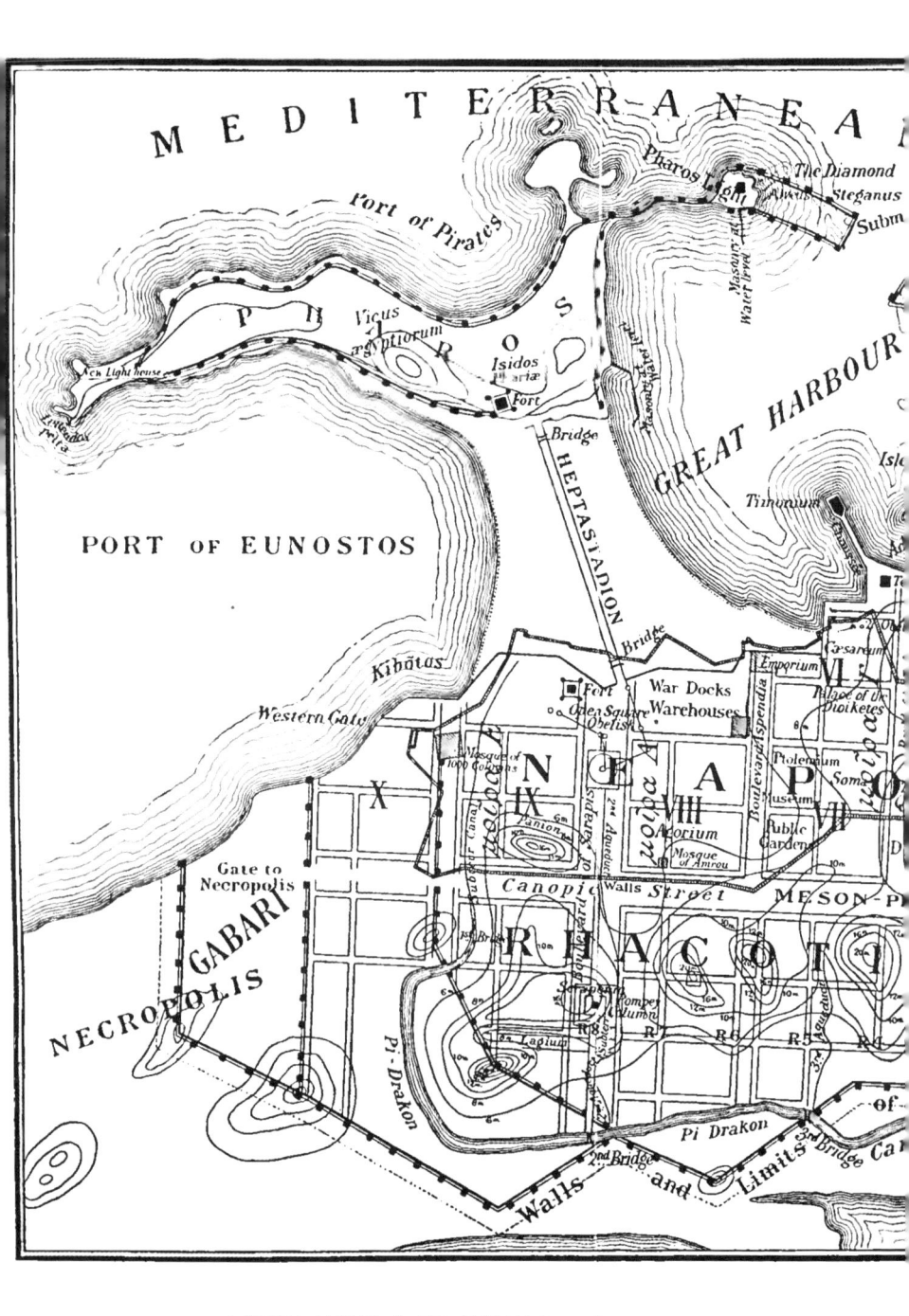

古代亚历山大城地图，朱塞佩·博蒂绘制于 1898 年

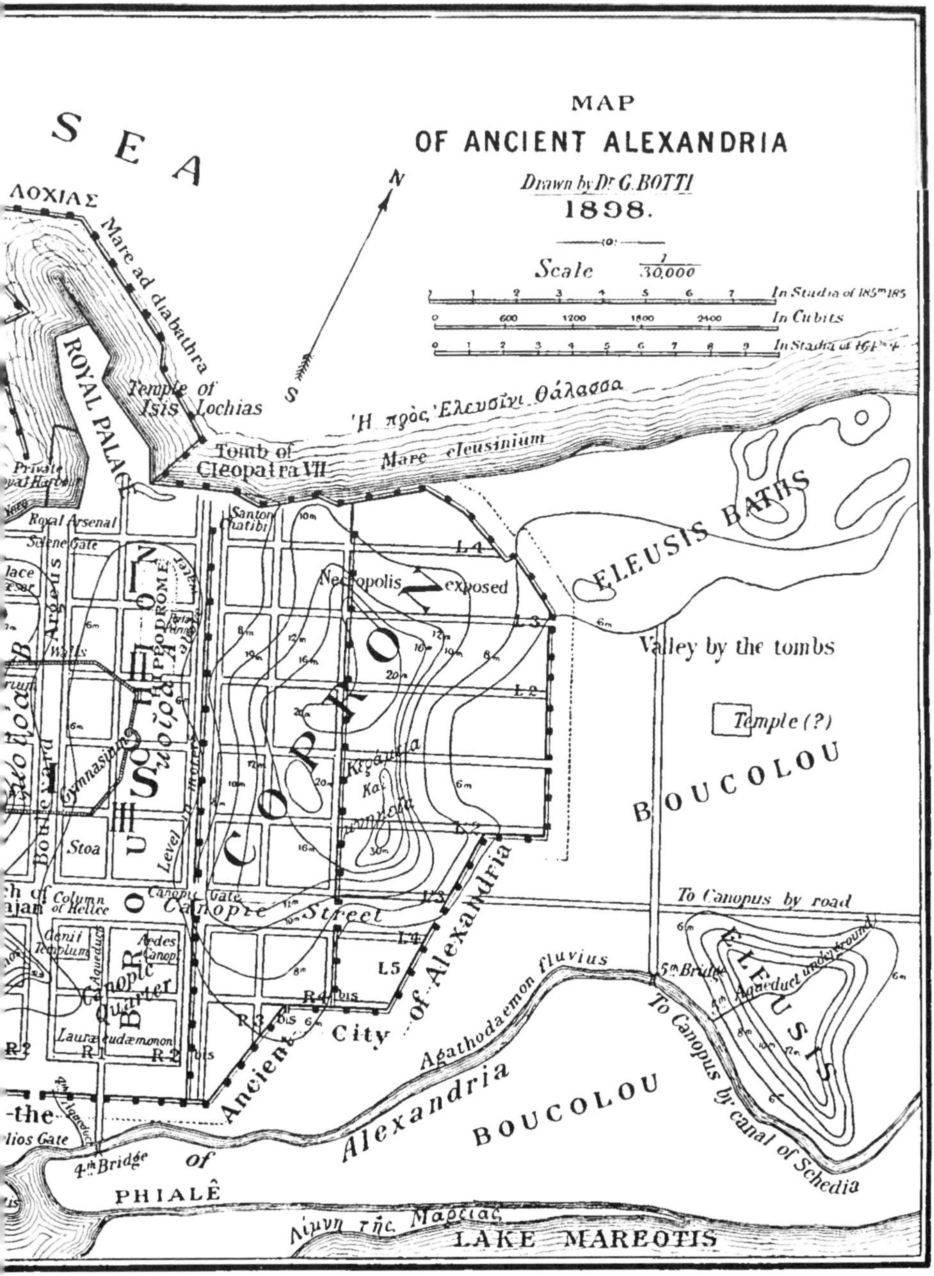

MAP
OF ANCIENT ALEXANDRIA
Drawn by Dr G. BOTTI
1898.
Scale 1/30,000
In Stadia of 185m 185
In Cubits
In Stadia of 164m 4
SEA
ΛΟΧΙΑΣ
Mare ad diabathra
ROYAL PALACE
Temple of Isis Lochias
Tomb of Cleopatra VII
Ἡ πρὸς Ἐλευσῖνι θάλασσα
Mare eleusinium
Private
Royal Arsenal
Selene Gate
Santon Chatibi
Necropolis exposed
ELEUSIS BATHS
Valley by the tombs
Temple (?)
BOUCOLOU
HIPPODROME
COPRION
Κεράμεια
Gymnasium
Stoa
Boulevard
Column of Hellice
Canopic Gate
Canopic Street
Genii Templum
Aedes Canopi
Canopic Quarter
Lauræ eudæmonon
To Canopus by road
5th Bridge
ELEUSIS
Aqueduct underground
Agathodaemon fluvius
City of Alexandria
Ancient
To Canopus by canal of Schedia
Alexandria
BOUCOLOU
4th Bridge
of
PHIALÊ
λίμνη τῆς Μαρείας
LAKE MAREOTIS

目 录

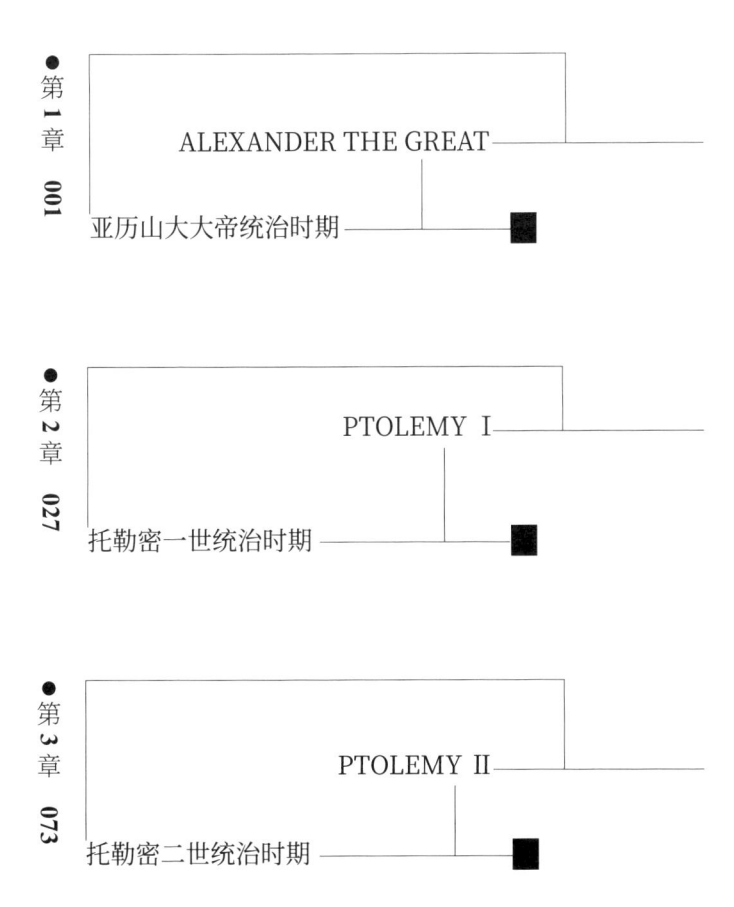

- 第 1 章 001

ALEXANDER THE GREAT

亚历山大大帝统治时期

- 第 2 章 027

PTOLEMY Ⅰ

托勒密一世统治时期

- 第 3 章 073

PTOLEMY Ⅱ

托勒密二世统治时期

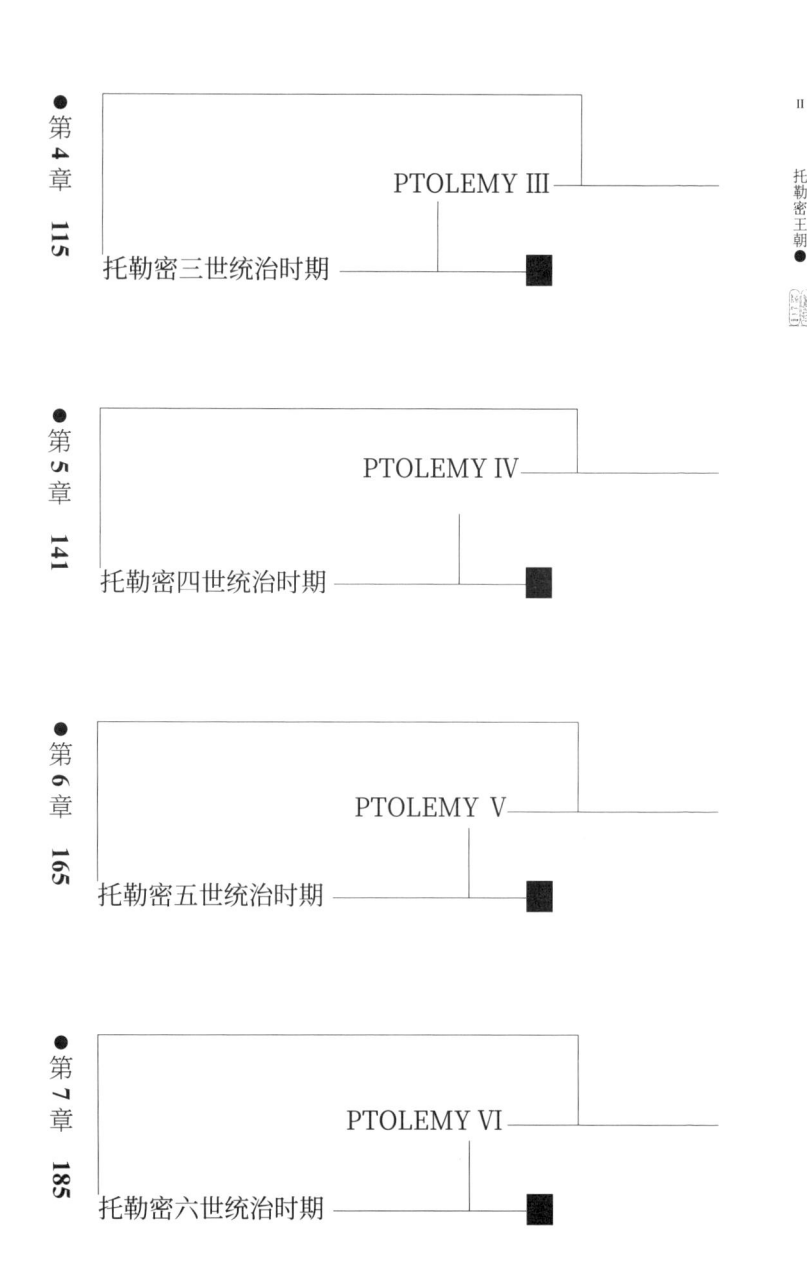

- 第 4 章 115 — PTOLEMY III — 托勒密三世统治时期

- 第 5 章 141 — PTOLEMY IV — 托勒密四世统治时期

- 第 6 章 165 — PTOLEMY V — 托勒密五世统治时期

- 第 7 章 185 — PTOLEMY VI — 托勒密六世统治时期

- 第 8 章　207

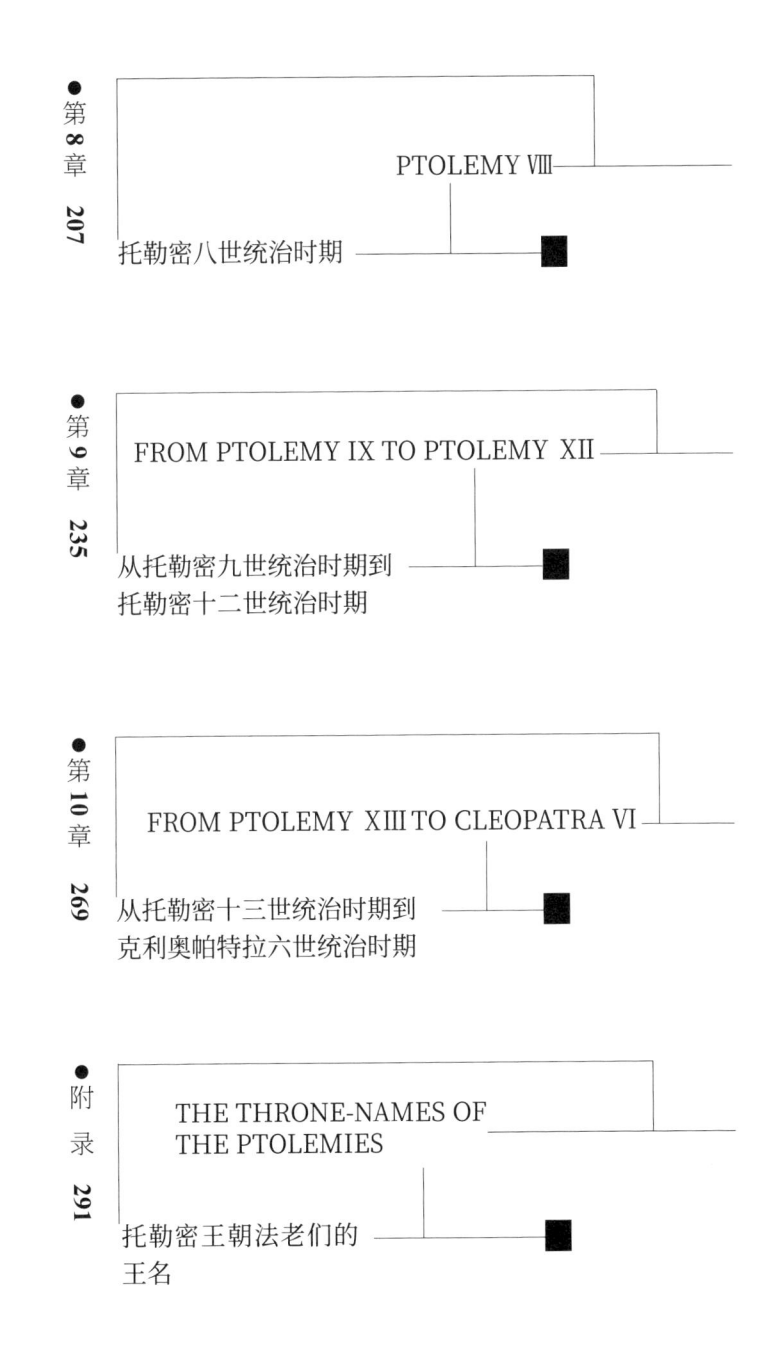

PTOLEMY VIII

托勒密八世统治时期

- 第 9 章　235

FROM PTOLEMY IX TO PTOLEMY XII

从托勒密九世统治时期到
托勒密十二世统治时期

- 第 10 章　269

FROM PTOLEMY XIII TO CLEOPATRA VI

从托勒密十三世统治时期到
克利奥帕特拉六世统治时期

- 附　录　291

THE THRONE-NAMES OF
THE PTOLEMIES

托勒密王朝法老们的
王名

#	插图目录

图 1 ●铜币正面：亚历山大的头像，他长有阿蒙双角、头戴王冠、身披象皮 / 002

图 2 ●铜币反面：一只鹰站立在宙斯的雷电球上，刻有希腊语的"亚历山大"和铸币厂的标志 / 002

图 3 ●亚历山大大帝的王名 / 004

图 4 ●拉美西斯二世崇拜山羊头的阿蒙 / 005

图 5 ●亚历山大城的硬币，刻有伊西斯神庙的正面图案 / 011

图 6 ●提比略崇拜阿蒙的壁画形象 / 016

图 7 ●皮特里在瑙克拉提斯发现的钱币，刻有两个女性（此处存疑）头像，正面刻有"NAT"，反面刻有"AΛE"，这表明瑙克拉提斯在亚历山大大帝统治时期有造币权。我认为，钱币反面雕刻的是亚历山大大帝年轻时的头像 / 022

图 8 ●一个缟玛瑙印记上刻有托勒密一世的头像，他穿着埃及服饰。皮特里收藏 / 028

图 9 ●西顿石棺上雕刻的狩猎场景，这副石棺被错误地认为是亚历山大大帝的石棺 / 032

图 10 ●腓力三世的花岗岩石棺，发现于卢克索 / 035

图 11 ●亚历山大四世的巨像，发现于卡纳克 / 040

图 12 ●公元前 3 世纪皮特-哈尔-斯埃塞的木制棺材，现藏于柏林博物馆 / 047

图 13 ●托勒密一世的钱币 / 054

图 14 ●托勒密一世的钱币，刻有萨拉皮斯的头像 / 058

图 15 ●制作于托勒迈斯的石棺 / 067

图 16 ●托勒密二世的王名 / 074

图 17 ●托勒密二世红色花岗岩雕像，现藏于梵蒂冈 / 079

图 18 ●阿尔西诺伊二世的雕像，现收藏于梵蒂冈 / 084

图 19 ●阿尔西诺伊二世的钱币 / 087

图 20 ●通往菲莱神殿大塔的南向通道 / 091

图 21 ●菲莱神殿的平面图（内殿 O 周围的房间是在托勒密二世统治时期建造的）/ 092

图 22 ●菲莱的东北边 / 098

图 23 ●公元前 240 年的一封商业信函 / 101

图 24 ●《皮特里莎草纸》碎片 / 104

图 25 ●弗萝特拉的雕像（存疑），现收藏在梵蒂冈。这尊雕像和托勒密二世和阿尔西诺伊二世的雕像一同被发现，但很可惜，雕像背面雕刻的名字和头衔都已经消失了 / 107

图 26 ●一枚钱币的正面与反面，其中正面刻着阿德尔斐神的形象，反面刻着拯救者神的形象 / 109

图 27 ●托勒密三世的王名 / 116

图 28 ●公元前 246 年的莎草纸碎片，内容与第三次叙利亚战争（进攻安条

克）有关。关于莎草纸碎片的内容和评论，参考《皮特里莎草纸》第 2 卷碎片 45 / 118

图 29 ● 托勒密三世的钱币 / 122

图 30 ● 贝勒尼基二世的钱币，发现于昔兰尼 / 123

图 31 ● 一个希腊—埃及人的铜像，发现于亚历山大，现被皮特里收藏 / 125

图 32 ● 贝勒尼基公主的头饰 / 130

图 33 ● 托勒密三世在卡纳克建造的高塔 / 132

图 34 ● 艾德夫神殿的平面，A、B、C、D 部分及其周围房间都是托勒密三世时期建造的 / 137

图 35 ● 托勒密四世的王名 / 142

图 36 ● 一个铜戒指上托勒密四世的头像，皮特里收藏 / 145

图 37 ● 阿尔西诺伊三世的钱币 / 151

图 38 ● 德艾尔麦地那神殿 / 152

图 39 ● 关于大象狩猎者的铭文，现收藏在大英博物馆 / 153

图 40 ● 达克神殿的平面图 / 154

图 41 ● 阿赫斯内弗神殿中埃尔格门的铭文，发现于菲莱 / 155

图 42 ● 一个希腊-埃及人的铜像，皮特里收藏 / 162

图 43 ● 托勒密五世的王名 / 166

图 44 ● 铜像，皮特里收藏 / 174

图 45 ● 托勒密五世的钱币 / 177

图 46 ● 托勒密五世的钱币 / 178

图 47 ● 托勒密五世和克利奥帕特拉一世建造的伊姆霍特普神殿，亨利·乔

治·莱昂斯于1896年发现于菲莱并拍摄 / 180

图 48 ● 一枚钱币，正面刻着克利奥帕特拉一世的头像，她装扮成"伊西斯"，背面刻着萨拉皮斯的头像 / 186

图 49 ● 刻着萨拉皮斯头像的托勒密王朝时期的钱币 / 188

图 50 ● 托勒密七世、托勒密九世和克利奥帕特拉二世的壁画形象，发现于德艾尔麦地那的神殿 / 191

图 51 ● 托勒密七世时期在努比亚卡拉布舍建造的柱廊 / 194

图 52 ● 托勒密六世的钱币（这枚钱币是托勒密六世在安条克的时候铸造的） / 196

图 53 ● 托勒密六世的头部雕像，可能发现于阿尔戈利斯的迈塔纳 / 200

图 54 ● 托勒密七世的浮雕，发现于科姆昂博 / 202

图 55 ● 托勒密七世的王名。托勒密七世的王名很难与继任者的王名区分开来，很可能是在他们共治时期被祭司有意同化的。托勒密七世王名中的甲虫图案——赫佩尔——是其独特标志 / 208

图 56 ● 托勒密九世的王名。托勒密九世的王名与托勒密六世的王名有细微差别。上文已经指出了托勒密六世王名的特点 / 211

图 57 ● 克利奥帕特拉二世的钱币 / 212

图 58 ● 克利奥帕特拉三世的钱币 / 214

图 59 ● 托勒密九世和两个女神的壁画，发现于科姆昂博 / 220

图 60 ● 荷鲁斯将礼物送给托勒密九世、克利奥帕特拉二世和克利奥帕特拉三世的壁画，发现于科姆昂博 / 223

图 61 ● 托勒密九世下令建造的菲莱神殿柱廊 / 224

图 62 ● 托勒密九世献祭的壁画，发现于德艾尔麦地那 / 227

图 63 ● 托勒密八世的钱币，刻有象征狄奥尼索斯的符号 / 230

图 64 ● 托勒密十世的王名 / 236

图 65 ● 托勒密八世和托勒密七世的钱币，正面刻着托勒密·索塔尔一世的头像 / 238

图 66 ● 梅迪内哈布图特摩斯三世神殿，大门是托勒密十世时期建造的 / 240

图 67 ● 托勒密十世的壁画形象，发现于艾德夫 / 242

图 68 ● 丹德拉大神殿西南侧的景观 / 246

图 69 ● 艾德夫神殿西侧 / 247

图 70 ● 托勒密十世的石碑，现收藏在都柏林大学三一学院 / 249

图 71 ● 托勒密·亚历山大的王名 / 251

图 72 ● 托勒密十三世的王名 / 252

图 73 ● 托勒密十三世时期进行雕刻装饰的菲莱柱廊 / 255

图 74 ● 托勒密十三世和两位女神的壁画形象，发现于科姆昂博 / 258

图 75 ● 菲莱神殿中托勒密十三世的壁画形象 / 264

图 76 ● 克利奥帕特拉六世的头像，发现于丹德拉 / 272

图 77 ● 克利奥帕特拉六世和恺撒里昂的壁画形象，发现于丹德拉 / 286

图 78 ● 克利奥帕特拉六世的钱币 / 289

第 1 章

亚历山大大帝统治时期

ALEXANDER THE GREAT

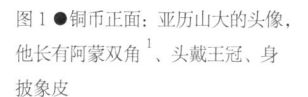

图 1 ● 铜币正面：亚历山大的头像，他长有阿蒙双角[1]、头戴王冠、身披象皮

图 2 ● 铜币反面：一只鹰站立在宙斯的雷电球上，刻有希腊语的"亚历山大"和铸币厂的标志

《埃及通史》第三卷讲述了波斯统治下的埃及。在波斯的统治下，埃及人遭受的精神创伤，比物质损失更严重。亚历山大大帝统治埃及时，虽然没有实施减税政策，但埃及人视亚历山大大帝征服为神赐予的大恩典。埃及人对波斯人和亚历山大大帝的看法不同。这主要是由亚历山大大帝对埃及的神及祭司的态度决定的。新征服者尊重埃及人的宗教信仰，没有伤害信奉宗教的埃及人的感情。他向埃及众神献祭，并且赐予众神祭司的财产以特权和安全。可以说，亚历山大大帝征服埃及没有遇到任何阻力。埃及总督萨伯克斯[2]（公元前333年去世）曾率领军队在伊苏斯战役中支援大流士三世。最终，他被亚历山大大帝打败。波斯显贵马萨克斯——可能由大流士三世任命，或者是萨伯克斯的副官，是萨伯克斯副官的可能性更大——接任了埃及总督一职。

安条克的儿子阿敏塔斯第一次率军进攻马萨克斯的军队。阿敏塔斯是马其顿军队的一名雇佣兵[3]，曾在伊苏斯与大流士三世并肩作战。但后来，他和八千名雇佣兵一起经塞浦路斯逃往埃及。除了袭击马萨克斯，我们不知道阿敏塔斯的政策或意图是什么。昆塔斯·库尔蒂斯·鲁弗斯[4]说，由于反抗波斯人，阿敏塔斯受到埃及人的欢迎。阿敏塔斯攻击了孟菲斯的波斯驻军，但被马萨克斯击退。埃及人很快发现阿敏塔斯试图掠夺埃及。于是，阿敏塔斯及其同伙被杀死。这个故事很可疑。在对抗波斯人和马其顿人时，阿敏塔斯是什么身份？除非他假装为埃及人战斗，否则他怎么能蒙骗埃及民众几个星期？当然，可以肯定，阿敏塔斯没有单独统治。然而，这只是鲁弗斯的观点。鲁弗斯的著作是唯一一部能为波斯统治埃及时期的历史提供细节的著作[5]。

毫无疑问，波斯帝国的局势存在巨大的不确定性，所以其统治下的各行省蠢蠢欲动。如果伊苏斯战役结束后不久，亚历山大大帝驾崩，那么整个东方世界将会成为大胆的冒险家的战利品。鲁弗斯的论述未必准确。无论如何，马萨克斯十分忠诚和强大，足以击退和粉碎阿敏塔斯对他所在行省的袭击，但他的力量不足以抵抗亚历山大大帝的进攻。对于伊苏斯战役的消息，所有埃及人都很兴奋，并且准备支持亚历山大大帝。大约公元前332年9月，亚历山大大帝从培琉喜阿姆顺利进入埃及，并且沿着尼罗河到达孟菲斯。他的行军十分顺利。埃及人觉得亚历山大大帝不仅会将他们从可恨的波斯枷锁中[6]，还会将他们从其他军事势力袭击的危险，如阿敏塔斯的袭击，以及频繁的战争和猖獗的海盗活动中解救出来。马萨克斯不仅放弃了孟菲斯城，还放弃了城中八百塔兰特[7]的财宝。胜利者最喜欢这些财宝了，因为战争耗资巨大，收益很小——除了对提尔的掠夺。

所有权威文献都告诉我们，亚历山大大帝向孟菲斯神，特别是向阿匹斯[8]献祭。他向众神献祭时，适逢希腊艺术家在举行体育和音乐比赛。希腊艺术家见证了亚历山大大帝的献祭活动。一些历史学家认为，这一巧合证明亚历山大大帝预见自己将取得战争的胜利，并且提前命令受人尊重的艺术家到孟菲斯与他会合。我认为更可能的是，艺术家们旁观了整场战争，并且发现亚历山大大帝的军队即将取得胜利，为了获得最丰厚的利益，他们航行到埃及，计划参加庆祝战争胜利的活动。当时，瑙克拉提斯庆典频繁。艺术家和他们的希腊朋友一起，希望能被胜利的军队召集表演节目。庆祝活动主要是为亚历山大大帝的士兵及来自希腊的各

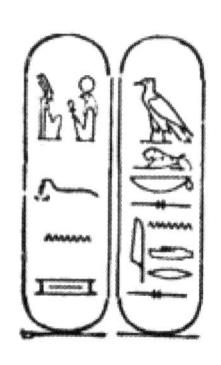

图3 ● 亚历山大大帝的王名

图4●拉美西斯二世崇拜山羊头的阿蒙

种投机者、请愿者和冒险者准备的。埃及当地人不能理解和欣赏希腊的体育，更不用说希腊的音乐了。

起初，亚历山大大帝制定政策保护东方民族的文化，但东方民族的文化不能影响希腊的传统文化。因此，在向阿匹斯和普塔[9]献祭的同时，亚历山大大帝命人表演希腊的音乐和体育。希腊语文献没有提到亚历山大大帝向普塔献祭。但普塔神殿是古代孟菲斯最重要的神殿，普塔的祭司拥有重要地位，所以亚历山大大帝很有可能在普塔神殿内正式加冕为埃及法老[10]。

必须注意到，在亚历山大变成埃及首都时，托勒密王朝的早期统治者并没有为孟菲斯的神圣仪式费心。根据罗塞塔石碑，直到托勒密五世统治时期，庄严的登基仪式才恢复。

另一位伟大的埃及神由一个独立的祭司团体供奉。希腊人更了解这位神，亚历山大大帝也尊敬这位神。这位神是阿蒙[11]，上埃及底比斯的地方神。几个世纪以来，底比斯一直是埃及真正的大都市。亚历山大大帝一定将安抚这个伟大的精神权威作为自己政策的一个重要组成部分。然而，乍一看，他没有沿河而上到达底比斯似乎很奇怪，这（他前往底比斯的旅程）是一场迷人、有教育意义的旅程，他看到了大部分新领地。在目的地（底比斯），他会看到至今吸引世界各地旅行者的奇观。即使在孟菲斯最繁荣的时期，在宗教地位方面，它也不能与底比斯媲美。但问题是，亚历山大大帝为什么要历经漫长艰难的旅途来到朱庇特-阿蒙绿洲[12]，举行一个本可以在底比斯举行会更精彩的仪式？

对于亚历山大这样一个非常忙碌、对征服东方有着野心勃勃的计划的人来说，这种明显的浪费时间，有几个充足的理由。首先，有些事情可以归结为孟菲斯的普塔祭司的嫉妒，他们的对手是底比斯的阿蒙祭司，他们可能会担心底比斯的辉煌对亚历山大大帝产生影响。在外观和重要性方面，遥远绿洲中的神龛都微不足道。其次，虽然希腊人不知道底比斯的辉煌，但在沙漠中神谕的声誉有着悠久历史，并且不容毁坏。从品达[13]生活的时代开始，希腊历史偶尔会提到朱庇特-阿蒙绿洲。这表明在希腊世界中，朱庇特-阿蒙绿洲广为人知，并且受人尊敬[14]。很可能由于地理位置邻近昔兰尼，并且与沙漠地区贸易频繁，所以在黎凡特，它被人们熟知。

但在埃及的希腊人心中，还有宗教利益以外的因素在发挥作用。亚历山大是从埃及东部进入埃及的。离开埃及时，亚历山大大帝如果再走同一条路，那么可能永远不知道尼罗河三角洲西部的样子。因此，他永远不会认识埃及土地上唯一一座纯粹的希腊城市——古老的商业中心瑙克拉提斯。历史学家们没有注意到这一点，因为他们并不知道瑙克拉提斯究竟在哪里。直到几年前，皮特里才发现了瑙克拉提斯的位置。一谈到亚历山大大帝在埃及设立统治中心，希腊人的第一个反应肯定是，他应该选择建都孟菲斯，或者靠近孟菲斯的尼罗河三角洲地区的其他城市。但希腊人可能更希望亚历山大大帝选择瑙克拉提斯。在前往卡诺皮克河口的路上，亚历山大大帝一定参观过瑙克拉提斯。但最后，在瑙克拉提斯附近，他建立了亚历山大城，虽然此地并不是传统意义上的大城市。亚历山大大帝选择了马雷奥蒂斯湖和大海之间的狭长地带，马雷奥蒂斯湖与法罗岛隔海相对，当地天然的防波堤可以为船提供一个良好的停泊地。

根据权威文献，在前往朱庇特-阿蒙绿洲的路上，亚历山大大帝建造了这座重要城市[15]。亚历山大大帝本可以更容易地穿过沙漠到达绿洲，但他选择了另一条路线。在瑙克拉提斯的希腊人随即恳求亚历山大记得希腊人在埃及的利益。我已经说过，亚历山大大帝选择在瑙克拉提斯建立统治中心，并非由于特殊的洞察力或预言能力[16]。尼罗河的任何一个沿岸城市，或者靠近河岸的城市，结合其位置优势，以及托勒密一世及其后继者符合实际的明智统治，都有可能成为理想的统治中心。实际上，作为商业中心，瑙克拉提斯是因连接地中海和尼罗河的商品贸易而建立起来的。这个地方必定是一个规模巨大的聚居地。

我们了解到许多建立统治中心的详细叙述。但其中，最精彩也最有启发性的论述是《亚历山大大帝传奇》中的叙述。《亚历山大大帝传奇》的作者卡利斯提尼十分熟悉瑙克拉提斯。在这本中，卡利斯提尼记录了瑙克拉提斯居民的风俗习惯[17]。但在叙述中，卡利斯提尼预先假定成为统治中心前，瑙克拉提斯就已经出名。这样做忽略了至关重要的细节。本卷提供了朱塞佩·博蒂博士的地图。这是他直到1897年的研究成果。由于大多数作者在其著作中传递了错误的观点，所以有一点我们必须特别强调，亚历山大的犹太人和希腊人拥有比埃及本地人更高的地位。有充分证据表明，大多数贫困阶层的人都是埃及人，并且瑙克拉提斯与其他希腊化城市大相径庭[18]。最初，埃及本地人虽然没有任何权力或影响力，但逐渐确立了自己的地位。反对恺撒的城市可能比反对"神显者"安条克四世的城市更具有埃及文化色彩。这种事情并不反常。例如，几个世纪以来，丹麦人和英格兰人定居在都柏林。其间，整个都柏林，包括政府在内，都由外国人掌控。然而，虽然在某种程度上，外国人将自己的法律、语言和宗教强加给当地人，但英格兰人从未将都柏林变成英格兰城市。虽然众多穷人长期处在严格的控制下，但都柏林还是对移民产生了巨大的影响，使它至今仍是，并且将继续是一座具有鲜明民族特色的爱尔兰城市。亚历山大就属于这种情况。

因此，在讨论马其顿王朝统治下的埃及人及其生存状况前，作者认为必须详细介绍位于埃及西北角的大型国际商业中心亚历山大的起源。如同法国巴黎一样，亚历山大港控制着整个埃及的命脉。

作者必须提出，根据斯特拉波[19]的论述，亚历山大大帝发现亚历山大时，它还不是一个开放的海岸城市，而是一个渔村。这一点被《亚历山大大帝传奇》证实。"埃及以前的法老们，满足于本国产品，不渴望进口。因此，埃及法老们反对外国人，特别是希腊人。希腊人由于居住地域狭小，所以贪婪地掠夺他国土地。在亚历山大，为了阻止入侵者，并且为士兵们建造住所——拉奥蒂斯，法老们建立了一个军事哨所。目前，拉奥蒂斯是亚历山大的一部分，并且位于当地船坞之上。但以前，拉奥蒂斯是一个村庄。埃及将拉奥蒂斯托付给牧民。牧民应该能对抗入侵者。"

斯特拉波的论述符合常识。如果法罗岛及其背靠的海岸没有被占领，那么法罗岛很可能会成为希腊海盗最喜欢出没的地方，因为它是埃及最靠近昔兰尼和克里特岛的地方。在修昔底德生活的时代，法罗岛为雅典人熟知。《亚历山大大帝传奇》提到，拉奥蒂斯周围的居民住在十二个独立的村庄内，并且每个村庄都有一条独立的水道。这些水道从淡水运河绕过马雷奥蒂斯湖，穿过陆地延伸到大海。这种情况很有可能。如果拉奥蒂斯没有发展农业和牧业，那么沿海地区的定期供水系统绝对是必要的。居住在同一区域的人们将依靠自己的运河，形成一个独立的村庄。我们还发现，在对拉奥蒂斯的规划中，街道沿运河而建，形成从北到南的大道，并且与大卡诺皮克街直角相交。大卡诺皮克街沿马雷奥蒂斯湖和大海之间的陆地延伸。卡利斯提尼的历史著作提供了位于拉奥蒂斯的村庄的旧名，但这些旧名变得模糊不清。贾科莫·伦巴罗索只能通过后来的典故识别其中的三个。然而，这三个地名足以显示拉奥蒂斯的一些传统特征。被称为"马雷埃湖"或"马雷奥蒂斯湖"的大片水域，通过几条水槽与尼罗河相连。因此，马雷埃湖受到夏季河水上涨的影响，为拉奥蒂斯提供了淡水港。在斯特拉波生活的时代，与海港相比，拉奥蒂斯挤满了更多的船和商品。船经上埃及驶入马雷埃湖。

亚历山大的西部无疑是主城区。那里的大柱子被称为"庞培柱"，指向塞拉比斯神殿的所在地。在亚历山大大帝建立亚历山大前[20]，塞拉比斯神殿已经存在。斯特拉波说，庞培柱西边是埃及大墓地，位于郊区，专门用于尸体防腐。这是亚历山大城西部埃及特色十分明显的一个表现。在这里，人们发现了不同时期的花岗岩雕像等遗迹。这可能是拉柯蒂斯及其神殿的装饰物。据我们所知，亚历山大城东部的墓带有鲜明的希腊色彩。从斯特拉波的论述中，我们还可以看出许多犹太人一如既往地被新商业中心的优势吸引[21]，并且成为亚历山大居民中十分重要的组成部分。亚历山大大帝并没有给犹太人以外的其他移民任何特权,但他似乎考虑到了埃及人的特殊情感。在亚历山大,亚历山大大帝下令建造或装饰了伊西斯神殿。至今,伊西斯神殿仍然是亚历山大的一座重要建筑。伊西斯神殿正面具有埃及建筑的特色,甚至神殿的模样被雕刻在罗马帝国时代亚历山大城的钱币上。

似乎没有必要详细描述亚历山大这座新城市的地形了[22]。亚历山大的城市规划与米利都的希波达莫斯[23]对希腊城市的规划一样。

图5 ● 亚历山大城的硬币,刻有伊西斯神庙的正面图案

很不幸的是,同样的城市规划风格在欧洲南部再次流行了。在亚历山大港中心,两条大道直角相交。较小的街道与两条大道平行。两条大道宽一百零一英尺,从一座城门一直延伸到另一座城门。主干道两边都以柱廊装饰,可以为行人遮挡风雨。但根据相关文献,即使是较小的街道也能让马和车通行。不过,在希腊城镇,这种情况并不常见。虽然亚历山大城从北到南的道路比较狭窄,但通过修建一条堤道,这一缺点得到了弥补。这条堤道连接大陆和法罗岛,被称为"海波塔斯塔堤翁"[24]。堤道不但将水输送到岛上,而且使海湾里形成了两个主要海港,通过这两个海港可以分别进入法罗岛的东端和西端。因此,这条巨大的天然防波堤被改造成郊区或城镇的一部分[25],并且得到了加固。王室或东部港口有内部码头和海军专

用码头，码头周围建有王室宫殿和其他著名建筑。西部海港商船专用，但有一条从大海到马雷奥蒂斯湖的隐蔽的水路。西部海港被说成是开放的，并且后来被称为"尤努斯"，这可能是为纪念塞浦路斯的一位首领。这位首领是托勒密一世的朋友。堤道上有两条保持开放的通道，允许船从东部海港转移到西部海港。

我们不知道亚历山大大帝最初的建造计划在多大程度上与之后的建成结果一致。自亚历山大城建立，许多人搬到这里居住。邻近地区的埃及当地人也搬了过来。他们以前的财产换成了有特权的可能是免税的土地。亚历山大城发展迅速。之后几年的亚历山大城没有太多历史记载。亚历山大大帝征服埃及的辉煌令历史学家们惊叹不已，使他们忽视了世界的一些较小的变化。亚历山大大帝仅花了很少时间监督亚历山大城的建造。这里就不赘述埃及一片欣欣向荣的景象了。

接下来，我们看看亚历山大大帝前往阿蒙绿洲时的情况，思考一下这次冒险之旅对埃及历史的影响。亚历山大大帝可能会走人们通常进入绿洲的路线，虽然不是最短路线。希腊人从昔兰尼或其他地方前往绿洲，可能会走水路，然后在绿洲正北方登陆。亚历山大大帝可以在供应补给品的船队的帮助下航行或行军。他如果从陆路前往绿洲，那么可以借助马车车队穿越沙漠。根据一些希腊历史学家的研究，亚历山大大帝的旅途从马特鲁港开始。在马特鲁港，他遇到一位使者。这位使者向他递交了表示臣服的呈文和昔兰尼人送的贵重礼物[26]。他更有可能给亚历山大大帝指了路，因为这不是埃及通往绿洲的路，甚至瑙克拉提斯的希腊人很可能不熟悉这条路。旅途中，亚历山大大帝一行可能会选择穿越尼重安沙漠[27]，但这只是一种猜测。另外，旅途中，亚历山大大帝遇到的奇观可以通过夸大自然现象轻松构想。两只乌鸦如果从沙漠的腐肉中冲出来，那么肯定是飞往绿洲。这是每位旅行者都使用的指南。在沙漠中，亚历山大大帝及其军队缺乏水源。但这一难题被一场突如其来的大雨缓解。当时，下大雨是不寻常的，但不是不可能的天气状况。更有趣的是，没有一部文献提到在这次旅行中骆驼的用途。这表明当时在埃及，骆驼还没有被驯化，或者至少在埃及西部没有被驯化。培琉喜阿姆附近的"骆驼堡"一名出现在几十年后。

总的来说，我们从各种信息来源得到的这次旅行及其目的的叙述是一致的。在其叙述中[28]，西西里的狄奥多罗斯提到一座神殿。据说，神殿的位置与现存古代遗迹的位置一致。马伯乐认为，神殿位置更接近大绿洲中一处相似的遗迹。似乎在大流士三世统治时代，他曾在偏远的绿洲建造或修复阿蒙神殿。与其他神的神殿一样，建造阿蒙神殿花费较少。这座神殿也不算宏伟。西西里的狄奥多罗斯还描绘了新法老亚历山大大帝的登基仪式。这场登基仪式与前法老们在卡纳克神殿和艾尔曼特神殿举行的登基仪式一样。亚历山大大帝如果想成为一位合法的法老，那么他必须进神殿参拜阿蒙，并且必须独自进入内殿[29]。内殿内有一尊阿蒙神的雕像，雕像被放在阿蒙的"神圣之船"上。亚历山大大帝向阿蒙表示敬意后，阿蒙说，新法老亚历山大大帝是他心爱的儿子，他将赐予新法老亚历山大大帝拉的永生和荷鲁斯的王权，保佑他战胜所有对手、统治世界等。这些十分夸张的话，如果是说给权力微弱的法老，那么只有仪式性意义。但当对象是亚历山大大帝时，这些话就是具有某种意义的预言。阿蒙不仅欢迎亚历山大大帝走进神殿，并且是用言语，而不只是肢体动作，回答他的问题。祭司们将所有事情安排妥当。但加冕仪式最重要的一项是宣布法老的神性，以及说明他拥有父亲阿蒙的血统。这是祭司宣布亚历山大大帝为埃及合法法老的唯一理由，因为此时，他已经是事实上的法老。

几个世纪以来，埃及每一位法老都被宣布为"阿蒙之子"。亚历山大大帝也应该被宣布为"阿蒙之子"。这样做是自然的，也是必要的。但埃及一些本土法老由于大多是王室成员，所以没有必要强调他们与阿蒙的关系。然而，在法老身份不合法的情况下，例如，当外来征服者成为埃及法老时，宣布统治者为"阿蒙之子"并不少见。首先，外来征服者作为法老要与一位王室公主结婚。公主和王子的继承权一样得到承认。这样一来，统治者的下一代就有部分王室血统。但正如马伯乐所说，即使这样也不足以证明外来征服者作为法老的合法性。根据神殿中的象形文字，祭司宣布神灵取代非王室成员的丈夫，成为新王子的真正父亲。其次，法老的行为举止有严格规定。面见王后时，法老应该佩戴神的徽章，头戴羊角、身披羊毛等。从《亚历山大大帝传奇》的叙述中，人们可以见到亚历山大大帝的生平事迹。实际上，他完全遵守严格的仪式规定，并且被称为内克塔内布二世[30]的儿子。作为埃及最后一位具有王室血统的法老，内克塔内布二世逃到马其顿，用魔法幻象诱惑了奥林匹亚丝[31]。内克塔内布二世化为一条蛇、阿伽忒俄斯[32]和公羊头的阿蒙神。

在对亚历山大统治时期传统文学复兴的论述中，贾科莫·伦巴罗索还补充了一点。根据马伯乐的研究，亚历山大大帝统治时期的神学思想与托勒密王朝以前阿蒙祭司的教义高度一致。虽然《亚历山大大帝传奇》是在托勒密王朝灭亡后写成的，但其内容的准确性使人不得不怀疑其撰写时间。我不认为罗马帝国统治下腐朽的祭司制度会对传统文学的复兴有任何推动作用。很久以前，我就认为《亚历山大大帝传奇》没有浓墨重彩地描述托勒密家族。这进一步表明《亚历山大大帝传奇》要么是在托勒密王朝以前写成的，要么是在托勒密王朝从公众记忆消失后写成的。我认为第二种情况几乎不可能发生。至少亚历山大大帝早期统治部分及他在埃及的活动部分，肯定是在相关事件发生后立即以文字方式记录下来的。亚历山大大帝出生的故事肯定在托勒密王朝以前就已经在公众中流传开了。

至于亚历山大大帝的神性，没有理由认为他是不情愿被赋予神性的，或者对埃及宗教持怀疑态度。对于亚历山大大帝被赋予神性，希腊人或东方人没有感到震惊，或者不愿意让他被赋予如此荣誉。反叛的马其顿人嘲笑亚历山大大帝的父亲阿

图6 ● 提比略[34]崇拜阿蒙的壁画形象

蒙,几位怀疑亚历山大大帝神性的哲学家可能表达了自己的蔑视。但阿提卡[33]人并不认为亚历山大大帝的神性是奇怪的或令人震惊的。几年后,他们认为亚历山大大帝的继承人德米特里一世[35]也具有神性。基克拉泽斯[36]当地人热情地将神性赋予托勒密一世。根据马克斯·莱布雷希特·施特拉克[37]的研究,托勒密王朝统治者和其他希腊君主的神化,是希腊的一项独特发明,而不是埃及文化的一部分。

为了塑造亚历山大大帝的神性,为了奠定他的新统治中心(亚历山大)的基础,我们的历史学家们囿于记述他在埃及的作为。我们甚至不确定，亚历山大大帝初次在亚历山大指导城市规划后，是否在前往绿洲的路上再次到访新城。尽管一些文献认为，亚历山大大帝从绿洲返回时访问了亚历山大，但他更有可能穿越沙漠直接返回孟菲斯，并且急忙通过孟菲斯以东的航道前往培琉喜阿姆和叙利亚。他接见了一些来自小亚细亚城市的希腊代表团。他还下令将一些政治犯关押在象岛。在某种程度上，象岛被视为罪犯关押地。但亚历山大大帝和埃及本地人没有进一步的交往。

根据手头的材料，我们不妨思考亚历山大大帝征服埃及对埃及本地人和他们的生活有什么影响。这也是埃及史的一部分。无疑，新城市的建立伴随着一些困难。对埃及当地人来说，关闭卡诺皮克河口商业中心可能并没有给他们带来多大影响，因为根据后来的莎草纸文献，没有任何证据证明埃及人从事对外贸易工作。对外贸易一定完全掌握在希腊人或叙利亚人手中。然而，拉奥蒂斯周围所有村庄的混乱状况，以及农村人口拥入一座新城市，一定会引起许多麻烦，尽管亚历山大大帝试图通过给予埃及本地人许多特权缓解这些问题。不过，埃及人很有耐心。只要祭司对新王朝及其统治者感到满意，我们就可以想象埃及人不会因为主人更换遭受任何伤害。他们甚至可能还会由于觉得新主人会解救他们而放松心情。我们听说，事实上，亚历山大大帝要求埃及人缴纳与波斯统治时期一样水平的税。波斯统治者在统治埃及期间，不仅勒索埃及人的钱财，还践踏埃及人的感情。这引起了埃及人对波斯人的强烈憎恨。在现代社会，我们可能听说因被轻视而感情受伤的抱怨，并且觉得这没有什么大不了。但事实上，埃及人对此深恶痛绝。伤害感情是比侵犯物质权利更恶劣的暴政。显然，侵占财产并不比反对宗教更令人憎恶。波斯统治者经常伤害埃及人的感情。正是这一点，亚历山大大帝的登基很可能给埃及当地人的生活带来了巨大变化。

关于埃及的政治首领，卢修斯·弗拉菲乌·弗拉维[38]在《亚历山大大帝的远征》第三章中提供了亚历山大大帝任命管理埃及人员的名单。回到孟菲斯后，亚历山大大帝接见了来自希腊的各位使者，还收到安提帕特[39]派来增援他的大约一千名雇佣兵。之后，亚历山大大帝举行了一场献给"宙斯法老"的音乐和体育盛会。显然，节日形式是希腊式的，与亚历山大大帝及其军队接受的各种埃及仪式形成鲜明对比。之后，亚历山大大帝下达如下命令："亚历山大大帝任命多罗亚斯皮斯和彼得斯[40]担任埃及总督，并且将埃及划分为两个部分交他们管理。但日前，彼得斯辞职，多罗亚斯皮斯全权管理整个埃及。亚历山大大帝任命多罗亚斯皮斯的同伴皮德纳的潘塔里昂为驻扎在孟菲斯部队的指挥官，并且任命佩拉的波利莫为驻扎在培琉喜阿姆部队的指挥官。另外，他还任命利西达斯担任雇佣军将军[41]，任命利西达斯的同伴尤金诺斯托斯为雇佣军秘书，任命哈尔基斯的埃斯库罗斯和菲普斯为上述官员的监督员，任命阿波罗诺斯为利比亚总督，任命瑙克拉提斯的克莱奥梅尼为阿拉伯总督。亚历山大大帝允许总督们根据既定和传统的做法管理诺姆[42]。与此同时,他还允许总督们向埃及人征税,埃及人奉命向总督们缴税。亚历山大大帝任命两位最高贵的马其顿将军佩乌克斯塔斯和巴拉克洛斯留在埃及。被命令留在埃及的还有波利莫……亚历山大大帝将埃及的管理权交到许多人手中,因为埃及地大物博,他认为让一个人单独管理埃及很不安全。"

文献中缺乏对亚历山大大帝事迹的说明。这给我们的想象和推测留出了许多空间。亚历山大大帝的上述军事安排并不是特别针对埃及制定的。他任命将军和书吏。这很可能是亚历山大大帝控制每支雇佣军的必要手段。在孟菲斯和培琉喜阿姆,亚历山大大帝安排军事长官,驻扎可靠的马其顿军队,并且这支军队由两位最高长官指挥。这样的军事安排是密不透风的。军队几乎不会有叛变的风险。这显示年轻的亚历山大大帝的多疑。佩乌克斯塔斯和巴拉克洛斯中的任何一人都有能力担任最高长官,但亚历山大大帝将佩乌克斯塔斯和巴拉克洛斯都留在埃及。阿波罗诺斯被任命为利比亚总督。"利比亚总督"一词屡屡出现在古埃及早期莎草纸中。但阿拉伯总督瑙克拉提斯的克莱奥梅尼被赋予另一项最重要的职责。克莱奥梅尼被任命为财政大臣——后来被称为"斯托伊基尼"[43],负责管理埃及上交给亚历山大大帝的全部贡品。然而,克莱奥梅尼没有被委派去收取贡品。收取贡品的工作由埃及两位本土总督负责。他们手下有许多地方官员。我认为,两位埃及本地总督分别负责管理上埃及和下埃及。彼得斯辞去总督一职,以及我们收集到的关于克莱奥梅尼勒索的报告，表明总督一职并不受欢迎。另外，在马其顿统治时期，总督一职并不能获得预想中的巨大收益。显然，亚历山大大帝征服埃及给瑙克拉提斯人带来的影响最大。埃及本地总督变得无足轻重。马其顿驻军逐渐撤到埃及东部。如同往常一样，希腊人垄断了所有政治权力和经济利益。值得注意的是，尽管亚历山大大帝很想壮大军队，但没有任何证据表明他曾在埃及征兵。但随后，他征召波斯人入伍。毫无疑问，此时亚历山大大帝还很年轻，没有经验，他希望只用马其顿人和希腊人征服世界。应该注意到，在其他领地，他也分割官员的行政职能和军事职能。这是他的一项统治原则。这项原则可能是按照波斯模式建立的。在征服东方的过程中，亚历山大大帝习惯在每个行省设立一名总督，但他还要独立设立一位军队指挥官和一位负责税收的官员。这两位官员与总督同级。

一个有趣的问题是，托勒密一世是否陪同亚历山大大帝前往埃及。亚历山大大帝征服埃及时，托勒密一世只是马其顿军队中一名不显眼的军官。此时，他还没有得到提拔。然而，作为一个有远见的人，很难说当时托勒密一世是否因为埃及拥有的巨大财富和优越的地理位置，使他数年后毫不犹豫地宣称埃及是自己的领地。不过，在托勒密一世对亚历山大大帝历险的叙述中，我们会发现托勒密一世沉迷美景，让人觉得他的历险记只是根据道听途说写的。卢修斯·弗拉菲乌·弗拉维写道："拉格斯之子托勒密一世说，在沙漠中向绿洲行进时，两条蛇走在军队前面，发出声音。亚历山大大帝命令队伍前面的向导跟着蛇前进。他们跟着蛇来到神殿，又从神殿回来。但阿里斯托布鲁斯一世和大多数人说，两只乌鸦从军队面前飞过。"因此，要么多年后，托勒密一世写下他的战斗历程，抄下关于亚历山大大帝的故事，并且没有进行任何评论；要么在论述中，他表明自己陪同亚历山大大帝探险，美化自己的形象。结合托勒密一世后来的行为，我们认为第二种观点的可能性更大。

亚历山大大帝从未重游埃及，但他的遗体被运到孟菲斯。最终，他安息在自己设立的新统治中心亚历山大城中。亚历山大大帝日理万机，似乎忽视了埃及这片土地。他被告知，事实证明克莱奥梅尼是一个不公正、暴虐的长官。亚历山大大帝承诺赦免克莱奥梅尼的所有罪行，只要克莱奥梅尼在亚历山大尊敬亚历山大大帝的亲密好友赫费斯提翁。卢修斯·弗拉菲乌·弗拉维引用亚历山大大帝信中的话[44]，并且认为这些话是准确的。很快，克莱奥梅尼从阿蒙处获得神谕——神化赫费斯提翁。阿蒙神谕还提到，如果其他财政官员欺瞒、反叛，克莱奥梅尼应当效忠亚历山大大帝。事实上，在亚历山大大帝短暂的统治时期，埃及的管理权掌握在腐败的官员手中。亚历山大大帝虽然知道这一点，但不能也不会干涉这些官员，这或许是因为他总能及时收到埃及的贡品。狄摩西尼[45]对狄俄尼索多罗斯[46]说，只能在雅典法庭上指控克莱奥梅尼。被告是克莱奥梅尼的所有同谋者，"从成为埃及总督之日起，克莱奥梅尼控制了埃及，并且对雅典造成了不小的伤害，甚至对所有希腊人都造成了伤害。他与同伙提高了谷物的价格"。这种不正当营利的行为可能只会伤害希腊商人，而不会伤害埃及本地人。对于这一点，我们不能确定。但托勒密一世一占领埃及，就迅速处死了克莱奥梅尼。这也许证明，在埃及本地人中，克莱奥梅尼拥有极大的权势，而不只是商人的憎恶对象。

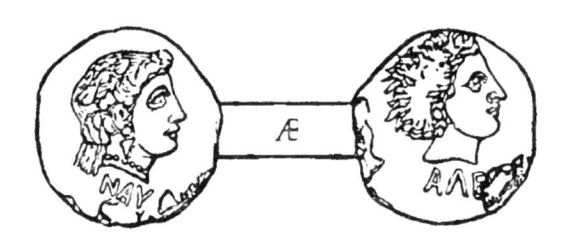

图7●皮特里在瑙克拉提斯发现的钱币，刻有两个女性（此处存疑）头像，正面刻有"**NAY**"，反面刻有"**AΛE**"，这表明瑙克拉提斯在亚历山大大帝统治时期有造币权。我认为，钱币反面雕刻的是亚历山大大帝年轻时的头像

【注释】

1 亚历山大曾在埃及的阿蒙神殿被认证为神子,而希腊化的埃及产生的宙斯-阿蒙形象是长角的。——译者注
2 根据皮特里的观点,从名字判断,萨伯克斯是有埃塞俄比亚血统的显贵。萨伯克斯的名字与第二十五王朝的一位法老相同。——原注
3 鲁弗斯:《亚历山大大帝的历史》,第3章,第11页、第18页。——原注
4 鲁弗斯是一位罗马历史学家,生活在公元1世纪,他唯一流传在世的作品是《亚历山大大帝的历史》。——译者注
5 阿敏塔斯对自己的士兵说,波斯人不受埃及人欢迎,埃及人将视任何新的力量为对抗讨厌的波斯人的盟友。阿敏塔斯假装是大流士三世在埃及的新总督,进入培琉喜阿姆,鼓动当地的埃及人与他一起消灭波斯驻军。起初,他的行动取得了成功。随后,他继续围攻孟菲斯。接着,他开始袭击附近地区,并且在一次被围困的波斯人的进攻中战败并阵亡。参见鲁弗斯的《亚历山大大帝的历史》第4章第27页。——原注
6 出自《俄克喜林库斯莎草纸》。——原注
7 塔兰特是古代希腊和埃及使用的重量单位。——译者注
8 阿匹斯是古埃及孟菲斯神之一,为一头公牛的形象。——译者注
9 普塔是古埃及孟菲斯地区信仰的造物神,后演变成工匠与艺术家的保护者,形象为一具木乃伊。——译者注
10 关于这个问题,马伯乐发表了一篇颇有启发性的文章。这篇文章考察了亚历山大大帝神化的本质。然而,他并没有引用唯一一处关于庆典的希腊语记录,虽然这一记录建立在推理的基础上。对亚历山大大帝的埃及之行,卡利斯提尼做了十分重要的描述。——原注
11 阿蒙的名字有各种形式,如阿蒙、哈蒙等。他经常被描绘成公羊头人身的形象,与卡利斯提尼的故事中的形象相似。希腊人认为阿蒙即宙斯。因此,希腊人称底比斯为迪奥斯波利斯,意为"宙斯之城"。——原注
12 朱庇特-阿蒙绿洲位于埃及西部沙漠,在亚历山大大帝绕道去请教神后,它就出名了。它曾名为阿蒙-朱庇特绿洲,现代名是锡瓦绿洲。——译者注
13 品达,古希腊抒情诗人,被后世学者认为是古希腊九大抒情诗人之首。品达的作品收藏在亚历山大图书馆,并且被汇编成册。——译者注
14 参见《阿蒙尼翁》第1858页。——原注
15 根据后来在亚历山大提比月25日举行的奠基仪式判断,正式的建造工作似乎大约开始于公元前331年1月20日。参见阿道夫·霍尔姆的《希腊史》第3章第383页,注释5。——原注
16 对此,大卫·乔治·贺加斯在其著作《马其顿的腓力和亚历山大:传记中的两篇文章》的第189页质疑,并且认为法罗岛背靠的地方是整个尼罗河三角洲地区海岸唯一合适建立统治中心的地方。当然,如果这样,将大大降低亚历山大大帝的信用,因为对建立统治中心地点的选择,他是根据必要性决定的,但事实并非如此。古代船不像现代船那样需要在深水港停泊。在尼罗河河口和培琉喜阿姆湾采取的预防措施证明,战船在这些地方停泊也很容易,甚至霍雷肖·纳尔逊的船可以在阿布基尔湾战斗。——原注
17 卡利斯提尼的重要性,特别是根据我们最古老的文本及其亚美尼亚语的翻译版本,最早由贾科

	莫·伦巴罗索提出。卡利斯提尼拥有丰富的学识，对知识保持着好奇心，并且天生敏锐。无论是在《埃及通史》第四卷的例子中，还是在阿里斯提亚斯的诗歌中，卡利斯提尼都表明，迄今为止，不被现实世界接受的传说包含了有价值的历史迹象。参见尤利乌斯·察赫尔的《卡利斯提尼》第96页。——原注
18	马其顿人占埃及人口的一小部分。在埃及，他们享有特权。——原注
19	斯特拉波是希腊地理学家、哲学家和历史学家。——译者注
20	朱塞佩·博蒂博士发现许多旧址的遗迹。这些遗迹的年代甚至可以追溯到拉美西斯二世。参见朱塞佩·博蒂的著作《狄奥多西柱子的挖掘》，1897年。——原注
21	这一叙述被德国许多反犹人士否认，我将在下文中展现更多证据。——原注
22	最近的讨论是奥托·普施坦在《亚历山大》中的论述。——原注
23	希波达莫斯是古希腊建筑师、城市规划师、医生、数学家、气象学家和哲学家，被尊为"欧洲城市规划之父"。——译者注
24	现在，海波塔斯塔堤翁堤道很宽，可以容纳很多人同时通行。事实上，二百多年前，这条堤道为城市提供了土耳其的一个城市提供水源。公元1世纪开始，港内淤积严重，随之而来的是水位变浅。这与海洋大面积侵蚀古代亚历山大城的说法一致。——原注
25	然而，除了住在要塞的人，当地人总是过着贫穷的生活，沉溺于掠夺失事船。这是当地人的一项传统特权。参见恺撒：《高卢战记》，第3卷，第112页；赫利奥多罗斯：《埃塞俄比亚的故事》，第1卷。——原注
26	在前往绿洲的途中，亚历山大大帝遇见了一个昔兰尼使者。昔兰尼使者带着贵重的礼物，其中有三百匹战马和五驾质量最好的四马马车。——原注
27	尼重安沙漠位于尼罗河三角洲西北部。——译者注
28	西西里的狄奥多罗斯：《历史丛书》。——原注
29	内殿，即至圣所，是神殿中最里面、最神圣的区域。——译者注
30	内克塔内布二世是埃及第三十王朝末代法老，也是最后一位埃及本土出身的法老。——译者注
31	奥林匹亚丝是希腊伊庇鲁斯地区摩罗西亚王国的公主。她的父亲是涅俄普托勒摩斯一世。后来，奥林匹亚丝嫁给马其顿王国腓力二世，成为腓力二世的第四位王后。另外，奥林匹亚丝是亚历山大大帝的母亲。奥林匹亚丝疯狂地崇拜圣蛇。罗马传记作家普鲁塔克认为她曾与蛇同床共枕。——译者注
32	阿伽忒俄斯是古希腊的一位神，曾凭借好运、健康及智慧的形象成为古罗马相关神话故事的源头。——译者注
33	提比略是罗马帝国的第二任皇帝，在位于公元14年—37年。——译者注
34	阿提卡是希腊传统的地理分区之一。自古希腊时期开始，这一地区就使用这一称号。——译者注
35	德米特里一世是马其顿国王，亚历山大大帝麾下军官"独眼"安提柯一世之子，生于公元前337年，死于公元前283年。——译者注
36	基克拉泽斯是爱琴海南部的群岛。基克拉泽斯群岛属于希腊，位于希腊本土的东南方。——译者注
37	马克斯·莱布雷希特·施特拉古：《托勒密王朝》，第112页。——原注
38	卢修斯·弗拉菲乌·弗拉维是希腊历史学家和哲学家，公元2世纪罗马帝国最杰出的作家之一。——译者注

39 安提帕特是马其顿王国腓力二世和亚历山大大帝时的将军。公元前320年,他担任亚历山大帝国摄政。——译者注

40 《亚历山大大帝传奇》希腊语文本给出彼得斯的名字是"Petisis",但他名字的真正形式经常出现在莎草纸中,意为"伊西斯的礼物",即希腊语的"Isidorus"。"多罗亚斯皮斯"似乎不是埃及名字。他可能是波斯人。——原注

41 历史学家约翰·古斯塔夫·德罗伊森认为这里的"雇佣军"指的是希腊移民。我认为他的观点是错的。原文中出现了两个指"雇佣军"的不同术语,但前者指的是亚历山大大帝的"外国军队"。这支军队的士兵是永久入伍的,他们可能是来自希腊的流亡者。后者指的是短期服役的士兵。每一支雇佣军都有一名书吏。——原注

42 诺姆指古埃及的城市。——译者注

43 约翰·古斯塔法·德罗伊森给出的"斯托伊基尼"的头衔,我从未在托勒密王朝早期的莎草纸中发现。因此,这一头衔只可能追溯到罗马时代。在底比斯发现的克利奥帕特拉一世的石碑刻有这个头衔。最初,克莱奥梅尼对财政的控制很可能与从国家税收中为建设亚历山大城筹集资金有关。——原注

44 "神圣的大使从阿蒙神殿返回。亚历山大大帝派他前往阿蒙神殿询问在多大程度上向赫费斯提翁授予荣誉是合法的,并且说阿蒙允许使者作为英雄献祭……克莱奥梅尼是一个毫无价值的人。在埃及,他做了很多不公正的事。他写了一封信,除了与赫费斯提翁的交往,在许多方面,他的行为都引起我的批评。因为这封信要求在亚历山大为赫费斯提翁竖立英雄纪念碑——一座在城市里,另一座在法罗岛。法罗岛有一座塔。这座塔以其高大和美丽闻名,应以赫费斯提翁的名字命名,商人契约也应写上赫费斯提翁的名字。"至此,信中关注的都是一些琐事。接下来,这封信写道:"如果我发现,你精心建造和装饰埃及的神殿和赫费斯提翁的纪念碑,我将宽恕你以前的罪过,不管你以后会做什么错事,我都不会让你遭受任何不愉快的事。"我不明白现代历史学家为何认为这封信是真的。关于法罗岛灯塔的细节显示了最明显的时间线上的错误,因为这座灯塔直到至少四十年后才建造。但我猜想这封信的伪造者知道赫费斯提翁的神殿。这些神殿至今仍存在,其中一座神殿靠近后来建造的灯塔。——原注

45 狄摩西尼是古希腊著名演说家、民主派政治家。——译者注

46 狄俄尼索多罗斯是古希腊数学家。——译者注

第 2 章

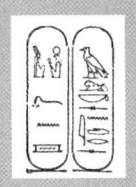

托勒密一世统治时期

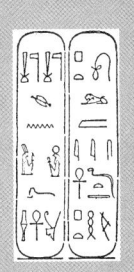

PTOLEMY I

对谁应该拥有亚历山大帝国，亚历山大大帝的将军们发生了各种争执，我们对此不做讨论。起初，任何人对托勒密一世统治埃及都没有疑问。托勒密一世是亚历山大大帝最熟悉、最喜欢的同伴。在军队中，他从一个默默无闻的位置奋斗到最高、最受信任的位置。托勒密一世要求埃及成为自己的领地。最终，他如愿以偿。埃及成为其领地的时间是公元前323年，亚历山大大帝驾崩后不久。

除了引用的狄摩西尼的论述，以及亚里士多德《家政学》中叙述的被证实的逸事，我们还有一点马其顿王国征服埃及以来埃及状况的资料。

图8●一个缟玛瑙印记上刻有托勒密一世的头像，他穿着埃及服饰。皮特里收藏

那部托名的《家政学》的第二卷列举了公共经济的许多实例。《经济学》特别论述了"亚历山大大帝的埃及总督克莱奥梅尼"的行为。"克莱奥梅尼是亚历山大人、埃及总督。当邻国发生严重饥荒，埃及受到饥荒的影响非常有限时，克莱奥梅尼禁止出口粮食。当地方长官抱怨禁止粮食出口导致无法进贡时，克莱奥梅尼允许出口粮食，但征收高额税。最后，克莱奥梅尼不仅使地方长官不再抱怨，还从少量粮食出口中获得了一大笔钱。他乘船经过崇拜鳄鱼为神的地方，他的一个奴隶被鳄鱼叼走了。克莱奥梅尼召集祭司，说他必须复仇，并且命令祭司猎杀鳄鱼。为了不使神受辱，祭司

们收集了大量金子，并且交给克莱奥梅尼。这样一来，克莱奥梅尼得到了安抚。当亚历山大大帝指示克莱奥梅尼在法罗岛建立一座城市，即亚历山大，并且将卡诺皮克的商业中心搬到这里时，克莱奥梅尼前往卡诺皮克，告诉当地所有的祭司和富人，自己前来的目的是让祭司们搬走。为了保护卡诺皮克的商业中心，当地的祭司和富人征集了一大笔钱，并且交给克莱奥梅尼。克莱奥梅尼带着钱离开了，但新城建成后，他又回来，并且向祭司和富人索要更大一笔钱，说自己重新考虑了商业中心的位置。卡诺皮克的祭司和富人说，他们付不起克莱奥梅尼要求的金额。于是，克莱奥梅尼将卡诺皮克的祭司和富人转移到新城市。但下一个例子没有说明发生在哪个地方。当粮食的售价为十德拉克马[1]（中位数价格）时，克莱奥梅尼召集了农民，问他们卖给自己粮食的价格。农民说自己会以比卖给商人更低的价格卖给克莱奥梅尼。然后，克莱奥梅尼要求农民将粮食以与卖给其他人一样的价格卖给他，但他将粮食的价格定在三十二德拉克马，并且以这个价格出售粮食。这似乎意味着克莱奥梅尼不再是中间人，赚取了出售粮食的所有利润。克莱奥梅尼召集了祭司，告诉他们，埃及举行宗教仪式的费用高昂，必须废弃一定数量的神殿，辞退一批祭司。然后，祭司们从自己的腰包里及他们的神殿款项里拿出钱交给克莱奥梅尼，因为他们以为克莱奥梅尼真要减少祭司的数量。实际上，祭司们都想保护自己的神殿，保住自己的神职。"

在我看来，这些例子并没有显示克莱奥梅尼压迫穷人，而只是在压迫富人和祭司。如果我们知道地方长官的所作所为，那么可能不会谴责克莱奥梅尼的行为。书中记录的逸事似乎是真实的。克莱奥梅尼从黎凡特的饥荒中获利也被记录在铭文中。无论如何，除了克莱奥梅尼是埃及的总督，并且不怕免职，我们不能得出其他结论。克莱奥梅尼担任埃及总督期间，埃及未来的主人托勒密一世正陪同亚历山大大帝征战，并且赢得声名，影响力不断提高。

公元前323年6月，亚历山大大帝驾崩。之后，马其顿的将军们和马其顿王室继承人爆发战争，各方都想占领亚历山大帝国的土地。根据保萨尼亚斯[2]的论述，托勒密一世曾劝说独立于中央政权的主要将军。他要求获得埃及，使埃及成为自己的领地。根据卢修斯·弗拉菲乌·弗拉维的说法，埃及总督克莱奥梅尼被称为"托勒密一世的同僚"，但克莱奥梅尼与托勒密一世的地位并不平等。

因此，显然，克莱奥梅尼并没有招致将军们的厌恶。起初，佩尔狄卡斯[3]很可能怀疑并害怕托勒密一世。佩尔狄卡斯认为，一位很熟悉埃及并拥有强大实力的朋友——克莱奥梅尼帮助自己对抗埃及新总督托勒密一世的阴谋是万全之策。根据西西里的狄奥多罗斯[4]的记载，"托勒密一世顺利接管埃及，并且善待埃及当地人。在埃及，他发现八千塔兰特的宝藏，召集了一支雇佣军，并且组织了自己的军队。此外，由于他的个人声望，一些朋友前来投靠托勒密一世"。为了保护自己免受佩尔狄卡斯的攻击——佩尔狄卡斯希望团结亚历山大帝国各派力量，并且由他作为摄政，等待机会继承整个亚历山大帝国。托勒密一世与马其顿的统治者安提帕特结盟。此外，他以一个借口（借口不明），杀死了克莱奥梅尼。

托勒密一世的首要任务是使埃及保持防御状态，抵御摄政佩尔狄卡斯的攻击。当敌军被击退、佩尔狄卡斯被杀时，托勒密一世本可以成为亚历山大帝国的摄政，因为当时，军队和王子们已经失去领袖，准备迎接新的摄政。但托勒密一世是一个谨慎的人，没有勃勃的野心。此外，他的性情不允许他犯这样的错误。托勒密一世将这份危险的荣誉授予两位支持者。他继续担任拥有强大权力的埃及总督。

托勒密一世与佩尔狄卡斯争吵的一个主要原因与亚历山大大帝木乃伊的存放问题有关。亚历山大大帝的木乃伊被从巴比伦运出，运载木乃伊的是一辆华丽的葬礼马车。然后，木乃伊到达巴勒斯坦。在大批护卫的陪同下，托勒密一世接过护卫木乃伊的任务，并且将木乃伊运到埃及。此时，托勒密一世与佩尔狄卡斯没有发生任何争吵，因为佩尔狄卡斯批准的最初计划是将亚历山大大帝安葬在亚历山大大帝的"父亲"阿蒙的神殿中，阿蒙神殿位于阿蒙-朱庇特绿洲。葬礼游行开始时，佩尔狄卡斯意识到，由托勒密一世负责运送亚历山大大帝的木乃伊，将会导致人们从情感上支持托勒密一世。于是，他指出，亚历山大大帝的木乃伊应该运到马其顿老国王们的安息地维尔吉纳的埃迦伊。但最终，托勒密一世通过武力和劝说两种方式，将亚历山大大帝的木乃伊带到了埃及。

将亚历山大大帝的木乃伊带到埃及确实影响了历史的发展，并且值得我们更仔细地研究。对此，历史学家们有许多不同的意见，以保萨尼亚斯为代表的一部分人断言亚历山大大帝的遗体被安放在孟菲斯。直到托勒密二世时期，亚历山大大帝的木乃伊才运到亚历山大。其他大多数人认为，亚历山大大帝的木乃伊被直接运送到了亚历山大。《亚历山大大帝传奇》甚至声称，孟菲斯的祭司拒绝将亚历山大大帝的木乃伊存放于此，因为它将给孟菲斯带来危险[5]。

《亚历山大大帝传奇》似乎没有叙述托勒密王朝时期亚历山大大帝的黄金棺木。托勒密王朝末期，亚历山大大帝的木乃伊被转移到一副玻璃棺材中。对此，《亚历山大大帝传奇》没有任何叙述。《亚历山大大帝传奇》可能是在托勒密二世将亚历山大大帝的木乃伊安放在亚历山大的塞马以前写

图9 ● 西顿[6]石棺上雕刻的狩猎场景，这副石棺被错误地认为是亚历山大大帝的石棺

成的，因为黄金棺材只能追溯到托勒密二世时期。《亚历山大大帝传奇》也可能是直到关于亚历山大大帝棺木的信息被完全遗忘多年后才创作出来的，但这一可能性很小。

关于亚历山大帝国的分裂、亚历山大大帝驾崩、佩尔狄卡斯远征埃及，以及佩尔狄卡斯死亡的争论，似乎已经持续了整整两年。攻打埃及前，佩尔狄卡斯首先征服了小亚细亚一些反抗自己的统治者，以及塞浦路斯的"国王们"。塞浦路斯的"国王们"加入了托勒密一世的阵营，并且向托勒密一世提供了一支舰队。佩尔狄卡斯对埃及新盟友的进攻一直受到牵制。从安提帕特那里，佩尔狄卡斯获得"独眼"安提柯一世[7]指挥的战船的帮助。后来，"独眼"安提柯一世成为托勒密一世在叙利亚最危险的邻居。佩尔狄卡斯忙于小亚细亚战事时，托勒密一世获得了喘息的时间。其间，昔兰尼人宣誓效忠托勒密一世。

昔兰尼是著名的希腊人定居点，自品达时代起就闻名于世。在地理位置方面，昔兰尼由于远离其他城市，可以实现政治独立。昔兰尼主动臣服于亚历山大大帝，换取独立自治的甜蜜果实。当时，这通常意味着，拥有最多财产的富人和拥有最多选票的穷人之间的残杀。一旦其中一方有足够的力量驱逐另一方，被驱逐的一方就会邀请外部势力为自己报仇。在这种情况下，被流放在外的贵族们——流放他们的是马其顿士兵蒂布伦[8]，他夺取了背叛亚历山大大帝的财政官哈帕勒斯的财富——审问了每一位盟友，甚至包括利比亚人和迦太基人。在托勒密一世的将军欧斐尔拉斯的带领下，托勒密一世的军队正在等待昔兰尼向埃及投降。最终，昔兰尼向埃及投降。接下来的几年，作为埃及的一块领地，昔兰尼由欧斐尔拉斯管理。欧斐尔拉斯是"亚历山大大帝的人"。因此，在托勒密一世统治时期，欧斐尔拉斯备受尊敬。

昔兰尼成为埃及领土的一部分，仅仅巩固了埃及对希腊人定居点的统治。这对埃及人的生活没什么影响。但昔兰尼涌现出很多杰出的文学家，并且在埃及获得农场或其他特权的外国定居者的数量大大增加。莎草纸的记载表明，无论在法尤姆还是在上埃及，都有大量老兵或预备役士兵是昔兰尼人。不久，昔兰尼成为埃及的一个边远省份，由埃及法老的继承人治理。公元前321年，在特里帕拉德苏斯成为希腊人的第二个定居点时，佩尔狄卡斯战败身亡，托勒密一世再次获得埃及和他征服的埃及以西土地，正式成为昔兰尼的统治者[9]。公元前320年，托勒密一世的舰队正式占领了塞浦路斯。于是，埃及版图中增加了第二个边远省份。塞浦路斯被托勒密王朝永久占领，成为埃及的一部分[10]。塞浦路斯的情况似乎很特殊，并且与昔兰尼的情况有很大不同。在莎草纸对埃及许多外邦定居者的记载中，人们几乎没有见到对塞浦路斯人的记述。

公元前320年，托勒密一世先后占领了塞浦路斯和叙利亚。此前，叙利亚由拉俄墨冬统治。托勒密一世不费吹灰之力就成为叙利亚的主人。但如果说托勒密一世对埃及和昔兰尼的统治是永久性的，对叙利亚的统治就另当别论了。在大约五年的时间里,"独眼"安提柯一世忙于在亚洲征战。与此同时,他拥有自己的领地。但后来,"独眼"安提柯一世受到攻击。他虽然在加沙战胜了曾想抓住自己父亲的德米特里一世,但在对外战争能力方面,他没有信心。在合适的时机,托勒密一世虽然再次占领叙利亚,但从未表现出任何愿意再次冒爆发大规模战争的风险永久占领叙利亚的决心。对叙利亚的几次间歇性部分占领,以及对巴勒斯坦的全部占领,给犹太人带来了巨大的苦难[11]。托勒密一世不仅带走了战利品,而且带走了成千上万的人以增强埃及的实力。

图10 ●腓力三世[12]的花岗岩石棺,发现于卢克索

有人认为亚历山大大帝曾诱使许多犹太人来到亚历山大港,甚至将他们安置在上埃及。不过,这种情况不可能发生。毫无疑问,在托勒密一世统治时期,许多犹太人作为俘虏或定居者来到埃及。不过,最近,历史学家[13]否认了这种说法。于是,他们很自然地怀疑约瑟夫斯的夸张描述只是试图夸大犹太民族在埃及早期史中的重要性。但越来越多的证据表

明，早在托勒密王朝时期，犹太人就住在埃及。《皮特里莎草纸》向我们揭示了公元前3世纪中叶，法尤姆有一个叫撒马利亚的村庄或城镇。撒马利亚肯定是在托勒密三世统治埃及前建立的，并且很可能是在托勒密一世统治时期建立的。在对《七十士译本》[14]的讨论中，人们越来越倾向于相信《皮特里莎草纸》的记述。事实上，托勒密二世支持将《希伯来圣经》翻译成希腊语。如果这样，那么这证明在托勒密王朝早期，埃及的犹太人数量之多和犹太人的重要性。约瑟夫斯说，托勒密一世在巴勒斯坦的统治冷酷而具有压迫性。但约瑟夫斯提出的证据并不完全一致，并且他说的民族驱逐可能并没有那么暴力。无论如何，我相信从托勒密一世时期开始，犹太人与埃及人的交往日益密切。这导致大量人口迁移。犹太人对整个托勒密王朝的历史产生了巨大的影响。

在对发生在公元前312年的加沙战役的描述中，西西里的狄奥多罗斯提到另一个有趣的问题[15]。他说托勒密一世的军队征用了大量埃及当地人。埃及当地人不仅从事运输服务工作，或者成为侍从，而且加入武装部队。我们可以假设埃及本地人加入的只是轻装部队，如果轻装部队确实存在的话。因为直到一个世纪后，公元前217年爆发的拉菲亚战役，埃及本地人才形成方阵，并且赢得这场战役的胜利。托勒密五世统治时期的罗塞塔碑文提到了士兵阶层[16]的问题，如果当时埃及还存在等级制度的话。但1895年，人们在圣托里尼发现一篇铭文。这篇铭文提到埃尔纳乌斯曾是士兵的书吏，还提到驻扎在克里特岛、圣托里尼和伯罗奔尼撒的阿尔西诺伊的士兵。铭文的日期显示是在托勒密二世或托勒密三世统治时期。这些事实推翻了一个公认的观点，即在托勒密王朝，埃及本地士兵无足轻重。这似乎是埃及总督托勒密一世保守政策的一部分——他从埃及本地人中招募新兵强化陆军，甚至海军。但托勒密一世统治时期的铭文如此少，导致我们不能确定这一结论是否准确。

关于托勒密一世对埃及本地人的政策，如税收、内部治安和商业等方面的政策，我们一无所知。但对托勒密一世的家庭情况，一些十分重要的事件被记录下来了。

托勒密一世迷恋女人。在巴比伦举行的"亚欧婚礼"[17]上，亚历山大大帝做主，为托勒密一世娶了一位波斯显贵阿塔卡马为妻。但历史上没有关于阿塔卡马的记载。接着，阿特纳奥斯[18]给我们讲了一个不可思议的故事。阿特纳奥斯说亚历山大大帝驾崩后，托勒密一世与希腊名妓泰伊丝——泰伊丝似乎是亚历山大大帝的情妇——交往[19]。泰伊丝为托勒密一世生下至少两个孩子，一个儿子叫莱昂蒂斯科斯或拉格斯，还有一个女儿叫艾瑞纳。后来，泰伊丝嫁给塞浦路斯"国王"索利。但这些情事没有影响埃及历史的发展。公元前321年，佩尔狄卡斯率军进攻埃及和特里帕拉德苏斯，托勒密一世与安提帕特的女儿欧律狄刻缔结了政治婚约。安提帕特控制马其顿，是所有马其顿总督中权势最大的。欧律狄刻嫁给托勒密一世，并生下几个孩子。长子叫托勒密，这样命名的原因似乎是将埃及交由他继承。但我们发现，与欧律狄刻结婚的四年内，托勒密一世娶了一个跟随欧律狄刻到埃及的侍女。这个侍女是一个带着孩子的寡妇，其长子叫马加斯，大概十一岁。她对托勒密一世的生活产生了不小的影响。这个寡妇是贝勒尼基一世，安提帕特的侄孙女、拉格斯的女儿。后来，贝勒尼基一世的孩子都和王室成员结婚了，托勒密一世似乎收养了贝勒尼基一世的孩子。据我们所知，托勒密一世没有和第一任妻子欧律狄刻离婚，但公开采用马其顿朝廷和埃及朝廷认可的一夫多妻制。我不知道托勒密一世的两任妻子是否都被称为"伟大的妻子"。但埃及法老确实出于政治目的娶了外国公主，外国公主自然享有崇高地位。我们知道，在马其顿，亚历山大大帝的父亲腓力二世因一夫多妻制给自己的家庭带来了什么麻烦。在马其顿的贵族家庭中，一夫多妻可能是惯常现象。但这种做法明显与希腊人的感情和习俗相悖，并且引发了如下观点：托勒密一世并不是基于希腊原则和希腊思想统治埃及的[20]。希腊人憎恶一夫多妻制和乱伦，但马其顿人和埃及人不以为意。不过，托勒密一世只是名义上的埃及总督。在公众面前，他假装根据腓力三世的命令行事。公元前317年，腓力三世被还是孩童的亚历山大四世下令处死。但托勒密一世的埃及政策仍有可取的地方。在担任埃及总督早期，他以腓力三世的名义修复了卢克索大神殿。这足够清楚地证明，托勒密一世从一开始就试图赢得祭司阶层的支持，并且通过他们改善与埃及本地人的关系。

  随后，他以年轻的亚历山大四世的名义继续修复内殿[21]。在接下来的几年，托勒密一世的注意力集中在希腊事务上。他卷入了"独眼"安提柯一世及其子为一方，和力量强大但地位低下的总督为另一方的争夺霸权的激烈斗争中。"胜利者"塞琉古一世被"独眼"安提柯一世赶出巴比伦，并且在公元前316年逃到埃及。他催促托勒密一世，在"独眼"安提柯一世变得更加强大之前及时开战。但无论如何，此时，托勒密一世控制了叙利亚和塞浦路斯。这超出了他最初的领地范围。因此，托勒密一世受到"独眼"安提柯一世的进攻。幸运的是，这些战争错综复杂的细节不在我们的研究范围之内。它们对埃及的影响是间接的。

公元前314年，新的斗争开始，托勒密一世暂时失去对昔兰尼和塞浦路斯的控制。失去昔兰尼是因为当地人揭竿而起，失去塞浦路斯是因为"独眼"安提柯一世发动进攻。可以肯定，昔兰尼的叛乱是由安提帕特死后，即公元前319年，名义上的摄政波利伯孔发布的宣言引起的。波利伯孔宣称要给予所有希腊城市自治权，并且命令这些城市接收所有政治流亡者。其他总督，即"独眼"安提柯一世及其子和托勒密一世不得不效仿，接收所有政治流亡者。迄今为止，他们还在迎合希腊人。但对托勒密一世来说，这只是一个让他在希腊水域自由支配舰队的手段，尽管此时他还没有调用舰队的需要。随后，托勒密一世收复了昔兰尼和塞浦路斯。对塞浦路斯，托勒密一世使用的是征服者彻头彻尾的高压手段。对叙利亚和巴勒斯坦，在经历了一系列曲折的战役后，包括在加沙战胜德米特里一世，以及几次小规模的失利，如失去提尔和将军基利被俘，公元前311年，托勒密一世同意与强大的对手和解。他没有收复宝贵的叙利亚省[22]。其间，托勒密一世带着许多犹太人来到埃及。

在收复叙利亚省的战争中，我们发现埃及的政策与其说是明智的，不如说是谨慎的。托勒密一世在加沙获胜后，再也没有将自己的命运托付给一场激战。激战的失败意味着损失军队中的所有雇佣兵。按照约定，战败一方的雇佣兵需投靠胜利一方。除了在罗得岛遭受的一场大海战中失利，托勒密一世从未参加任何激战。可能在跟随亚历山大大帝征战时，托勒密一世已经看够了战争中的变化和机会。此后，托勒密一世的军事政策纯粹是防御性的。我们找到一个历史文本，使我们进一步了解了托勒密一世在埃及的活动。

"男孩亚历山大四世在位的第七年（公元前312年到公元前311年），腓力三世去世，亚历山大四世才真正开始统治埃及。尼罗河开始涨潮时，托勒密一世得到年轻、富有力量的荷鲁斯的神圣允许，戴上王冠。他热爱给予他父亲尊严的众神，他是金色的荷鲁斯、全世界的领主、上埃及和下埃及的法老，他深受阿蒙、永生的亚历山

图11 ● 亚历山大四世的巨像，发现于卡纳克

大，以及众神朋友的喜爱。他是世界的法老，在亚洲享有盛誉，在埃及取得巨大的胜利。他的名字是托勒密。

"托勒密一世精力旺盛。他的双臂强壮，是人们的精神领袖。他强大、英勇、神武、坚定。在战斗中，他重击愤怒的对手。他只要抓住弓，就箭无虚发。对托勒密一世来说，做到这些很容易。在战斗中，没人能靠近托勒密一世，没人能抵挡他的进攻。只要说出口的事，托勒密一世就都会做到。外邦人中，没有像托勒密一世这样的人。托勒密一世带回在亚洲发现的众神雕像。他将被掠夺到亚洲的、原属于埃及北部和南部神殿的所有图书和器具都放回原处，并且将自己的住所改造成堡垒。亚历山大位于伊奥尼亚人的海岸，曾被称为'拉奥蒂斯'。托勒密一世和人们一起来到与他交战的叙利亚人的土地。他召集许多伊奥尼亚人和来自伊奥尼亚的骑兵、战船和船员。托勒密一世深入叙利亚，像雄鹰一样勇敢。他立刻带各地的总督、骑兵、战船和艺术品回到埃及。此后，当出发前往昔兰尼的迈尔迈里卡时，托勒密一世迅速俘虏迈尔迈里卡的男人、女人和马，报复他们对埃及做的一切。回到埃及时，他为自己做的一切感到高兴。伟大的托勒密一世向上埃及和下埃及的神寻求下一步行动的建议。神对托勒密一世及站在他旁边的下埃及的长者说，布陀是埃及的领地。埃及人将深入沼泽，检查尼罗河流入大海的每一条支流，使来自亚洲的舰队远离埃及。

"托勒密一世让身边的人告诉自己布陀海的情况。他们回答托勒密一世,这片海被称为'布陀之地',自古以来就是众神的财产。

"托勒密一世的对手赛瑟斯将布陀据为己有,但他没有将自己的任何东西献给众神。托勒密一世下令将众神的祭司和地方长官带到自己面前。他的随从立即将祭司和地方长官带了过来。托勒密一世说:'告诉我众神的事情。面对邪恶的赛瑟斯的邪恶行为,众神有何反应?'祭司和地方长官回答说:'邪恶的赛瑟斯对众神做了坏事,拿走了属于神的财产。'

"祭司和法官继续说道:'今天,我们的主荷鲁斯、伊西斯的儿子、奥西里斯[23]的儿子、统治者的统治者、上埃及的万王之王、下埃及的万王之王、父亲的复仇者,在赛义斯奈斯城,在神圣母亲旁边赶走了邪恶的赛瑟斯及其长子。'托勒密一世说:'众神中,荷鲁斯最强大。我发誓我将了解他,跟随他的步伐。'然后,祭司和地方长官说,自己遵从托勒密一世的命令,将这片叫'布陀'的海,以及面包、饮液、牛、鸟等一切美好的东西,献给众神。作为对托勒密一世卓越行为的回报,众神将照耀托勒密一世,并且使托勒密一世重新焕发光彩。一位大臣说:'托勒密一世的财政部官员遵从新出台的法令。托勒密一世,埃及总督,从今天起,将布陀地,以及所有村庄、城镇、居民、田地、水和牛,所有鸟,所有牧群,所有先前在这里生产的东西,加上由王、上埃及与下埃及的主、永远活着的沙巴斯献上的礼物,献给荷鲁斯。荷鲁斯是其父奥西里斯的复仇者、布陀的领主。托勒密一世的领地南至布陀,北至埃尔穆波利斯，埃尔穆波利斯靠近尼罗河口。埃及北部是与大海接壤的海岸，西部有尼罗河的支流。东部是赛本尼斯，这里有尼罗河的一个河口。当地的牛犊是隼的食物，被阉割的公牛是内卜尼特的食物，用于配种的公牛是当地的隼的食物，母牛的奶是贵族之子的食物。当地的家禽也是食物，在布陀生产的所有东西都放在荷鲁斯的桌子上。他永远都是拉-哈马齐斯的主人。法老、上埃及与下埃及之主、普塔选中的人、太阳之子、永远活着的沙巴斯、伟大的托勒密一世，更新了向众神供奉的礼物清单。回报托勒密一世做的一切，愿他获得胜利和力量，使他心满意足，使外邦人对他敬畏。无论何人想要占有布陀，从中获取什么利益，都会被禁止、被诅咒，愿他生活在阿皮塔里女神的恐怖气息中，愿他的儿女不给他一滴生命之水。'"[24]

作者虽然原本打算只研究托勒密一世参与的漫长而复杂的战争时期的埃及史，但在这里有必要提出，公元前311年，总督们经历了五年毫无结果的斗争后，签订了和平协议，或者更确切地说休战协议。年轻的亚历山大四世不幸被卡桑德关押在马其顿。亚历山大四世逐渐长大，他是马其顿王国名义上的统治者。这是无可争议的。与此同时，不但"独眼"安提柯一世成为亚洲的强大统治者，而且巴比伦的"胜利者"塞琉古一世、埃及的托勒密一世、马其顿的卡桑德都成为所在地方掌握实权的统治者。公元前311年，各国休战。没有人会质疑年轻的亚历山大四世的权力。但随着休战状态的形成，所有希腊城市都宣布它们是自由的、自治的。这是争论的焦点。自由、自治同样适用于托勒密一世统治下的昔兰尼、托勒密一世通过地方首领统治的塞浦路斯、"独眼"安提柯一世统治的西里西亚的各城市，以及卡桑德声称在他统治下的各希腊城市吗？每位处于敌对状态的总督都指责对手不履行和平条约。敏锐洞察力使托勒密一世首先明白，在这场伪自由[25]的竞赛中，拥有强大舰队的总督将实际控制爱琴海海域的所有海岸和岛屿。因此，在其他总督的默许下[26]，年轻的马其顿王国继承人亚历山大四世及其母亲被卡桑德秘密软禁和谋杀时，托勒密一世武装了一支颇具战斗力的舰队，沿着西里西亚和卡里亚前往黎凡特，"解放"了"独眼"安提柯一世统治下的所有希腊城市，并且宣布爱琴海群岛自治。于是，在埃及统治者的领导下，爱琴海地区的居民形成了一个联盟。这个联盟一直维持到埃及人掌握海洋霸权为止。托勒密一世的海洋霸权很快受到战斗力强大的德米特里一世的舰队"围攻者"的挑战。德米特里一世甚至夺回了塞浦路斯，并且占领黎凡特近十年。随后，在科斯，德米特里一世的儿子安提柯二世赢得了海战的胜利，重新短暂占领黎凡特。但爱琴海群岛、塞浦路斯、黎凡特统治者的更迭是暂时的。在长达一个世纪的时间里，托勒密王朝对埃及推行强硬政策，确保自己控制基克拉泽斯和毗邻海岸，以及巴勒斯坦和柯里-叙利亚[27]。

　　掌握海洋霸权对陆地统治有什么影响呢？毫无疑问，一定有大批埃及当地人受雇管理舰船。我们从一篇发现于西拉的碑文中得知，在各岛上，属于军人阶层的埃及人与希腊军队一起服役。这样一来，与希腊人交往一定促使埃及人学习到许多关于希腊的知识，获得了比尼罗河流域传统贸易更广泛的商业知识。与希腊人的交往还为埃及人带来了物质优势。这不但给亚历山大港带来了更多的运输量，让港内挤满了来自周边岛屿的游客，而且在困难时，如当洪水导致埃及发生饥荒时，埃及对海洋和船的控制将改变产自黑海地区的谷物的运输方向，使本应该运到黑海以西的谷物运输到黑海以南的地方，即埃及。此外，希腊沿岸港口可以按照"最惠国待遇"条款接收埃及商品。正如卡诺皮克的石碑告诉我们的那样，正是"最惠国待遇"条款使托勒密三世将谷物进口到埃及，并且使臣民免于饥饿。最近发现的一篇碑文描述了埃及岛民的感激之情[28]。下面是另一篇碑文："法老、拯救者托勒密一世救了城市，恢复了法治，建立了世袭制度，减轻了税赋，为岛民和其他希腊人带来了巨大利益……因此，得益于托勒密一世的公共政策和个人品德，最先授予他同等神圣荣誉的所有岛民都……应尽情参加在亚历山大为托勒密一世举办的庆祝宴会。"碑文提到的神圣荣誉是埃及史的重要部分。最新讲述托勒密一世历史著作的作者认为[29]，托勒密一世统治时期，神化希腊君主是希腊的一种社会风气，并且与我们认为的神化希腊君主是受埃及和叙利亚的影响不同。这篇碑文似乎是这一看法的直接佐证。岛民夸口说，他们是第一个给予托勒密一世神圣荣誉的人。历史学家告诉我们，公元前306年，遭遇第一次围攻后的罗得岛居民将托勒密一世称为"拯救者"[30],并且为托勒密一世建造了一座神龛,向托勒密一世献祭。如果说托勒密一世统治时期,希腊人已经开始神化伟大的恩人或他们十分敬畏的任何人,那么这种说法无可争议。但我不认为,埃及对托勒密家族诸王的神化和崇拜源自这里。

年轻的亚历山大四世驾崩后,托勒密一世的地位发生了彻底的变化。亚历山大四世在世时,在所有正式协议中,托勒密一世的身份都是亚历山大四世统治下的埃及总督。公元前310年到公元前309年,我们不知道更准确的日期,托勒密一世必然采用了一个新头衔。公元前308年,托勒密一世派继子马加斯作为摄政统治被再次征服的昔兰尼。从这一事实看,亚历山大四世驾崩后不久,托勒密一世宣布自己是埃及法老。还有一种观点认为,亚历山大四世驾崩被官方忽视或保密,托勒密一世仍然以年轻的马其顿国王亚历山大四世的名义统治埃及[31]。

施特拉克认同这一观点。这使托勒密王朝的统治始于公元前304年。他甚至认为托勒密一世的继承人出生在公元前304年或公元前305年[32]。他之所以得出这样的结论,是因为他认为托勒密王朝法老之位的继承人必须出身于王室。在我看来,可以肯定的是,法老之位是由王子托勒密二世继承的。这很可能是托勒密一世向宫廷解释希望幼子而不是长子继位的理由。但很难将托勒密二世的出生日期设定为公元前308年到公元前307年的某个日期。其间,托勒密一世仍然在爱琴海开疆拓土。公元前306年,罗得岛遭到围困后,当这里的居民像其他岛民一样神化托勒密一世时，托勒密一世的对手德米特里一世无疑仍是海洋霸主。我们得知[33]，托勒密一世的王子托勒密二世出生在科斯岛。在这个动荡的时代，托勒密一世有没有可能让自己最宠爱的妻子冒着生命危险，留在他仍然没有取得控制权的科斯岛呢？我认为这不可能。因此，亚历山大四世驾崩后，托勒密一世宣布自己是埃及法老。儿子托勒密二世出生时，托勒密一世无疑已经成为爱琴海的主人。此时，"独眼"安提柯一世及其子德米特里一世还没有建立强大的舰队来挑战托勒密一世的海洋霸权。另外，还有一个问题。如果公元前308年，托勒密一世任命自己的继子马加斯为昔兰尼摄政，那么当时，马加斯

图12 ● 公元前3世纪皮特-哈尔-斯埃塞的木制棺材，现藏于柏林博物馆

一定至少二十岁，否则他不能承担起这样的责任。

昔兰尼由于与埃及相距遥远，所以经常发生叛乱和暴动。贝勒尼基一世如果在公元前328年生下一个孩子，那么不太可能在公元前304年再生下一个孩子。这使我们怀疑尤金·勒鲁特对用通俗体文字写成的莎草纸的理解。另外，他在托勒密一世统治埃及方面可能有误解。实际上，托勒密一世对埃及行使主权。如果马加斯年轻时就成为昔兰尼摄政，那么当时托勒密一世肯定已经成为埃及法老。

托勒密一世为什么会任命马加斯为昔兰尼摄政呢？大约在公元前312年，托勒密一世任命的第一位昔兰尼摄政欧斐尔拉斯似乎叛变，并且欧斐尔拉斯试图在昔兰尼建立一个独立王国。欧斐尔拉斯是一个经验丰富的军人，在亚历山大的远征中表现出色，并且他所处的位置（昔兰尼）优越，相对封闭，托勒密一世似乎一直在犹豫要不要攻击他。最终，通过外交手段而不是武力，托勒密一世打败了欧斐尔拉斯。通过一份对希腊式自由的夸张宣言——一份他在作为亚历山大大帝继业者的剩余时间里准备随时弃绝的宣言，他很可能在昔兰尼的民主派中间引发了对欧斐尔拉斯的不满。托勒密一世似乎已经得到锡拉库扎的阿加索克利斯的帮助。阿加索克利斯曾远征非洲，对抗迦太基。他似乎即将成为非洲大陆西部地区的统治者。征服迦太基后，阿加索克利斯通过将非洲各行省纳入昔兰尼的绝妙提议，说服欧斐尔拉斯带着自己的军队穿过锡尔特沙漠，并且在欧斐尔拉斯到达迦太基时杀死了他。托勒密一世提供给阿加索克利斯的贿赂，很可能是与他的继女忒阿西娜的婚约。这份婚约帮助阿加索克利斯在希腊裔的统治者中占据了一席之地。

公元前308年，托勒密一世任命马加斯为昔兰尼总督。于是，围绕昔兰尼产生的纷争得以平息。昔兰尼的事务只要对埃及产生影响，就会纳入埃及史的讨论中。公元前308年到公元前307年，托勒密一世的幼子托勒密二世在科斯出生。这是一个重要事件。贝勒尼基一世是托勒密一世最宠爱的妻子。在上一段婚姻中，她生下了马加斯。托勒密二世出生前，贝勒尼基一世只为托勒密一世生下了两个女儿，即阿尔西诺伊二世和菲洛泰拉。根据埃及人的观念，虽然王后生下的女儿有权继承王位，但显然王子们是更被垂青的法老之位继承人。我们不确定托勒密一世宣布自己为法老的确切日期。但毫无疑问，被宣布为王后的是贝勒尼基一世，而不是埃及的欧律狄刻。

公元前306年到公元前305年，托勒密一世陷入严重的焦虑，因为他统治的整个埃及，可能还有他的生命，都岌岌可危。这些危险始于"围攻者"德米特里一世的舰队在塞浦路斯战胜托勒密一世的舰队。因此，托勒密一世不仅失去了多年来的制海权，还失去了塞浦路斯及其收入。托勒密一世的兄长或弟弟墨涅拉俄斯是塞浦路斯境内或附近历次战役的军事统帅。西西里的狄奥多罗斯[34]和普鲁塔克[35]描述了这些战役。他们的描述似乎更倾向于使文字具有文学色彩，而不是具有纪实性。但对于我们的历史研究，他们的描述有些意义。在萨拉米斯附近，当墨涅拉俄斯与德米特里一世第一次作战时，墨涅拉俄斯战败。如同现代雇佣军一样，胜利者德米特里一世将俘虏招到自己的军队中。但德米特里一世发现，雇佣军逃向他们的埃及主人，因为他们所有的财物都在埃及。于是，德米特里一世将雇佣军送到叙利亚，送给他的父亲"独眼"安提柯一世。如果托勒密一世在塞浦路斯的军队纯粹由雇佣兵组成，那么作为忠诚的保证，雇佣兵的家人和财产都被托勒密一世留在了埃及。我认为，值得考虑的是，此时，托勒密一世是否像公元前312年在加沙作战那样，招募许多埃及本地人做士兵。埃及本地人自然会在国外战争中支持托勒密一世，即使战败，也会为返回家园保持忠诚。

塞浦路斯战争的起因是托勒密一世的军队占领了科林斯和西锡安等希腊城市。这明显违背了"解放希腊人"的口号。但真正的原因是，托勒密一世是否应该继续保留自己对埃及的控制和在爱琴海的影响力，或者他的对手"独眼"安提柯一世是否应该重新占领亚历山大大帝的全部领土。由于安提柯一世拥有小亚细亚和叙利亚的全部领土，以及他儿子德米特里一世的作战胜利和天才的谋略，此时，他拥有海洋和岛屿的霸权。当"独眼"安提柯一世和德米特里一世正式获得"国王"头衔时，托勒密一世不得不考虑自己的势力范围。

显然，在托勒密一世的地盘攻击他要冒很大风险。佩尔狄卡斯尝试过，但在攻击中失去了军队和性命。公元前321年，佩尔狄卡斯攻击埃及的时候，托勒密一世全心全意加固所有通往埃及的道路——如尼罗河东岸的培琉喜阿姆，通向小河口的沼泽和湖泊——的防御工作。所有海岸都有充足的驻军。登陆时，德米特里一世战斗力强大的舰队会遇到巨大的困难。埃及海岸缺乏锚地。在没有强劲西北风的情况下，这支舰队不可能靠近埃及海岸。

在所有这些问题上，"独眼"安提柯一世采取了不同寻常的预防措施[36]。在奥龙特斯河边的新城市安提戈内亚，他筹划整个战役，他的军队和战船被派往加沙集合。加沙是向埃及进军的合适起点。古代历史学家们给出的信息根本不可信。因此，在这里，我只提供"独眼"安提柯一世军队的兵力数据，从中我们可以得知当时的埃及能够抵抗入侵的军队的规模。"独眼"安提柯一世率领八万多名步兵、八千多名骑兵、八十三头大象、一百五十艘战船和一百艘运输船出发。他从游牧的阿拉伯人那里获得了一支庞大的骆驼队。他用骆驼运输十三万麦第米[37]谷物和牲畜饲料。最重要的攻城武器装在运输船上。

"独眼"安提柯一世入侵埃及面临两个明显的危险因素。首先，他的军队规模庞大，无法开展快速或隐蔽的行动。其次，进攻时机选择错误，或者更确切地说，我觉得这次远征是意外推迟到昴宿星团[38]的下落时间（公元前306年11月初）的。此时，正如海员们明确警告安提柯一世的那样，不但没有港口的、多浅滩的海岸会出现暴风，而且尼罗河的水位会高涨，任何一个河口都很难通过或进入，特别是在对手高度警惕的情况下。面对阻碍，安提柯一世仍然坚定地前进。我们只能猜测，在塞浦路斯惨败后，托勒密一世的军队士气低落，舰队组织混乱。此时，安提柯一世必须迅速采取进攻。在塞浦路斯，托勒密一世损失了大约一百四十艘战船。也许只要几个月时间，一百四十艘新的战船就能造出，到那时，海上霸权的归属就将变化。安提柯一世打算沿着狭窄的海岸展开陆上攻击。然而，没有一支战斗力强大的舰队保护安提柯一世军队的侧翼。与此同时，安提柯一世还要保护与叙利亚的联络通道。实际上，保护与叙利亚联络通道的风险比抵御恶劣天气的风险更大。

指挥舰队的德米特里一世发现入侵任务几乎没有完成的希望，因为正如海员们预测的那样，西北强风已经开始了[39]。德米特里一世遇到的第一次风暴将最重的几艘战船吹到拉法海岸。如果不是陆军前来救援，并且使海军登陆免受攻击，那么远征可能已经结束了。到达培琉喜阿姆时，海军和陆军发现当地防守严密。河的入口被船堵住，河上充斥着小型战船，抵抗着任何渡河的企图。此外，守军散播给予归顺者大笔钱的承诺，只要他们离开德米特里一世的军队并加入托勒密一世的军队。贿赂的金额取决于归顺者的职位：普通士兵的金额是两迈纳[40]，军官的金额是一塔兰特。实际上，用钱诱惑德米特里一世的将士有些困难。根据德米特里一世的军法，逃兵将受到严厉惩罚，如遭受酷刑至死。发现培琉喜阿姆的入口难以突破后，德米特里一世试图到更西的地方登陆。首先，他尝试在普修多斯托摩斯（可能是现在的门扎拉湖）登陆。然后，他尝试在杜姆亚特（费特尼克）登陆。在这两个地方，德米特里一世都被击退了。然后，他的军队被另一场风暴袭击了。风暴摧毁了他的三艘大船。最终，德米特里一世艰难地回到位于其父"独眼"安提柯一世在培琉喜阿姆入口以东的营地。

我们可以想象"独眼"安提柯一世召集盟友权衡战场局势时的感受。他们似乎面临与佩尔狄卡斯相同的命运。最终，面对随时准备欢迎逃兵、物资供应充足的对手，雇佣军抵挡不住诱惑了。如果再来两场风暴，不管如何妥当处理，培琉喜阿姆入口的任何舰队都会被摧毁。此时，撤退可以说是必要措施，而不是出于战略决策[41]。

根据西西里的狄奥多罗斯[42]的记载，在塞浦路斯，埃及舰队战败后，托勒密一世的士兵使用与"独眼"安提柯一世、德米特里一世相同的头衔"拯救者"称呼托勒密一世。托勒密一世认为，士兵们的举动是为了回应对手的傲慢。但如果一次战败后，托勒密一世被称呼这一头衔，那么在战胜"独眼"安提柯一世、保卫领地后，他必定会被称同样的头衔。然而，此时，这一头衔并不重要。它本身并不意味着头衔持有人拥有任何统治权[43]。"独眼"安提柯一世和他的儿子德米特里一世都拥有这一头衔就证明了这一点。上文已经讨论过托勒密一世何时开始正式掌握埃及统治权。正是此时，埃及开始独立铸币。最奇怪的是，在托勒密一世统治时期以前，在由埃及本地人作为统治者的埃及王朝似乎从来没有铸币。实际上，波斯裔或希腊裔的埃及总督只能发行宗主国的钱币。但此时，埃及开始独立铸币，我们从目前收藏在大英博物馆的斯坦利·莱恩·普尔的钱币收藏品中可以略

图 13 ●托勒密一世的钱币

窥一二。同样值得注意的是，埃及本地人统治的第三王朝到第三十王朝制作了大量圣甲虫。但在托勒密一世统治时期，圣甲虫制作似乎突然停止了。对此，我曾向一些专家寻求解释，但徒劳而返。我相信，从来没有人发现托勒密一世的圣甲虫。因此，似乎可以假设，圣甲虫从前以某种方式替代了钱币。现在，圣甲虫的突然消失又与埃及正式发行钱币有关。

在托勒密家族的诸位法老中，托勒密一世是唯一一位王名不确定的法老。然而，在特兰内，人们发现了托勒密一世的双王名。他的第一个王名与亚历山大大帝或腓力三世的第一个名字相同，第二个王名是"托勒密"。

基克拉泽斯岛的居民授予托勒密一世神圣的荣誉，罗得岛的居民也将神圣荣誉授予托勒密一世。由于成为埃及的盟友，公元前306年到公元前305年，罗得岛居民遭到德米特里一世的攻击。征服罗得岛能够使"独眼"安提柯一世获得强大的海上力量。安提柯一世甚至可以尝试攻击亚历山大城。不过，托勒密一世虽然无法在海上与德米特里一世作战，但向遭到围困的罗得岛提供了持续不断的援助。经过持续近一年的巨大努力，德米特里一世最终与罗得岛居民达成和平协议，然后撤军。如果安提柯一世率军进攻埃及，那么罗得岛居民只能保持中立。达成和平协议的主要原因是，罗得岛和亚历山大在希腊世界的商业往来中拥有着重要的地位。罗得岛不仅是商业中心，还是黎凡特周围所有城市和地方长官的财富来源地。因此，托勒密一世和德米特里一世的共同朋友在德米特里一世和罗得岛居民之间进行斡旋。但对这些朋友来说，与埃及的友谊一定是最重要的。然而，在这个对埃及历史至关重要的问题上，除了从埃及和罗得岛政策得出的推论，我们对此时埃及的内部事务一无所知。

接下来，直到公元前302年，希腊君主们花了几年时间准备联合对抗安提柯一世和德米特里一世。最后，在弗里吉亚的伊普斯战役中，"胜利者"塞琉古一世及其子"独眼"安提柯一世指挥印度象兵、利西马科斯人、色雷斯人、马其顿国王卡桑德与叙利亚和亚洲其他地方的新统治者交战。公元前301年，"独眼"安提柯一世阵亡，但德米特里一世逃脱了。随后几年，德米特里一世给希腊世界带来了不可估量的灾难。托勒密一世虽然加入了反安提柯一世的联盟，但表现得三心二意、懦弱无能。他以转移对手注意力的方式，率军前进到柯里-叙利亚，占领了沿海城市，但听到安提柯一世获胜并在不久后再次出现在叙利亚的虚假消息后，很快就率军撤退了。托勒密一世缺席了与安提柯一世的大战。但当国王们分割塞琉古王国时，他们发现托勒密一世又占领了下叙利亚和腓尼基。托勒密一世声称这是他应得的土地。"胜利者"塞琉古一世虽然反对托勒密一世占领下叙利亚和腓尼基，但认为不宜诉诸武力。限制塞琉古一世采用武力的主要原因，可能是托勒密一世与德米特里一世结盟。因此，他可能失去了收复被托勒密一世和德米特里一世控制的岛屿和海岸的所有希望。

无论如何，从公元前302年到之后大约一个世纪内，埃及确立了对巴勒斯坦、下叙利亚和腓尼基的统治，托勒密一世也实现了自己的伟大抱负。赛达和黎巴嫩的森林为托勒密一世的舰队提供了建造原料。至少有一位赛达首领——菲洛克莱斯——是托勒密一世的主将。他还帮助托勒密一世巩固了在爱琴海域的势力。公元前295年，托勒密一世收复了塞浦路斯。德米特里一世的海军力量随之衰落。公元前305年到公元前295年之间，塞浦路斯一直是安提柯王朝公主们的住所。因此，德米特里一世相信自己牢牢掌握着海上霸权。但此时，海上控制权又归托勒密一世所有，并且成为托勒密一世实现托勒密王朝蓝图的关键一步。根据波利比乌斯[44]的记载，托勒密一世的领土包括埃及和一直到贝烈尼凯（此处存疑）的红海沿岸；马加斯总督统治下的昔兰尼；巴勒斯坦和腓尼基；远至黎巴嫩山，由埃及驻军控制的塞浦路斯；与埃及不是臣属关系，而是紧密盟友关系的罗得岛——将埃及视为其商业政策中的最惠国；小亚细亚海岸的"自由"城市。这些城市受罗得岛政策的影响，遭到埃及舰队的震慑，与爱琴海岛屿结成联盟，并且承认托勒密一世为联盟领袖。在黎凡特，埃及的影响有多大，是否能影响到希腊海岸？长期以来，托勒密一世下令在西锡安和科林斯、普朗提斯和欧辛海岸驻军。这些问题的答案都是不确定的[45]，并且随着马其顿王国和色雷斯王国实力的变化，埃及在这些地方的影响力也发生了变化。

托勒密一世试图通过支持年轻的伊庇鲁斯国王皮洛士来削弱马其顿王国的实力。托勒密一世将自己的一个女儿嫁给皮洛士。皮洛士的军事才能使他成为马其顿王国的眼中钉。托勒密一世将两个女儿嫁入色雷斯王室。他的一个女儿是著名的阿尔西诺伊二世。阿尔西诺伊二世嫁给利西马科斯。另一个女儿是吕珊德拉。吕珊德拉嫁给老国王利西马科斯的继承人阿加索克利斯。甚至有可能，尽管我认为证据不足，阿加索克利斯还有一个妻子也叫吕珊德拉。埃及王室和色雷斯王室认为两"姐妹"取相同的名字很正常[46]。由此可见，托勒密一世通过军事防御、舰队、商业和外交关系，以及与邻国王室联盟巩固自己的势力。

在托勒密一世生命的最后十五年（公元前297年到公元前282年），埃及国内安定，繁荣富足。托勒密一世的陆军占领了柯里-叙利亚，他的舰队占领了塞浦路斯，并且两次占领都不是通过大战实现的。因此，托勒密一世的军队没有经受过多的伤亡。托勒密一世有足够的安全感和空余时间管理国内事务。因此，托勒密王朝统治下的埃及历史应该从此时开始。长期以来，埃及历

图14 ● 托勒密一世的钱币，刻有萨拉皮斯[47]的头像

史被外国的复杂因素掩盖。但很可惜，这一时期的资料几乎全部丢失了。我们认为，托勒密王朝的基本政策都是由伟大的创始人托勒密一世制定的。虽然他早年是在战场上度过的，并且在战场上建立了功绩，但他晚年的生活表明，他的天赋更多地表现在外交而不是军事方面。托勒密一世拥有巨大的财富。这表明他使用资源谨慎而节约。在削减宗教界人士的特权和对宗教场所的捐赠方面，托勒密一世谨慎而细致。因此，祭司们没有大范围反对希腊化[48]。此外，没有任何详细的证据表明托勒密一世是否将西诺普神萨拉皮斯引入埃及，并且在亚历山大为萨拉皮斯建造了一座神殿。另外，我们也没有详细证据表明托勒密一世是否兴建了两座城市，以及建造了亚历山大博物馆和图书馆。

普鲁塔克和普布利乌斯·科尔奈利乌斯·塔西陀[49]向我们讲述了亚历山大著名的塞拉比尤姆神殿建造或重建的故事。对此，阿特诺多罗斯·卡奈尼提斯[50]在其著作《历史》[51]中有一些描述。在其著作中，亚历山大的克莱门特引用阿特诺多罗斯·卡奈尼提斯描述的文字，给出了"塞拉比尤姆"的真正含义。"塞拉比尤姆"一词蕴含"奥西里斯"和"阿匹斯"的名字。阿匹斯圣牛死后进入奥西里斯的体内。事实上，孟菲斯有一座塞拉比尤姆神殿。塞拉比尤姆神殿是阿匹斯圣牛死后埋葬的地方。在最早的希腊档案中，大约在公元前300年，甚至更早的时间，"塞拉比尤姆"写作"奥西拉皮斯"。如果托勒密一世将萨拉皮斯的一尊雕像从西诺普带到埃及，那么此时，萨拉皮斯不是新创造的埃及神，而是希腊哈得斯神[52]与埃及神的融合。各种著作对迁移萨拉皮斯雕像的细节的描述并不完全一致。贾科莫·伦巴罗索赞成普鲁塔克记述的版本。各种著作中主要的描述是，在梦中，托勒密一世看到了神像，神命令托勒密一世寻找神像，并且将神像带到亚历山大。在埃及祭司（可能是曼涅托[53]）及希腊神学家的帮助下，人们发现西诺普的宙斯-哈得斯雕像。它与托勒密一世梦见的神像相似。后来，要么是由于盗窃，要么是西诺普人被贿赂或哄骗，宙斯-哈得斯雕像离开了原址，而西诺普人最终认可了它被转移到埃及的事实。

这个传说是从希腊人口中传开的。在这个传说中，法老托勒密一世是主角，他向希腊神学家蒂莫西乌斯询问专业建议。但神殿位于拉奥蒂斯一座塞拉比尤姆神殿的旧址，如果我们发现了这个地点[54]，就会获得明确的证据来表明托勒密一世没有在这里建造新的建筑，只是修复了一座历史悠久的神殿，并且扩大了它的规模。贾科莫·伦巴罗索指出，对"塞拉比尤姆"的理解有存疑的地方。这与将培希努[55]的母亲[56]和埃皮达鲁斯[57]的阿斯克勒庇俄斯[58]引入罗马的做法有异曲同工之处。让·安托万·莱隆内[59]曾指出，孟菲斯的塞拉潘附近一座叫锡诺普姆的山可能导致托勒密一世将萨拉皮斯引入埃及与传说中的托勒密一世的其他行为。但我认为，发现宙斯-哈得斯雕像的传说像是虚构的，其中可能夹杂着一些政治因素。实际上，托勒密一世几乎没有必要通过这种方式吸引希腊人来埃及。在埃及，求神谕是一种十分古老的习惯。不但在阿蒙-朱庇特绿洲，而且在上埃及阿拜多斯的奥西里斯神殿，希腊人似乎从很早就开始求神谕了[60]。然而，托勒密一世为什么大费周章强化一种古老、牢固的埃及信仰呢[61]？虽然没有刻意传播，但对伊西斯的崇拜还是从亚历山大迅速传播到所有希腊土地。如此大的排场[62]是为了谁的利益，又有什么特殊目的？

除了是谨慎的托勒密一世希望尽可能融合希腊人和亚历山大本地人，我没能想到更合适的答案。希腊裔的新居民可能没去过或经常前往建有奥西拉皮斯老神殿的埃及本地人居民区。另外，拉奥蒂斯和亚历山大新城的经济状况可能不同。这使拉奥蒂斯和亚历山大新城成为两座截然不同的城市。为了防止亚历山大西部地区逐渐孤立，并且对托勒密一世的统治造成威胁，通过迁移神像这样的宗教行为，希腊的信徒将被吸引到埃及本地人居住的亚历山大西部地区。宗教行为也可能是为了减轻希腊定居者对托勒密一世过于强调埃及政策的担忧。但我认为，这一点的可能性很小。托勒密一世是马其顿帝国的将领和亚历山大大帝的同伴，从来没有与佩乌克斯塔斯一样采取埃及人的生活方式。除非了解到更多事实，否则我们不宜过度推测。

对于托勒密一世兴建的两座新城市，我们知道，托勒密一世十分吝啬。显然，他不喜欢伪希腊式（pseudo-Hellenic）的政治体制，比如议事会和公民大会。对此，许多现代历史学家钦佩不已。

有足够证据表明，托勒密一世没有在亚历山大建立希腊式的权力结构。这不容置疑。即使不是在亚历山大，人们在德尔斐、提洛岛和提欧斯等地的许多神殿也肯定发现了议事会和公民大会的一些法令。此类法令一式两份。在上埃及被严重毁坏的考古遗迹中，人们也发现了对类似托勒密一世时期法令的记载。除了占统治地位的"马其顿人"，希腊人、犹太人和埃及本地人也享有特权。但这些特权是什么，人们还不清楚。正如德国历史学家乌尔里希·威尔肯第一个察觉到的那样，亚历山大似乎有以希腊民族英雄命名的德谟[63]。居住在德谟以外的居民，如新移民，其社会地位很可能处于底层[64]。宫殿周围的马其顿卫兵似乎是罗马禁卫军的前身。罗马禁卫军可能拥有政治体制赋予的更大权力。按照马其顿古老的方式，举行合法的法老加冕仪式可能需要禁卫军的同意。但亚历山大是由一名总督及其下属管理的，总督掌握军权。犹太人由他们中的一个人管理。这被后来的作家理解成犹太人与希腊人享有同等特权。已经发现的托勒密王朝早期遗迹并不支持上述说法。一定程度的税收豁免和食品供应保障可能是埃及当地人与其他民族居民相比拥有的唯一特权。据《税收莎草纸》记载，亚历山大没被列入埃及的诺姆名单中。满足城市人口基本生存的产品是特别供应的。

直到托勒迈斯（现代地名为"门舍"）的遗迹得到进一步研究，我们才能补充托勒密一世兴建新城的情况，但不会有特别多的补充内容。已知亚历山大居民崇拜托勒密一世，托勒密一世被称为"索塔尔"[65]，并且被视为托勒密王朝创始人。按照希腊的政治体系，托勒密一世在亚历山大设立议会。希腊的大量生活方式及希腊语言渗透到亚历山大居民的生活中。这开阔了艺术家们创作的视野。其中，著名的作品包括两篇或三篇法令。

对托勒迈斯在埃及史中的重要性，我们可以参见最近确定的事实。根据现存的财务记录，在上埃及的基诺波利斯以南，除托勒迈斯外的其他地区都被视作一个整体，即提拜德[66]。提拜德没有单独的诺姆和首府。因此，提拜德没有与尼罗河三角洲一样的城镇与托勒迈斯竞争。实际上，托勒迈斯的重要性超过了瑙克拉提斯和墨涅拉俄斯。在任何意义上，瑙克拉提斯和墨涅拉俄斯都不是大城市。通过确认在库姆-阿布-比卢或特勒努提斯发现的托勒密一世王名，弗朗西斯·卢埃林·格里菲斯认为墨涅拉俄斯是通往亚诺特的门户。"墨涅拉俄斯"这个地名使我们想起在塞浦路斯战争中提到的墨涅拉俄斯。但十分奇怪的是，亚历山大东北部竟然建立了一座单独的梅内莱特诺姆。据我们所知，瑙克拉提斯是一座古老的希腊城市，并且受到托勒密二世和托勒密王朝后来的统治者的青睐。不过，托勒密一世不喜欢瑙克拉提斯。没有证据表明托勒密一世在希腊[67]、塞浦路斯或巴勒斯坦为移民或士兵兴建了城市。因此，与对手（"独眼"安提柯一世、"胜利者"塞琉古一世、利西马科斯）相反，托勒密一世不喜欢兴建新城。

在托勒密一世下令建造的建筑物中，最宏伟的无疑是亚历山大大学[68]，其中包括著名的博物馆和图书馆。部分现代学者认为，亚历山大大学的建造者并非托勒密一世，而是他的继任者托勒密二世。公元前308年到公元前307年，托勒密一世居住在希腊近海地区，并且拥有科林斯、西锡安和迈加拉。他诱使著名的斯提尔波[69]离开迈加拉，并且与斯提尔波一起前往埃及。托勒密一世以同样的方式吸引泰奥弗拉斯托斯[70]和米南德[71]来到埃及。当德米特里一世被推翻并被逐出雅典时，托勒密一世毫不费力地劝说德米特里一世来埃及居住。这些事实意味着，当时，托勒密一世正以雅典学校[72]的模式规划一家大型教育机构。但在亚历山大，托勒密一世没有考虑建立不由统治者控制的、为平民服务的机构。这种机构之于托勒密一世，如同爱尔兰的大学自由选举自己的理事和教授之于德国人或法国人一样不可理解，因为在德国或法国，政府干预所有学术机构人员的任命。虽然"博物馆"一词在希腊世界存在已久，但此时，亚历山大博物馆已经成为一家埃及的政府机构，并且由托勒密一世管理。建造博物馆的最初目的并非出于教育。从严格意义上，对埃及本地人来说，博物馆几乎不具备任何教育意义。实际上，对埃及本地人来说，博物馆过去是当时仍然是亚历山大最具异域特色的东西。谈到亚历山大图书馆的大火时，吕齐乌斯·安涅·塞内加[73]表示，该建筑只是为了展示王室的气派。这与位于温莎的女王图书馆、布伦尼姆宫的桑德兰图书馆的作用一样。毫无疑问，亚历山大博物馆被后来托勒密王朝的统治者当作休闲场所。

在希腊历史上，没有任何话题比亚历山大博物馆的历史更令人失望，尽管新的发现无疑揭示了托勒密王朝历史上许多不为人知的细节。我们希望，在我们这一代人的时间内，可以获得托勒密王朝统治者行为和政策的一些文献或遗迹。但我们对亚历山大博物馆的了解似乎毫无进展。所有对德国古典语言学家弗朗茨·苏塞米尔的《亚历山大文学》或者《大保利古典学百科全书》[74]的研究，只提供了二十年前我们已经知道的事情。这些研究的实质内容可能比我们知道的更少，因为我们没有引进许多毫无根据的假设。我们知道，亚历山大博物馆有一位名义馆长，他是希腊人，担任祭司。我们还知道，图书馆成立时需要一名图书管理员，他的职位随着职责范围和名声的变化变得越来越重要。此外，我们一无所知。在考古挖掘中，人们没有发现博物馆和图书馆的任何遗迹。博物馆和图书馆的具体位置也不确定。图书馆管理员的名单似乎是从托勒密二世统治时期开始记录的。最近发现的一篇碑文出现了我们从未听说过的一位图书馆管理员的名字[75]。

斯坦利·莱恩·普尔对托勒密王朝复杂的钱币系统的研

究表明，托勒密一世以雅典的德拉克马[76]为单位发行银币。由于亚历山大大帝将大量贵金属从波斯带入希腊，所以当时，银币可能十分便宜。因此，托勒密一世统治时期有必要将德拉克马的铸币标准降低到罗得岛的铸币标准，最后降低到腓尼基的铸币标准。罗得岛和腓尼基标准的银币分别是六十七点五格令和四十七点五格令[77]。银币可以与比较旧的埃及铜币互相兑换，兑换比是1∶120。当然，由于德拉克马的变轻，银币和埃及铜币的兑换比从原来的1∶120变为1∶140甚至1∶150。但两种货币表面的兑换比不变，托勒密王朝后期的法老更倾向于降低银价，而不是降低钱币重量。无论如何，托勒密一世统治时期，银币和铜币都是日常使用的货币，并且似乎很少有人按规定的比例兑换货币。于是，托勒密一世允许人们使用铜币缴税，并且收取少量货币运输费。

历史学家没有告诉我们埃及内政的任何信息，也没有告诉我们托勒密一世为了吸引定居者、稳定埃及人的情绪、开发资源而采取的措施，只讲述了托勒密一世的对外政策、与邻国和对手的联姻、从德米特里一世手中收复塞浦路斯，以及托勒密一世在爱琴海重获军事优势。托勒密一世的一个女儿先后与多位统治者联姻。这些统治者包括伊庇鲁斯的皮洛士，色雷斯的利西马科斯和利西马科斯的儿子阿加索克利斯王储，年轻的马其顿国王、卡桑德的儿子，马其顿的劲敌德米特里一世，甚至锡拉库萨的阿加索克利斯和塞浦路斯的一位年轻国王。据说，托勒密一世是所有希腊统治者中最富有的。他的女儿们拥有巨大的财富，可能与现代公主一样受人追捧。至于他的儿子们，史料只提到他的长子和幼子的重要地位。托勒密一世的长子是托勒密，别名克劳诺斯。后来，"托勒密"成为托勒密王朝法老之位继承人的固定名字。在希腊语中，"克劳诺斯"是"雷声"或"雷电"的意思。托勒密出生时，他的名字被刻在钱币上。他的母亲是马其顿贵族安提帕特的女儿欧律狄刻。因此，他具有最高贵的马其顿血统。托勒密自然得到安提帕特的朋友菲勒人德米特里厄斯和朝廷一个派别支持者的拥护。但据说托勒密性情忧郁，他的母亲欧律狄刻的影响力也比不上贝勒尼基一世。贝勒尼基一世是托勒密一世最喜欢的妻子。

大约公元前308年，托勒密一世的幼子托勒密二世出生。托勒密二世的母亲是贝勒尼基一世。因此，托勒密一世的长子托勒密的出生时间不可能比公元前308年晚。对此，古代历史学家没有提供充足的论据。我注意到，托勒密王朝往往将"出生于紫室中"的王子指定为法老之位的继承人。一些批评家认为正是根据这一原则，托勒密二世被指定为继承人。这也是托勒密一世退位并宣布让其幼子托勒密二世继位时给出的解释。上文中，我已经说明这个观点有些牵强，但其实我相信这一观点是正确的。托勒密一世是否完全退位、是否仍然掌握实权有待研究。一篇雅典碑文提到托勒密一世和儿子托勒密二世。退位后，托勒密一世仍然被视为法老。此时，托勒密一世和托勒密二世似乎是父子共治。这也是托勒密王朝后期的普遍做法。但对于托勒密一世，大多数评论家更赞同以下的观点：

公元前285年，托勒密一世退位。随后，在宫中，托勒密一世过了两年闲适的日子。八十四岁时，托勒密一世驾崩。他留下显赫的功绩，并且告诉世人，要取得巨大而长久的成功，一位统治者必须要有合格的能力、温和的脾气、良好的判断力及适当的野心。

图 15 ●制作于托勒迈斯的石棺

【注释】

1 德拉克马是古希腊和现代希腊的货币单位。——译者注
2 保萨尼亚斯是生活在公元2世纪罗马帝国时期的希腊地理学家、旅行家,著有十卷本《希腊志》,书中内容多为后世考古学发现所证实。——译者注
3 佩尔狄卡斯是亚历山大大帝麾下的主要将领,七位近身护卫官之一。公元前323年,亚历山大大帝临终前,将象征王权的戒指交给佩尔狄卡斯,使他成为新国王腓力三世和亚历山大四世的摄政,是亚历山大大帝的继业者之一。——译者注
4 西西里的狄奥多罗斯:《历史丛书》,第18卷,第14页。——原注
5 根据《亚历山大大帝传奇》第3卷第34页的叙述,巴比伦宙斯的神谕说亚历山大大帝应该葬在孟菲斯。书中继续写道:"然后,没人再反对,但允许托勒密一世带着亚历山大大帝的木乃伊离开。木乃伊已经过防腐处理,并且放在一个棺木里。托勒密一世将棺木放在一辆马车上,并且带到埃及。孟菲斯人听说了这件事,就出去迎接亚历山大大帝的遗体,并且将它带到孟菲斯。但孟菲斯神殿的大祭司说,'不要把他安置在这里,要将他安置在他在拉奥蒂斯建造的城市里,因为这具木乃伊存放在哪里,哪座城市就会遭受不幸,被战争和战役破坏'。"在此,我将补充一点,以免读者误解,从叙利亚到亚历山大的唯一路线需要经过孟菲斯。由于猛烈的西北风和海岸浅滩,从巴勒斯坦航行到亚历山大很困难。通过大路穿越尼罗河三角洲是不可能的。因此,可以肯定,无论托勒密一世设想的亚历山大大帝最后的安息地在哪里,木乃伊一定先被带到了孟菲斯。但将它安葬在阿蒙-朱庇特绿洲还是亚历山大的中心,托勒密一世有点犹豫。——原注
6 西顿是黎巴嫩南部的一座城市,位于地中海沿岸。——译者注
7 安提柯一世,腓力之子,马其顿王国的贵族。亚历山大大帝驾崩后,安提柯一世成为继业者战争的主要角色,并且于公元前306年自行称王,建立安提柯王朝。他被认为是亚历山大大帝最强大的继业者,也是希腊化时代最杰出的一位军事统帅。——译者注
8 蒂布伦是拉塞达人,即斯巴达人。亚历山大大帝统治时期,蒂布伦出任巴比伦总督。——译者注
9 佛提乌:《书集》,第34卷;西西里的狄奥多罗斯:《历史丛书》,第18卷,第39页。——原注
10 我必须提醒读者,此时,托勒密一世仍然是腓力三世统治下的埃及总督。腓力三世的统治期一直到亚历山大四世登基。——原注
11 约瑟夫斯:《犹太古史》,第12卷,第1页。——原注
12 腓力三世(约公元前359年—前317年12月25日),马其顿王国阿吉德王朝国王,亚历山大大帝同父异母的哥哥。出生时名为亚克大由斯,登基后取名腓力。——译者注
13 其中一个例子是胡戈·威利希。他出版了《犹太人和希腊人》(1895年)。我认为他在这本书中将现代反犹主义思想引入了古代史。——原注
14 《七十士译本》是《希伯来圣经》的通用希腊语译本。大约在公元前3世纪到公元前2世纪,在北非的亚历山大,这个译本分多阶段译完。最迟在公元前132年,《七十士译本》翻译完成。这一译本被犹太教和基督教徒普遍认同。——译者注
15 西西里的狄奥多罗斯:《历史丛书》,第19卷,第80页。——原注
16 古埃及人被划入不同阶层。——译者注
17 公元前324年2月,亚历山大大帝强迫许多马其顿军官与当地妇女结婚,目的是团结欧洲和亚洲的精英阶层。但这个计划以失败告终,几乎所有婚姻双方最终都分道扬镳。——译者注

18 阿特纳奥斯,活跃于公元1世纪到2世纪的罗马帝国时代作家,生活在埃及的瑙克拉提斯,生平不详,用希腊语写作,留下《智者之宴》一书。该书以对话体写成,为后世保留了大量珍贵的风俗和文学资料。——译者注

19 这个故事令人难以置信,我认为这里所说的泰伊丝是亚历山大大帝的情妇,但因名字与托勒密一世的情妇相似而被混淆。因此,基于这一误解,"亚历山大大帝驾崩后"一语应予删除。——原注

20 马克斯·莱布雷希特·施特拉克:《托勒密王朝》。——原注

21 正是从这个内殿,我们发现了年轻的亚历山大四世的雕像。目前,这尊雕像收藏在开罗博物馆。这是一尊十分精致的雕像,混合了希腊和埃及的艺术特色。——原注

22 需要特别指出的是,根据西西里的狄奥多罗斯的《历史丛书》第19卷,参加加沙战役的部队除两万两千名马其顿人和雇佣兵外,还包括埃及人。部分埃及人从事运输服务,部分埃及人拥有武器并参战。——原注

23 奥西里斯是埃及神话中的冥王,植物、农业和生育之神,是赫利奥波利斯九柱神之一。——译者注

24 约翰·彭特兰·马哈菲:《希腊人的生活和思想:从亚历山大大帝时代到罗马征服希腊》,第180页到第192页。——原注

25 "伪自由"可能是说表面上希腊城市宣布自己是自由的,但实际上,希腊城市被掌握实权的统治者统治。——译者注

26 在我看来,从其余总督的沉默及完全没有任何抗议或投诉卡桑德的行为来看,藏匿和谋杀亚历山大四世及其母亲克罗珊娜几乎是肯定的。——原注

27 柯里-叙利亚,字面的意思是"叙利亚山谷",位于塞琉古王朝与托勒密王朝争夺的叙利亚南部。——译者注

28 参考《语言学评论》,第20卷(1896年4月)。我请读者记住,在人们表达感激之情的这类文本中,事实和奉承通常不可分割地混合在一起,我们现在很难从中筛选出事实的部分。——原注

29 马克斯·莱布雷希特·施特拉克:《托勒密王朝》,第112页。——原注

30 源于希腊语"σωτήρ"。——译者注

31 表示这个观点的文字出现在尤金·勒鲁特引用的通俗体文字书写的莎草纸上,莎草纸记录的日期为亚历山大大帝的儿子亚历山大四世在位第十三年的阿扎尔月,即公元前304年初。我有保留地引用莎草纸文件,是因为尤金·勒鲁特从来没有公布这些文字的全部内容,也没有学者能证明他对莎草纸文字的理解是正确的。——原注

32 马克斯·莱布雷希特·施特拉克还提出另一个更清晰、更明确的论点。根据安内姆霍的葬礼石碑的信息,安内索生于某位托勒密王朝法老统治的第十六年,七十二岁去世,死于托勒密四世在位的五年。考虑到托勒密二世和托勒密三世分别统治三十八年和二十五年,那么可以得出托勒密一世的正式统治时间为二十年。——原注

33 忒奥克里托斯:第十七首史诗《托勒密二世》。——原注

34 西西里的狄奥多罗斯:《历史丛书》,第20卷,第47页。——原注

35 普鲁塔克,生活于罗马时代的希腊作家,以《希腊罗马名人传》一书留名后世。文艺复兴时期,普鲁塔克的作品大受欢迎。蒙田对普鲁塔克推崇备至。莎士比亚不少剧作都取材于普鲁塔克的记载。——译者注

36 西西里的狄奥多罗斯:《历史丛书》,第20卷,第73页。——原注

37 麦第米是古希腊的体积单位,通常用于测量干粮的体积。——译者注

38	昴宿星团，简称昴星团，又称七姊妹星团，梅西尔星云星团表编号M45，是一个大而明亮的疏散星团，位于金牛座。裸眼就可以轻易看见昴宿星团，通常能见到九颗亮星。——译者注
39	风从海上一直吹到尼罗河流域及遥远的努比亚。这风通常被称为北风，但实际上是西北风。我可以从长达六个月的仔细观察中证明这一点。风从加沙沿着海岸吹向培琉喜阿姆。在《巴勒斯坦考察基金会：1880年报告》中，格罗维尔·切斯特描述了很少有人到过的培琉喜阿姆遗址。从在土堆中发现的钱币数量来看，有两个被当地人称为"金堆"和"银堆"的土堆。这两个土堆位于一个盐沼中，骆驼无法穿越，格罗维尔·切斯特艰难步行穿过盐沼，有时会陷入泥沼。因此，如同亚历山大，海水将城市的低地变成沼泽一样，大海一定延伸到盐沼，利用运河、堤坝和城墙来保护盐沼是很简单的。——原注
40	迈纳是古代希腊、埃及等地的重量及货币单位，相当于六十分之一塔兰特。——译者注
41	现代批评家指责安提柯一世没有在培琉喜阿姆对面占据和巩固一个据点，德米特里一世没有立即进攻亚历山大，从而达到削弱托勒密一世军队战斗力的目的。他们似乎认为自己具有丰富的学识，并且比安提柯一世和德米特里一世更了解当时的局势。实际上，安提柯一世和德米特里一世有着强大的实战能力和丰富的作战经验。我认为安提柯一世和德米特里一世比任何现代历史学教授更清楚什么是可行的，什么是不可行的。——原注
42	西西里的狄奥多罗斯：《历史丛书》，第20卷，第53页。——原注
43	马克斯·莱布雷希特·施特拉克：《托勒密王朝》，第5页到第7页。——原注
44	波利比乌斯是希腊化时代的一位希腊历史学家，以其著作《历史》而闻名。——译者注
45	从碑文遗迹可知，此时，萨摩色雷斯在利西马科斯的统治下。由此，我们可以推测库鲁佩迪安战役时期，利西马科斯失去了自己的国家和生命。萨摩色雷斯可能是库鲁佩迪安统治下的唯一一个岛。——原注
46	马克斯·莱布雷希特·施特拉克：《托勒密王朝》，第190页注释。马克斯·莱布雷希特·施特拉克认为存在两个叫吕珊德拉的王室妻子。——原注
47	萨拉皮斯神是希腊人综合奥西里斯与阿匹斯所设计出的，被当成是伊西斯的丈夫，来生与肥沃生产力之神，同时也是医生和烦恼解决者。——译者注
48	亚历山大大帝征服波斯帝国后不久，希腊化时代开始。通常，希腊化的起点是公元前323年亚历山大大帝驾崩，结束时间是公元前146年罗马共和国征服希腊本土，或者公元前30年最后的继业者王国——托勒密王国灭亡。这段时期，19世纪后的西方史学界认为希腊文明主宰了整个地中海东部沿岸。因此，人们称上述地区的这段时期为希腊化时期。——译者注
49	普布利乌斯·科尔奈利乌斯·塔西陀是罗马帝国执政官、雄辩家、元老院元老，历史学家与文学家。他最主要的著作是《历史》和《编年史》等。——译者注
50	阿特诺多罗斯·卡奈尼提斯是斯多葛派哲学家。——译者注
51	阿特诺多罗斯·卡奈尼提斯：《历史》，第4卷，第84页。——原注
52	哈得斯是希腊神话中统治冥界的神，即冥王。——译者注
53	曼涅托，活动时期为公元前4世纪末到公元前3世纪初，古埃及祭司和历史学家，用希腊语写成《埃及史》一书。《埃及史》的一些片段被教会历史学家保存下来，成为今人研究古埃及历史的重要史料。——译者注
54	参考朱塞佩·博蒂《狄奥多西柱子的挖掘》中《给亚历山大考古学会的报告》，1897年。——译者注
55	培希努位于小亚细亚北部。在希腊神话中，弗里吉亚国王弥达斯曾在培希努为其母库柏勒建造神

56 原文是Mother，应该与传说有关。——译者注
57 埃皮达鲁斯位于希腊半岛东南端，邻近萨罗尼克湾，原是古希腊的一个城邦，相传是阿波罗之子医神阿斯克勒庇俄斯的出生地。——译者注
58 阿斯克勒庇俄斯，古希腊神话中的医神，在古罗马神话中被称为阿斯克勒庇俄斯。——译者注
59 让·安托万·莱隆内是法国考古学家。——译者注
60 参考阿奇博尔德·亨利·塞斯对他在神殿中发现铭文的描述。其中，一些铭文的日期可以追溯到公元前6世纪。——原注
61 参考马克西·威尔曼在《赫尔墨斯》期刊第31卷中的论述。——原注
62 指将萨拉皮斯从希腊引入埃及。——译者注
63 德谟是古希腊行政单位，指市区。——译者注
64 在《皮特里莎草纸》等考古资料中，我们发现这样一句话："住在德谟之外的亚历山大人。"——原注
65 索塔尔是古希腊神话中的神，代表安全、保护和免于伤害。——译者注
66 提拜德是上埃及的一个面积相当大的地区，以底比斯为中心，在古代一直向北延伸到孟菲斯。——译者注
67 最近，弗里德里希·希勒·冯·盖尔特林根在西拉发现一篇关于雇佣军的铭文。这篇铭文刻着二百七十九人的名字。他们都是一座竞技馆的捐款人。在这二百七十九个名字中，只有一个名字是"托勒密"。我猜测这份名单一定是在托勒密一世统治时期出现的，否则"托勒密"这一名字会更频繁地出现。这从托勒密一世统治时期以后的铭文可以看出。目前尚未发表的约西亚·吉尔巴特·斯迈利的研究表明，铭文上出现的日期正是托勒密一世统治时期，而不是其他法老统治时期。——原注
68 亚历山大大学，位于埃及西北部的亚历山大，希腊化时代的高等学校，东西方文化交流和科学研究的中心。托勒密一世计划修建，到其子托勒密二世时完工。拥有当时世界上藏书量最大、种类最齐全的图书馆。——译者注
69 斯提尔波，哲学家，迈加拉哲学派的第三任领袖。在斯提尔波的领导下，迈加拉哲学派成为希腊最受欢迎的哲学流派。——译者注
70 泰奥弗拉斯托斯，古希腊哲学家和科学家，先后受教于柏拉图和亚里士多德。后来，他接替亚里士多德，领导"逍遥学派"。——译者注
71 米南德，古希腊剧作家，新喜剧的代表作家。——译者注
72 雅典学校以希腊和希腊青年的哲学之家和教育中心闻名。——原注
73 吕齐乌斯·安涅·塞内加，古罗马时代著名的斯多葛学派哲学家、政治家、剧作家。——译者注
74 《大保利古典学百科全书》是德国古典学百科全书，共80多卷。——译者注
75 最近，在塞浦路斯发现的一篇碑文给我们讲了一个叫阿尼塞乌尔克的人的故事。他是帕福斯镇的办事员，瑙西卡茨的儿子，接受托勒密二世的任命，管理亚历山大图书馆。这是我们的新发现。——原注
76 德拉克马是古希腊最常用的货币单位标准，一德拉克马等于四点三克。——译者注
77 格令，符号"gr"，量度质量的单位，旧译英厘。——译者注

第 3 章

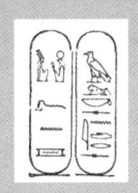

托勒密二世统治时期

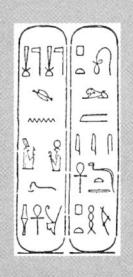

PTOLEMY II

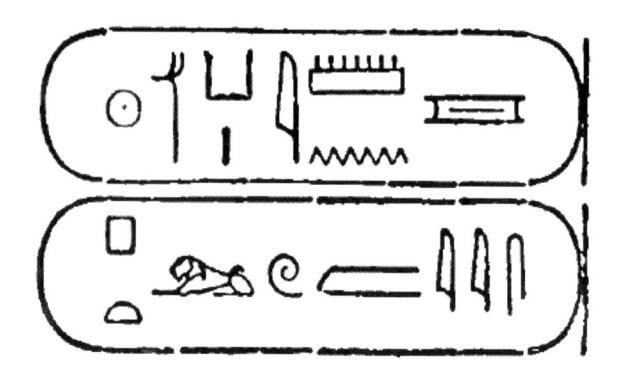

图16 ●托勒密二世的王名

　　我们对托勒密二世登基时的情况知之甚少。西西里的狄奥多罗斯的著作比较好地讲述了托勒密二世统治早期的历史，但仅仅追溯到公元前301年的情况。托勒密二世统治时期的埃及文献很少。我们对托勒密二世以后的情况不了解。托勒密王朝统治时期，埃及面临复杂的外部威胁。在特定条件下，这些外部威胁甚至有可能推翻托勒密王朝的统治[1]。"围攻者"德米特里一世还活着，并且根据自己的海上力量制订了宏伟的征服计划。此时，色雷斯的利西马科斯和叙利亚的"胜利者"塞琉古一世年岁渐长，厌倦了战争。但试想，如果他们中任何一人向埃及发动进攻，会产生什么后果？托勒密二世在自己的家族中也有对手。他同父异母的哥哥托勒密·克劳诺斯虽然当时离开埃及来到色雷斯宫廷，但在埃及肯定仍然有支持者。另外，托勒密·克劳诺斯深知埃及的每一处弱点。如果托勒密·克劳诺斯说服利西马科斯或"胜利者"塞琉古一世攻击埃及，那么他可能会获得托勒密二世另一位继兄马加斯的支持。当时，马加斯是昔兰尼的统治者，并且不愿意臣服年轻的托勒密二世。托勒密·克劳诺斯也可能会拉拢当时的伊庇鲁斯国王皮洛士。在这一代统治者中，伊庇鲁斯国王皮洛士是一个能征善战的勇士。当时，他受到其他地区的统治者征召，在意大利参战，没有入侵埃及。几乎所有希腊宫廷都有埃及裔的公主、王后或王妃，但她们及其侍从似乎更愿意宣扬或发现阴谋诡计，而不是巩固联盟。托勒密二世一登基就娶了色雷斯公主阿尔西诺伊一世，阿尔西诺伊一世为托勒密二世生下三个孩子。托勒密二世的妹妹阿尔西诺伊二世先嫁给托勒密二世的岳父色雷斯国王利西马科斯。色雷斯国王利西马科斯被托勒密·克劳诺斯谋杀后，阿尔西诺伊二世嫁给托勒密·克劳诺斯。在阿尔西诺伊二世和利西马科斯的孩子被托勒密·克劳诺斯杀死后，阿尔西诺伊二世离开马其顿，流亡到萨莫色雷斯。最终，阿尔西诺伊二世回到老家埃及，与弟弟托勒密二世结婚，并且赶走与她同名的色雷斯公主，第三次成为王后。

从阿尔西诺伊二世的经历中，我们可以窥见这一时期的埃及历史。这段历史揭示了年轻的托勒密二世在统治初期采取谨慎的外交政策的原因。他很可能推动争端升级，导致竞争对手互相残杀。很快，托勒密二世杀死了其他兄弟。在埃及北方边境，高卢人与托勒密·克劳诺斯爆发了激烈战斗。这使托勒密二世摆脱了自己最危险的哥哥，因为托勒密·克劳诺斯将所有可能入侵埃及的力量都投入与高卢人的战争中了。可能由于缺乏马其顿人的支持，昔兰尼的马加斯推迟了自己的叛乱行动。因此，托勒密二世艰难地摆脱了即位早期的险境。埃及内部得享和平，并且日益繁荣，但其他王国的统治根基在战争中不断动摇。

这就是当时埃及对外关系的总体情况。了解埃及的对外关系有助于帮助我们理解埃及内部的状况。此时，托勒密王朝第一位法老托勒密一世建立的埃及仍然包括巴勒斯坦和柯里-叙利亚，以及地处偏远、不十分安定的昔兰尼。甚至有证据表明，托勒密二世统治时期，仍然有埃及人驻守在叙利亚的幼发拉底河流域。德米特里一世一离开埃及，色雷斯和叙利亚失去了统治者，托勒密二世就重新控制了爱琴海及其沿海的城市和岛屿。我们还不能确定托勒密二世的海军有多大优势，其海洋霸权没有达到哪些城市。基克拉泽斯联盟、色雷斯海岸的一些城市，甚至欧辛河畔的城市都承认埃及的统治，并且这些地区由托勒密二世的高级将领菲洛克莱斯管理，而菲洛克莱斯是赛达国王。我们还必须记住，埃及具有强大的影响力，所有被埃及控制的城市都向埃及上交贡品。因此，埃及的资源大量增加。埃及控制海岸城市的据点在西拉，可能还有后来由实力较小的国王管理的塞浦路斯。在托勒密二世的严格管理下，这些实力较小的国王实行虚有其表的希腊政治体制。在西拉，托勒密二世派有大量驻军。

拥有外部环境优势，并且没有危险的战争，托勒密二世没有理由不开发王国的资源。接下来，让我们看看托勒密二世采取的国内管理政策。我们面临的首要问题是：托勒密二世是否为提高和改善埃及当地人的生活条件，而不是为让自己成为卓越的希腊君主在全国范围内推行政策。托勒密二世是否没有遵循亚历山大大帝的霸权方式，而是以亚里士多德传授给学生的专制方式统治埃及当地臣民？不过，相关证据相互矛盾，我们不易做出判断。

我们缺乏托勒密二世在亚历山大加冕时的相关记录。下文提到的盛大庆典证明是为了纪念被神化的托勒密一世为期五年的盛宴。托勒密二世的加冕仪式一定很隆重，但我们没有收集到托勒密二世加冕仪式的信息。同样，我们没有收集到任何关于托勒密二世与色雷斯公主阿尔西诺伊一世婚礼的信息。托勒密二世的加冕仪式和结婚仪式在相近的日期举行。在阿尔西诺伊一世遭算计被流放（或者离婚，如果这一做法存在）前，阿尔西诺伊一世为托勒密二世生下三个孩子。阿尔西诺伊一世如果不是在托勒密二世迎娶阿尔西诺伊二世前，那么一定是在托勒密二世与阿尔西诺伊二世婚后不久（大约在公元前279年）被流放的。

我们已经可以肯定亚历山大博物馆是托勒密一世统治时期建造的，但在托勒密二世统治早期，或者在托勒密一世驾崩前，亚历山大大学及其图书馆的建造工作很有可能由托勒密二世接手。据说，菲勒人德米特里厄斯是博物馆建造方面的专家，他反对由托勒密一世的幼子托勒密二世继承法老之位，并且认为这种做法违背先例。因此，德米特里厄斯被托勒密二世驱逐。但德米特里厄斯的作品留了下来，亚历山大博物馆因他的建造工作成为优秀的建筑。我们从上埃及古托勒迈斯发现的铭文中进一步了解到，年轻的法老托勒密二世特别喜欢狄奥尼索斯艺术团的演员。亚历山大从一开始就是希腊式而不是埃及式的城市。因此，为身居异乡的希腊人提供他们熟悉的娱乐方式，给予他们精神上的慰藉很有必要。铭文的主要部分提到阿德尔斐神[2]。因此，古托勒迈斯碑文可以追溯到托勒密二世和他第二任妻子阿尔西诺伊二世被正式神化后[3]。但显然，托勒密二世对狄奥尼索斯艺术团演员的喜好与亚历山大居民一致。居民对狄奥尼索斯艺术团演员的普遍喜爱并不是法令颁布后才形成的。

对托勒密二世早期统治的描述显示了亚历山大的辉煌。卡利克努斯[4]描述了游行时的场景，他的描述被阿特纳奥斯保留下来。卡利克努斯的描述十分详细，相关细节多如牛毛，并且经常被其他著作引用[5]。因此，在这里，我们只需要大概了解游行时的场景。首先，这部著作没有托勒密二世加冕典礼的描述，尼可古利亚碑文记载的是为纪念被神化的托勒密一世举行的五年盛宴。许多迹象表明，尼可古利亚碑文是在托勒密二世统治早期——可能是在公元前280年雕刻的。由于"βασιλεις-"被频繁使用——其复数形式经常指君主，所以这表明托勒密二世可能已经与阿尔西诺伊二世结婚。阿尔西诺伊二世甚至可能推动举行纪念托勒密一世和贝勒尼基一世的五年盛宴。盛宴场景呈现出这样一个宏大故事，亚历山大大帝在逃离格德罗西亚沙漠的恐怖后，经过卡拉马尼亚成功返回巴比伦[6]。故事主要描写的是狄奥尼索斯[7]的战利品，特别是波斯和印度的俘虏和珍宝。根据比东石碑，年轻的托勒密二世在其在位的第六年（公元前280年）以前，前往波斯，并且带回从前被波斯人夺走的埃及众神的雕像。将故事和比东石碑联系起来，我猜想，"胜利者"塞琉古一世之死将托勒密二世从焦虑中解脱出来。此时，在幼发拉底河，托勒密二世发动了战争。他希望将叙利亚纳入埃及版图。总的来说，除了宴会厅一些镀金柱子柱头雕刻的花朵，整个场景的雕刻风格带有一种非埃及的风格。不过，甚至柱头雕刻的花朵也可能与酒神狄奥尼索斯有关的节日场景装饰一致。如果我们将努比亚和埃塞俄比亚的产品——象牙、长颈鹿、羚羊、河马等——排除在外，那么整个雕刻场景几乎没有任何埃及特色。这似乎是一位希腊国王花费巨资举办的希腊宴会。

图17 ● 托勒密二世红色花岗岩雕像，现藏于梵蒂冈

与此一致的是皮特里收集的信息，他说托勒密二世煞费苦心地修复和装饰瑙克拉提斯的海列尼昂神殿。自古以来，瑙克拉提斯是伊奥尼亚所有商贸城市的中心。实际上，瑙克拉提斯曾经有著名的集市。皮特里在海列尼昂神殿的塔或门口发现的遗迹刻有托勒密二世的王名。这表明托勒密二世曾下令修复海列尼昂神殿，尽管史籍中没有留下蛛丝马迹，碑文中也没有留下蛛丝马迹，这种历史空白具有启发性，一些现代学者习惯于从中得出武断的结论。

托勒密二世推动建造一些希腊式建筑。这使我一开始认为，除了税收和奇珍异宝，托勒密二世对埃及与本地人几乎不感兴趣。托勒密二世的财富超过同时期的任何统治者。从刚才提到的大型雕刻场景中的动物游行，以及从西西里的狄奥多罗斯[8]的论述中，我们可以看到托勒密二世特别喜欢饲养来自苏丹的巨型动物。另外，他还在亚历山大的花园内向客人展示这些巨型动物。在这个方面，托勒密二世与其他国王没什么区别。托勒密二世有许多情妇，但似乎没有特别钟情哪位。在他的情妇中，名字有些古怪的、著名的贝利斯基斯可能来自阿尔戈斯。

法尤姆的大型定居点基本都带有希腊风格。埃及新移民都是希腊人步兵方阵或骑兵部队的雇佣兵。在许多持有遗嘱、合同等文件（这些文件已经修复）的人当中，没有一个埃及本地人是享有特权的土地所有者。

下文将讨论托勒密二世的其他行为。这些行为被记录下来，无疑表明托勒密二世努力维护埃及本地人的利益，并且试图以各种合理的方式增进埃及本地人的民族情感。不过，遗迹记录虽然很明确，但这可能只是证明托勒密二世与埃及祭司达成了协议，并且通过埃及祭司成功说服埃及本土贵族和平民默许自己的统治。

我在自己的著作[9]中引用了由海因里希·卡尔·布鲁格施翻译的比东石碑的内容。现在，我要给出第二份重要的埃及文件[10]的摘要，其中包括最近关于阿尔西诺伊二世之死重要的补充性材料。

目前收藏在吉萨博物馆的著名的门德斯石碑与托勒密二世和阿尔西诺伊二世献给神的供品和捐款有关。以下内容是门德斯石碑碑文对神大量赞美的摘要。石碑上刻有一个圣蛇标记。圣蛇下是头衔"神圣的拉姆、伟大的神、赐予拉生命、负责生殖的拉姆、年轻女性的主人、王室女儿和姐妹的朋友、埃及的王后、永生的阿尔西诺伊"和"土地之主、权力之主梅里阿蒙-乌塞卡拉、拉喜爱的儿子、王冠的主、永生的托勒密"。

头衔下面刻着一排众神形象及托勒密二世和阿尔西诺伊二世的形象。阿尔西诺伊二世的头衔是"法老的女儿、姐姐和伟大的妻子、神圣的阿尔西诺伊·费拉德尔弗斯"。

首先，门德斯石碑碑文上显示了托勒密二世的所有头衔，其次提到托勒密二世支持修建门德斯神殿。门德斯神殿是神赐给托勒密二世的。"托勒密二世是领主和法老，是托勒密一世法老和贝勒尼基一世王后的儿子。当他还在母亲子宫内时，就被赋予了统治埃及土地的权力。"然后，门德斯石碑赞美了托勒密二世在和平时期和战争时期做出的贡献。托勒密二世决定遵循传统，在门德斯崇拜一头新的公羊。因此，他从阿肯运河乘船到门德斯诺姆。托勒密二世参观了圣羊雕像。托勒密二世发现，他下令正在建造的神殿没有使用外国劳工，并且仍然没有完工。他命令尽快完成神殿建造工作，并且添加了许多详细要求。第三十行碑文写道，托勒密二世在下达命令后回到首都亚历山大，并且为自己做的一切感到高兴。然后，他决定将最宠爱的妻子阿尔西诺伊二世尊为女神巴阿布特。托勒密二世授予阿尔西诺伊二世以下头衔："迷人的公主，最有魅力、最可爱、最美丽的公主，戴着王冠的公主，戴着双王冠的公主，宫殿因她的存在而熠熠生辉，圣羊的朋友，圣羊女祭司乌塔-巴的朋友，托勒密二世的姐姐和爱他的妻子，王后阿尔西诺伊二世。"

"托勒密二世在位第十五年（公元前271年）的帕洪斯月[11]——具体哪天未知，伟大的阿尔西诺伊二世上了天堂。"接下来是石碑另一残块的内容。碑文提道，作为神化的王后，阿尔西诺伊二世被授予所有荣誉，并为她举行了盛宴和献祭活动。此外，托勒密二世将在全埃及征收的航运税和面包税都划给阿尔西诺伊诺姆，并且指定阿尔西诺伊诺姆承担献祭的责任，必须献给神殿七万个钱币。实际上，钱币的确切数量不确定。"托勒密二世在位的第二十一年（公元前265年），建造神殿的劳工参见托勒密二世并告诉他,他的父亲、神圣的拉姆、门德斯领主[12]的神殿已经完工。这座神殿比以前的神殿漂亮许多。根据你的命令,碑文的落款是托勒密二世、托勒密二世的父亲托勒密一世和神圣的阿尔西诺伊·费拉德尔弗斯。"碑文其余部分描述了在修复好的神殿中为托勒密二世举行盛宴和登基仪式的场景。我们注意到,碑文最后一次提到阿尔西诺伊二世时,对她的称呼很简单,并且没有加头衔,只说她是一位女神,如同《税收莎草纸》对她的称呼一样。这证明阿尔西诺伊二世已经去世。对于她的去世,碑文只有简单的陈述。

上述碑文使我们回到关于托勒密二世王室妻子的问题。托勒密二世的第二任妻子阿尔西诺伊二世对他的生活有很大影响。大约在四十岁时,托勒密二世成为鳏夫。因此,对托勒密二世的妻子们的描述大多出现在他统治早期。

根据忒奥克里托斯为托勒密二世写的赞美诗[13],我们可知在阿尔西诺伊一世生下三个孩子后,她被发现密谋背叛托勒密二世。因此,阿尔西诺伊一世被放逐到上埃及的科普托斯。在科普托斯,我们找到了阿尔西诺伊一世的遗迹以及她儿子利西马科斯的遗迹。我们还修复了利西马科斯用象形文字书写的赠言[14],"阿斯克尔女神,给托勒密三世的哥哥、将军利西马科斯以生命,写于托勒密三世在位的第七年(公元前240年)"。可见,利西马科斯如果是科普托斯将军,那么他很可能与母亲阿尔西诺伊一世,表面上是作为王室代表被送到科普托斯,但实际上是被流放了。1894年,皮特里在科普托斯发现了一块石碑。石碑上提到阿尔西诺伊一世[15]。这是埃及人森努克鲁德的纪念碑。在讲述自己的生平时，森努克鲁德说自己是阿尔西诺伊一世的管家，并且为她重建和装饰了一座神龛。查尔斯·埃德温·威尔伯帮我检查了这块石碑，并且说，虽然碑文中的女士被称为"法老的妻子、高贵的女士，宫殿里充满她的光彩，她使法老托勒密二世的心安宁"，但并没有说她爱托勒密二世。更重要的是，她的名字没有像其他王后的名字那样包含在王名框内。因此，这块石碑纪念的是被流放的阿尔西诺伊一世。这块石碑上的碑文也是唯一提到阿尔西诺伊一世的碑文[16]。关于阿尔西诺伊一世的性格和命运，我们一无所知。

至于阿尔西诺伊二世，她很可能在色雷斯宫廷被前继母使用阴谋废黜。阿尔西诺伊二世是埃及公主、利西马科斯的

图18 ●阿尔西诺伊二世的雕像，现收藏于梵蒂冈

妻子。她嫁给自己同父异母的弟弟托勒密·克劳诺斯。阿尔西诺伊二世和利西马科斯所生的孩子被托勒密·克劳诺斯杀死。随后，阿尔西诺伊二世被抛弃并被流放到萨摩色雷斯。最后，她回到弟弟托勒密二世统治下的埃及。阿尔西诺伊二世的出生时间肯定早于公元前316年，因为公元前301年到公元前300年，她成为利西马科斯的妻子，并且至少生下三个孩子。因此，有人甚至认为，在埃及，取代阿尔西诺伊一世的是阿尔西诺伊二世。虽然从时间维度来看，这一点很有可能，但我不相信，也没有任何迹象表明阿尔西诺伊二世取代自己的母亲阿尔西诺伊一世，成为托勒密·克劳诺斯的妻子。阿尔西诺伊二世来到埃及时，大概是在公元前280年底。这时，她大约三十六岁。尽管她希望为托勒密·克劳诺斯生更多的孩子，这些孩子肯定会取代阿尔西诺伊一世生下的孩子，不过，她的希望破灭了。因此，她提议或默许收养阿尔西诺伊一世的孩子。其中，阿尔西诺伊一世最大的孩子被宣布为王储。

现在，我们看看托勒密二世统治时期最具埃及特色之处。亚历山大大帝的所有继业者都普遍遵循马其顿宫廷的传统，采取一夫多妻制。但亲生兄妹结婚是希腊人厌恶的事。这一点可以从当时的典故中看出。与施洗者约翰[17]一样，诗人索塔德斯[18]对托勒密二世和阿尔西诺伊二世的丑闻直言不讳，最终，他因此丧生。直到现代学者的研究中，埃及王室的通婚问题才得到了正确的审视。在埃及王室看来，亲生兄弟姐妹的婚姻是所有婚姻中最纯洁、最优秀的，因为这样才能保证法老的神圣血统不受劣等血统污染。马伯乐在最近发表的文章中解释了这种现象[19]。

埃及王室推崇我们称为"乱伦"的兄弟姐妹通婚。兄弟姐妹通婚对继承法老之位产生了影响。由于法老妃子生的儿子比法老的姐妹生的女儿地位低，所以在法老之位继承顺序上，法老的姐妹生的女儿排在法老妃子生的儿子前面。如果法老不是王室成员，而是赢得法老之位并娶了合法继承人的投机分子，那么祭司们认为这种情况是为了保持所谓的血统纯净。因此，托勒密二世的第二次婚姻有强有力的政治支撑。祭司们虽然在解释亚历山大大帝作为埃及合法统治者时展现了独特的创造力，但此时一定陷入了巨大的困境。祭司们要从宗教角度，为托勒密一世及其马其顿妻子继承法老之位提供根据。显然，没有一位埃及本土法老的女儿幸存下来。只有神化了托勒密一世及其王后贝勒尼基一世才能为托勒密二世的婚姻圆场。阿尔西诺伊二世和自己同父异母的弟弟托勒密·克劳诺斯结婚，表明阿尔西诺伊二世已经摆脱了这种偏见。

虽然阿尔西诺伊二世不能再生育，并且不得不收养失宠对手阿尔西诺伊一世的儿子，但不仅在埃及，而且在希腊，阿尔西诺伊二世都成为一位了不起的人物。在希腊已经发现的埃及王后纪念碑中，阿尔西诺伊二世的纪念碑数量最多。雅典和奥林匹亚都竖立了阿尔西诺伊二世的雕像。阿尔西诺伊二世受到人们崇敬。一篇雅典碑文特别赞扬阿尔西诺伊二世的政策。在萨摩色雷斯和维奥蒂亚——有一个以阿尔西诺伊二世名字命名的阿尔西诺伊镇——的遗迹上，人们发现了阿尔西诺伊二世被授予的荣誉头衔可追溯到她是色雷斯王后的时期。此外，我们还在提洛岛、阿莫尔戈斯、西拉、莱斯沃斯、昔兰尼、塞浦路斯、奥罗普斯等地发现纪念阿尔西诺伊二世的碑文。无疑，应该还有更多未被发现的纪念她的碑文。在埃及，献给阿尔西诺伊二世的纪念碑数不胜数。阿尔西诺伊二世被授予众多殊荣。希腊的萨斯皮阿有一尊雕像显示阿尔西诺伊二世坐在鸵鸟上。

虽然阿尔西诺伊二世没有像后来一些王后那样成为共治者，但她拥有所有与托勒密二世法老有关的荣誉。从亨利·爱德华·纳维尔对比东石碑碑文的转录中，乌尔里希·威尔肯注意到，埃及祭司甚至给了阿尔西诺伊二世一个王位名 (throne-name)。对一位王后来说，这一荣誉至高无上。我们发现许多只刻有阿尔西诺伊二世肖像的钱币，以及刻有阿尔西诺伊二世的弟弟托勒密二世和阿尔西诺伊二世肖像的钱币。在钱

图 19 ● 阿尔西诺伊二世的钱币

币上,托勒密二世被称为阿德尔斐神。阿尔西诺伊二世和托勒密二世一同被神化,并且被宣布与埃及各地大神殿的众神一同被人们崇拜。阿尔西诺伊二世陪同托勒密二世巡视整个埃及,足迹遍布比东、门德斯等地。阿尔西诺伊二世对托勒密二世的生活影响巨大。过去,人们常误以为他们是共治者。颁布于托勒密二世在位的第二十四年(公元前262年)的《税收法》让我确定阿尔西诺伊二世不是共治者。查尔斯·埃德温·威尔伯指出,新发现的门德斯石碑碎片提到阿尔西诺伊二世在托勒密二世在位第十六年(公元前270年)的9月——具体哪一天未知——去世。这时,她已经做了十年埃及王后[20]。阿尔西诺伊二世去世后,托勒密二世郁郁寡欢。在剩余二十二年的统治期间,阿尔西诺伊二世不断被赋予新的荣誉。托勒密二世在位的第十六年(公元前270年),阿尔西诺伊二世去世后不久,托勒密二世和阿尔西诺伊二世一起被神化。公元前269年,大约在阿尔西诺伊二世去世一周年纪念日时,一位女祭司,即顶篮少女[21],赋予阿尔西诺伊二世新的头衔"女神阿尔西诺伊·费拉德尔弗斯"。很久以后,托勒密二世也被称为"费拉德尔弗斯神"。施特拉克[22]认为,"费拉德尔弗斯"是托勒密二世作为王子时的真名。登基成为法老时,他的名字改成"托勒密"。不过,我认为这一假设可能性不大。根据伯纳德·派恩·格伦费尔[23]提供的新证据,我们得知,当托勒密二世与托勒密家族其他成员共同的神职被添加到托勒迈斯的托勒密王朝统治者已经拥有的神职上时,"费拉德尔弗斯"被用来区分托勒密二世。这发生在托勒密六世在位的第二十一年（公元前161年）到第二十八年（公元前154年）之间。相关原因很明显。在托勒迈斯的祭司中，只有少数几位法老和王后分别被神化。因此，在众法老名单中，我们必须给托勒密二世一个特殊的称谓。相反，在亚历山大，托勒密王朝的统治者成双成对被奉为神。因此，人们没有必要区分名字相似的法老究竟指的是哪位法老。事实上，在所有公开活动和庆典上，托勒密二世都与他最喜欢的妻子阿尔西诺伊二世一同出现。这似乎是他的原则。在亚历山大，托勒密二世没有作为一位阿德尔斐神出现。他被称为"'拯救者'托勒密的儿子托勒密"。"'拯救者'托勒密"指的是托勒密一世。因此，我倾向这样一种观点，即托勒密二世直到驾崩后才被称为"费拉德尔弗斯"。

阿西诺昂神龛是为阿尔西诺伊二世建造的一座华丽神龛，位于亚历山大的塞拉比尤姆神殿内。在神殿中，托勒密二世用阿斯旺花岗岩建造了埃及最大的方尖碑。这座八十五腕尺高的方尖碑是罗马时代人类的奇迹。后来，这座方尖碑莫名其妙地消失了。对此，我有一个假设，即现存的庞贝石柱是用这座方尖碑建造的。法尤姆和埃及其他地方也建有献给阿尔西诺伊二世的阿西诺昂神龛。有几座埃及城镇以阿尔西诺伊二世的名字命名，并且宣布阿尔西诺伊二世为摩里斯湖周围整个富饶诺姆[24]的女神。这座诺姆被命名为"阿佛洛狄忒·泽菲里提斯（Aphrodite Zephyritis）"。在亚历山大湾东部海角的一座神殿里，被供奉的阿佛洛狄忒·泽菲里提斯被确定是阿尔西诺伊二世。

虽然没有一处遗迹能详尽显示阿尔西诺伊二世的头衔，但这足以表明阿尔西诺伊二世对托勒密二世的巨大影响力。阿尔西诺伊二世去世后，托勒密二世从未将任何女人封为王后。据说，托勒密二世计划建造一座新的神殿，并且将阿尔西诺伊二世的雕像放在神殿中央。我们不知道阿尔西诺伊二世的神化头衔在多大程度上用在埃及政府的文件中。我们从《皮特里莎草纸》及《税收莎草纸》中获得了一些新信息。

阿尔西诺伊二世去世后，神化的对象是阿尔西诺伊二世，不是神龛。托勒密二世在位的第二十三年（公元前263年），在完成神化阿尔西诺伊二世后，托勒密二世以她的名义发动大规模经济改革。这对神殿的财产和祭司的收入造成了影响。除了某些例外情况，全埃及的土地、果园和葡萄园都要向距离最近的神殿中的神缴纳相当于一年收成六分之一的税。这笔巨大的收入会献给新女神阿尔西诺伊·费拉德尔弗斯。在每座神殿内，她与其他神平起平坐。无疑，通过剥夺神殿收入，托勒密二世获取了巨大利益。然而，面对这种掠夺行为，祭司们似乎没有公开抵制。我们只能猜测抵制行为可能带来的后果。比东石碑和门德斯石碑都提到祭司们献给神的金钱和荣誉。托勒密二世被视为埃及众神的最大施主。我们无法确定，这些偶然出现的大额捐献占神殿年收入的比例，但可以肯定托勒密二世做了一笔划算的交易。另外，通过用慈善补助或年度补助代替从土地获得的收入，托勒密二世牢牢控制了埃及的神职人员，因为此时埃及的神职人员越来越依赖王室赏金。纳税人受影响的程度不确定，但王室官员征税很可能比神职人员更严厉。因此，王室官员不太可能像当地祭司那样因同情或友好的感情而允许拖欠税款。此外，拖欠王室债务会被判有罪。除了埃及王室，其他债主并不能判决拖欠债务者有罪。很可惜，《税收莎草纸》没有表明征税总额，所以我们不能凭空想象征税总额。

除了比东石碑和门德斯石碑提到的大额捐款，托勒密二世还在托勒迈斯建造了多座宏伟的神殿，这些神殿至今仍然令旅行者惊叹不已。在亚历山大，托勒密二世建造的阿西诺昂神龛已经消失了。可以肯定，托勒密二世下令修建的建筑遍布上埃及。菲莱神殿内的一个房间被保留下来。菲莱神殿是由托勒密二世下令建造和装饰的，尽管它被献给托勒密二世的儿子托勒密三世[25]。人们认为托勒密二世下令建造了辉煌的新

图 20 ●通往菲莱神殿大塔的南向通道

菲莱。在菲莱，人们发现了托勒密王朝的法老名单。其中，阿德尔斐神[26]排第一位，并且占据托勒迈斯统治者名单中"拯救者"托勒密的位置[27]。早在雅赫摩斯二世统治时期，圣岛[28]专门为托勒密二世的守护神伊西斯建造，并且取代临近的旧圣地比佳[29]。托勒密二世还在六百英里[30]外的尼罗河三角洲地区为伊西斯建造了一座阿斯旺花岗岩神殿。现在，神殿的遗迹被称为"罗马伊思姆"，即赫布神殿。遗址尚未被适当挖掘的赫布神殿是建造成本最昂贵的一座建筑。托勒密二世统治时期，乃至整个托勒密王朝时期，为单个雕像或神殿搬运和雕刻花岗岩很普遍。不过，如果我没弄错，那么即使在遍布宏伟建筑的埃及，全红色花岗岩神殿绝无仅有。

人们可能会问，几乎每位托勒密王朝的统治者都会建造

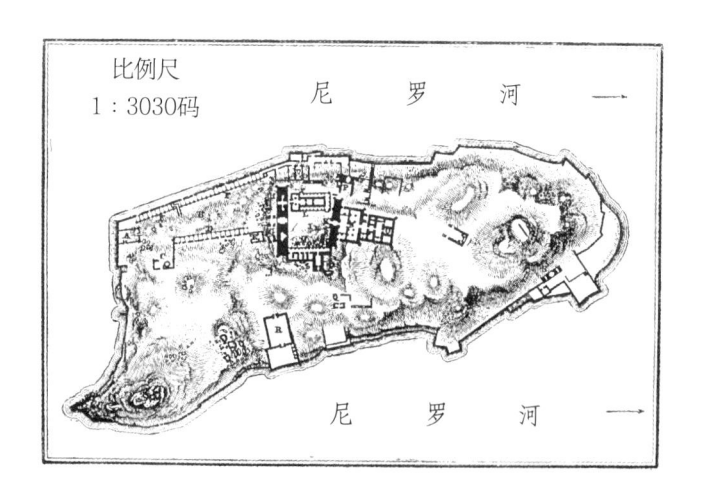

图21 ●菲莱神殿的平面图（内殿 O 周围的房间是在托勒密二世统治时期建造的）

神殿，那么供奉希腊人陌生的埃及神的神殿有什么政治意义和宗教意义呢？这些神殿是否意味着对宗教信仰的尊重，或者对统治埃及的神的敬畏？建造宏伟建筑用的是王室的钱。这意味着大量以税收形式收取的王室收入又以建筑师、石匠、运输工、泥瓦匠、设计师的工资形式返还给百姓。此外，神殿完工后，王室还必须永久支付神殿维护人员，如祭司和其他服务人员的工资。在莎草纸中，我没有找到任何证据表明这些神殿与埃及第四王朝的金字塔、堤坝或在建造过程中使以色列工人受苦的珍宝城那样，是通过强迫劳动的形式建造的。相反，神殿的建造工作似乎被委派给了某位尊贵的埃及官员。这位官员会在自己的墓中夸耀这项工作是他做出的最杰出的公共服务。

推行上述政策使托勒密二世在埃及本地人中越来越受欢迎。与此同时，得益于博物馆和图书馆，亚历山大越来越成为希腊世界的文学和学术中心。卡利马科斯、罗得岛的阿波罗尼乌斯、忒奥克里托斯等人给当时的文学创作活动定下了基调。通过他们的作品，我们得以了解到当时文学创作的特点。从阿拉托斯或赫罗达斯的作品中，我们更加了解亚历山大这座城市。虽然阿拉托斯和赫罗达斯都不在亚历山大出生，但他们的作品无疑展现了亚历山大的风情。对我们来说，亚历山大这座城市浓缩了公元前3世纪希腊文化的特点。当时，文学繁荣发展，也许最具埃及特色的文学活动是托勒密二世令大祭司曼涅托翻译埃及以前朝代的记录。但曼涅托的形象很模糊。历史学家们对于曼涅托的阐述，多是围绕曼涅托的晚年生活及他的贫苦生活，却不谈曼涅托对托勒密王朝早期历史的完整叙述。显然，这导致托勒密二世统治时期缺少以希腊编年史的形式记载的埃及史。毋庸置疑，曼涅托的工作具有重要价值。在讨论曼涅托记述的年表时，约瑟夫斯、塞克斯塔斯·尤利乌斯·阿弗里卡纳斯和该撒利亚的优西比乌指出，曼涅托详尽查阅了著名的都灵莎草纸上的象形文字和僧侣体文字记录的文件。另外，留存下来的曼涅托口述的托勒密王朝前的埃及王朝历史需要人们仔细检查。

然而，托勒密二世并不重视历史记录。阿布德拉的赫卡塔埃乌斯创作了一部关于埃及及其奇观的历史著作。托勒密一世时期，赫卡塔埃乌斯访问了底比斯。西西里的狄奥多罗斯的第一本书[31]引用了赫卡塔埃乌斯著作中的许多内容。因此，我们十分熟悉赫卡塔埃乌斯的作品。实际上，赫卡塔埃乌斯对埃及的描述以希罗多德的描述为主线。与此同时，赫卡塔埃乌斯尝试将希腊神话和埃及神话融为一体。关于曼涅托已知的为数不多的一件事是，他特别不赞同希罗多德的观点，并且对希罗多德的无知提出批评。但正确认识托勒密二世统治时期亚历山大文学创作的特点，可以得出，与赫卡塔埃乌斯的传奇故事相比，曼涅托对古埃及早期众神和托勒密王朝法老的论述并不受欢迎。曼涅托大祭司可能是托勒密一世的一位宗教顾问。他试图反驳博物馆内埃及早期史一些不加批判的废话。当时，曼涅托的作品是失败的，虽然几个世纪后犹太人和基督教徒在争论中重新提及曼涅托的作品，并且举了许多例子证明忽视曼涅托的作品遭受的严重损失。

正因为托勒密二世明显忽视古埃及及其传统，并且拒绝开展可靠和彻底的调查，所以我们十分怀疑托勒密二世推动和监督将《摩西律法》译成了希腊语。在阿里斯特亚斯写下的传说中，《摩西律法》的希腊语译本被称为《七十士译本》。《七十士译本》的翻译始于托勒密王朝早期，或许是在托勒密二世统治时期。在我看来，这种说法存在可能性，尽管大多数现代评论家对此持怀疑态度。然而，《七十士译本》很有可能是后来逐渐完成的，满足了在亚历山大的犹太人的实际需要，以及他们的希腊化信仰。《七十士译本》对传播犹太人的宗教教义具有重要意义。因此，我们应该确定《七十士译本》的形成时间。

托勒密二世给予埃及本地居民应有的权利，重视亚历山大城的发展，并且利用自己领地上的丰富资源为埃及本地居民提供一切奢侈品，但这不足以证明托勒密二世努力促进希腊人和埃及人相互融合。最近的发现使我们越来越熟悉托勒密二世的国内管理政策，但我们对托勒密二世的外交政策仍然一无所知。我们不知道托勒密二世参与了哪些对外战争。我们知道，在凯尔特雇佣兵的帮助下，托勒密二世抵挡了昔兰尼首领马加斯的进攻。至于托勒密二世后来不得不屠杀凯尔特雇佣兵，是他认为，看到埃及的富裕后，凯尔特雇佣兵会认为埃及是一个令人生活愉快的地方，战争结束后，他们一定会毁掉埃及。据说托勒密二世曾与叙利亚国王交战，但我们不清楚交战的细节。我们听说在科斯，托勒密二世曾在科斯与马其顿国王安提柯二世交战。最终，托勒密二世的海军惨败。因此，托勒密二世失去了对爱琴海的控制。直到发生在安德罗斯岛的另一场战役，托勒密二世才恢复对爱琴海的控制。这两场战役大概发生在公元前262年和公元前247年。至于托勒密二世参与的其他战争，我们没有找到确切日期。

我们也不知道托勒密二世如何在希腊世界实施政策，但我们知道他在埃及执行的政策。可以肯定，托勒密二世没有在埃及建立新的希腊式政体，但与其父托勒密一世一样，他与托勒迈斯的希腊艺术家保持友好关系，也与瑙克拉提斯人保持友好关系，并且修复了瑙克拉提斯的海列尼昂神殿。托勒密二世的政策覆盖红海海岸，从苏伊士地峡到亚丁海峡，甚至更远，以保护与印度和阿拉伯的贸易，并且为运送在埃塞俄比亚捕捉的大象和其他热带珍奇动物，保障途经港口的安全。在埃及南部，托勒密二世的政策与他儿子托勒密三世密切相关。在前往昔兰尼前，托勒密三世可能确实遵从托勒密二世的命令去了埃及南部[32]。但托勒密二世为什么在叙利亚和小亚细亚兴建名叫阿尔西诺伊、菲洛泰拉的城镇[33]？我们可以理解托勒密二世在塞浦路斯、叙利亚及通往安条克的军事分界线兴建城镇，但他为什么在吕基亚、潘菲利亚和埃托利亚兴建城镇？我坚持自己的观点，即托勒密二世在吕基亚和埃托利亚兴建城镇，是为了在与这些地区的政治联盟中赢得发言权。根据约翰·古斯塔夫·德罗伊森的观点，一篇现存的碑文表明，一个阿尔西诺伊人成为埃托利亚联盟的最高长官。因此，埃及法老托勒密二世可以在联盟中具有影响力的重要政治活动中拥有合法发言权。类似的理由也适用于吕基亚。但在吕基亚、埃托利亚和克里特岛，兴建阿尔西诺伊或菲洛泰拉等城镇也可能与雇佣军问题有关。上述城市可能会成为管理雇佣军的站点，或者作为雇佣军服役后津贴的发放地。然而，托勒密二世影响最深远、最持久的外交行为是主动与罗马建立友谊。公元前273年，罗马派地位最高的使者到访埃及[34]，巩固与托勒密王朝的友谊。因此，波佐利成为亚历山大商船最受欢迎的港口。

以上是对托勒密二世外交政策的讨论。接下来，我们看看他的内政。已经发现的托勒密二世统治时期埃及建筑的证据或许可以证明他在埃及兴建了新城市。根据历史学家以往的论述，托勒密二世在法尤姆兴建了希腊风格的城市阿尔西诺伊，并且把它作为法尤姆诺姆的首府。这一点是错误的。直到很久以后，法尤姆诺姆的主要城镇才被称为"阿尔西诺伊"。法尤姆从前的主要城镇是鳄城[35]。鳄城不是一座"希腊风格的城市"，虽然它是法尤姆的主要城镇。托勒密二世在位的第二十八年（公元前258年）到第三十年（公元前256年），托勒密二世将鳄城重新命名为"阿尔西诺伊"，并且引入新的居民[36]。

此时，阿尔西诺伊二世已经去世十多年。因此，她与阿尔西诺伊城的兴建没有一点关系。托勒密二世在位的第二十三年（公元前263年）和第二十七年（公元前259年）的文件中——此时，阿尔西诺伊二世已经去世很久，阿尔西诺伊城还被称作湖。但在法

图 22 ● 菲莱的东北边

尤姆，一个村庄被命名为"阿尔西诺伊"。这表明阿尔西诺伊二世对湖的筑堤工作曾经给予一定的关注。湖的面积很大，地形由高向低，筑堤面积可能有几千英亩。

根据西西里的狄奥多罗斯的记述，大湖中有许多鱼专供阿尔西诺伊二世食用。可能为了阿尔西诺伊诺姆的利益，阿尔西诺伊二世放弃了自己的部分特权。这就是她被特别尊为"阿尔西诺伊诺姆的女神"的原因。大量退伍军人[37]被赐予土地。这些土地可能是阿尔西诺伊河堤的土地。其中，最大的一块土地大约一百阿罗拉[38]——相当于三千平方码。显然，骑兵地位比步兵更高，但骑兵必须在政府官员的监督下照看自己的马[39]。根据《税收莎草纸》[40]，湖边的定居者不只有退伍军人。阿尔西诺伊城开始兴建时，退伍军人可能还没有在湖边定居。实际上，定居者大概分为两类：一类是退伍军人，他们可分得最多一百英亩的土地；另一类是早期定居者的后代。我认为，第一类定居者是持有士兵身份的定居者，他们生来是外国人，带着妻子从希腊世界过来。但第二类人是外国士兵与埃及本地女人的后代。作为民族融合的后代，他们享有特权，拥有世袭头衔，但地位与持有士兵身份的定居者不同[41]。

皮特里收藏的众多古文件没有提及定居者与埃及当地人之间的关系。可以确定，托勒密二世统治时期，埃及本地人与说希腊语的人很少往来。当时似乎没有发生入侵或骚乱，就连轻微的攻击也很少。看来，外来定居者与埃及当地人的关系友好。在某些情况下，埃及本地人可能受到了希腊人的无礼对待[42]。从建筑师克里昂的信中，人们或许可以收集到一些有价值的间接证据。克里昂是法尤姆诺姆的首席工程专员，他的许多信都可以追溯到托勒密二世在位的第二十七年（公元前259年）到第三十二年（公元前254年）[43]。克里昂可能参与了堤坝修建、沙漠采石等各类工程。这些工程与安置法尤姆诺姆的士兵有关。法尤姆诺姆没有发生任何暴行或种族冲突，并且保持了长期繁荣稳定。"他们从法老那里得到土地。"在古代文件中，这句话多次出现，意味着托勒密家族很可能继承了前几个王朝的大量王室土地，或者更确切地说，以王室头衔占有前几个王朝的大量土地。从前，这些土地由政府官员直接管理。托勒密二世统治时期，在既定条件下，这些土地分配给拥有特权的土地所有者。从我在《皮特里莎草纸》中找到的遗嘱来看，定居者似乎在亚历山大拥有房产及一些特权，可以自由决定将自己的房产或其他动产一同遗赠他人[44]。几乎所有古代文件都没有提到财产[45]，这使我们推断继承房产是受法律管辖，而不受立遗嘱人控制。遗嘱受托人通常是法老、王后及他们的孩子。这是邀请政府干预执行遗嘱人条款的一种方式。在任何情况下，埃及当地人的名字都不会出现在这些文件中，即使是定居者后代的名字。

整个埃及社会给人的印象是文明有序。迄今为止，定居者文件中的希腊语用法以在关于商业活动的莎草纸文件中发现的最正确。在定居者文件中，人们发现的文字使用了同样正确的语法。因此，可以肯定，托勒密二世已经成功地将希腊文化融入埃及，或者更确切地说，定居者展示了良好的希腊文化素养。定居者的孩子对埃及也有归属感。他们也许会与埃及本地人通婚。法尤姆有一个叫撒马利亚的村庄，其埃及名为"克尔科塞佩斯"。撒马利亚是犹太人在上埃及的定居点。《皮特里莎草纸》多次提到撒马利亚。这份资料显示，两位居民皮里亚斯和西奥菲洛斯是油料作物零售商。皮里亚斯和西奥菲洛斯可能是希腊名字"以萨"和"埃尔达"的埃及语翻译[46]。

新定居者给埃及带来什么负担[47]？可以肯定，埃及本地人和希腊定居者交的税种是不一样的。莎草纸中有许多片段式的细节，但没有足够的材料得出任何系统性结论[48]。可以确定的是，亚历山大有一位高级财务官员，负责国库管理。他叫指挥官，手下有许多地方官员。在《皮特里莎草纸》中，这些地方官员和财务官员都叫同一个名字。后来，财务官员被称作副指挥官，但这一官职名没有出现在莎草纸中。《皮特里莎草纸》中出现了长官，但这个词没有频繁出现，其含义似乎等同于上文对财务官员的称呼[49]。我认为，指挥官是隶属于长官的一位临时官员。但在《税收莎草纸》[50]提到的地方官员名单中，指挥官和长官都没有出现。立法文件提到的唯一一位书吏是亚历山大的总管（head controller），并且"阿波罗尼乌斯"式的名字不断重复。因此，不可能通过相同名字推断各种莎草纸文件提到的军官的身份。但《税收莎草

图23 ● 公元前240年的一封商业信函

纸》的官员名单提到一组在萨提鲁斯管理下的特别官员。这些官员可能是"长官"。阿克诺慕斯是一位官员，莎草纸经常提到他。他负责包括诺姆和诺姆下辖地区的大部分财务工作。《税收莎草纸》提到的阿克诺慕斯全权负责管理油料作物的售卖。只有《税收莎草纸》提到阿克诺慕斯和他的秘书。阿

克诺慕斯的秘书不是普通办事员，而是阿克诺慕斯的副手。阿克诺慕斯外出时，他的秘书可以代他执行公务。阿克诺慕斯和他的秘书与指挥官的关系显而易见。但至于阿克诺慕斯和他的秘书与当地长官的关系，我不能确定。除了阿克诺慕斯及其秘书一类的官员，莎草纸也常提到法老秘书等其他官员，但我无法确定这些官员各自的职责是什么。在官员的领导下，还有负责管理每个村庄或地方行政区的长官和托帕[51]及书吏。这些官职似乎通常由埃及本地人担任。管理每个村庄或地方行政区的首领和托帕都是负责民政事务的。每个诺姆都有一位将军。将军最先是每座诺姆的军事首脑，但随着时间的推移，他们也握有民事权力。将军之下是执法部门负责人，执法部门负责人与下属一起维持治安、维护秩序。《税收莎草纸》还提到"ἡγεμόνες"。这可能是指挥当地驻军的步兵军官及其他一些特殊官员，如利亚克。上述官员都不负责法律事务。法律事务归由埃及本地人组成的巡回法官或《皮特里莎草纸》[52]中提到的希腊特别法庭负责。埃及各类官员数量众多，难免引起所有研究埃及官员制度的人或读者的困惑。在我看来，从这些细节了解当时埃及的政府体制似乎还不可能。希腊的官僚制度很可能与埃及本土地方法庭共存。但埃及政府的政策让埃及本地人向希腊特别法庭提交诉讼案，并且在一段时间内习惯这样做。目前，人们已经发现许多用希腊语和埃及通俗体文字书写的文件。许多人可能声称破译了这些文字，但翻译版本似乎仍然存在疑问。

让我们看看上述官员征税的情况。目前还没有找到当时征收税种的完整清单。但从各种文件中，我们可以看到税种繁多。人们每发现一份莎草纸文件，其中就可能涉及一个新税种。在托勒密二世统治时期的莎草纸中，我找不到任何向埃及本地人征收人头税的内容。因此，我认为，托勒密二世统治时期还没有开始征收人头税。在每位户主的收入税中，我们发现许多小额税收条目。土地税似乎很重。这种情况不仅发生在埃及，而且发生在邻近的希腊。埃及王室似乎将土地所有者看作分益佃农。分益佃农只获取一半收益，另一半收益归王室所有。土地所有者获得的收益可能远低于百分之五十。根据《税收莎草纸》，土地所有者收益的六分之一要向神殿捐献。但在托勒密二世统治时期，这部分捐献由王室收取。《皮特里莎草纸》[53]提到各种形式的小额税，包括监狱看管税、修筑堤坝税、医疗税、服务税，以及为代替骑兵服役缴纳的红色皮革税。此外，还有一种不定期征收的"仁爱税"。法老登基时征收"仁爱税"。如果法老巡视某个地区，那么该地区也要缴纳"仁爱税"[54]。除了上面提到的小额税，税收还有来自油料作物生产和销售等垄断行业的收入。《税收莎草纸》第三部分的法令曾提到这一点。农民被迫在自己的农场播种一定比例的芝麻、巴豆或亚麻。政府官员监督农产品的生产和销售。他们将农产品的生产和销售包给农民，并且监管农民获得的收益。在《阿什莫尔莎草纸》[55]中，我清楚地表明，所有作物的生产，特别是红花等油料作物的种植，受到严格监督。托帕或科莫格拉玛特斯负责记录其所在地区每一英亩土地作物的种植情况。尼重安沙漠中的特殊作物可能是政府种植的。

我们虽然有大量细致的材料，但没能估计出王室的收入额。这时，埃及法老是最富有的统治者。当时，埃及似乎已经建立了征税系统，几乎所有税都可以通过分包的形式征收，甚至地方机构也通过雇用土地承租人的方式征税。通过这种方式，政府的官员省下了很多麻烦，特别是在以实物支付税的情况下。其中一些实物税，如小麦，储存在政府粮仓中，用于消费和养老支出。其他易腐烂的实物税金由税务员用金钱兑换，但兑换金额由政府管控。油料作物的生产被垄断。在这种情况下，我们很难理解，为什么会有人担任税收官员这种吃力不讨好的职务。就已经掌握的信息而言，税收官员不可能获得大量直接或间接的收益。我认为，王室任命富裕的公民担任税收官员。《税收莎草

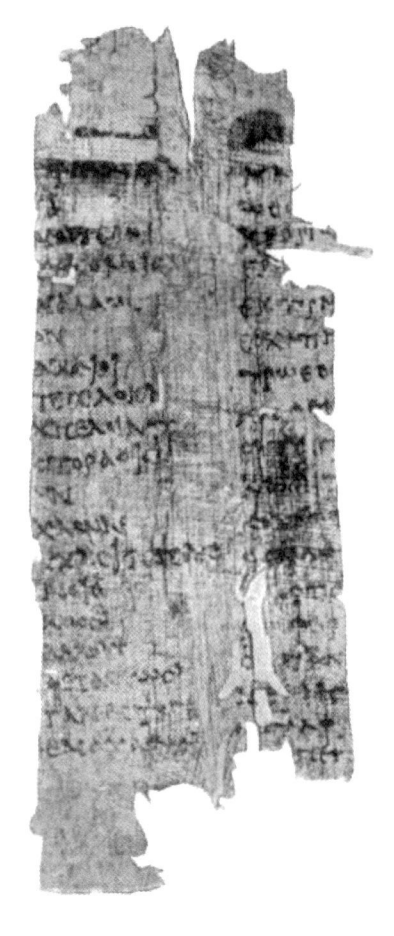

图 24 ● 《皮特里莎草纸》碎片[56]

纸》显示，没人争做征税官员。阿克诺慕斯及其副手直接与油料作物种植者打交道，他们必须这样做，以防农民不缴税或不准时缴税。埃及严令禁止从叙利亚进口油料作物，甚至有奇怪的规定禁止制作猪油，以防止猪油成为油料。显然，此时，后来在法尤姆和亚历山大广为人知的橄榄还没有在埃及被普遍种植。葡萄树出现在托勒密二世统治时期的壁画中，也出现在托勒密王朝莎草纸文件对底比斯财产的描述中，但我们怀疑埃及的气候不适宜种植葡萄树。法尤姆被描绘成一个十分适合种植葡萄树的地方。

可以肯定，妻子阿尔西诺伊二世去世后不久，托勒密二世就与其长子托勒密三世共治。后来，托勒密三世继承了法老之位。遗迹上年代的记录格式是"托勒密（一世）[57]之子托勒密（二世）的统治期"。阿尔西诺伊二世虽然以自己的名义发行钱币，但从未成为正式统治者。托勒密二世在位的第十五年（公元前271年）到第二十七年（公元前259年），托勒密二世统治年份的记录格式——我首先发现这种格式——是"托勒密（一世）之子托勒密（二世）和儿子托勒密（三世）的统治期"。从托勒密二世在位的第二十七年（公元前259年）开始，这个格式变成"'拯救者'托勒密之子托勒密（二世）的统治期"[58]。为什么托勒密一世的称呼从"托勒密"变成"'拯救者'托勒密"一直是一个受到热烈讨论的话题。我始终认为，这与王储托勒密三世从那时起住在昔兰尼有关。马加斯统治昔兰尼五十年后去世，留下一位年轻的、尚未长大成人的公主贝勒尼基二世作为继承人。贝勒尼基二世的母亲是叙利亚人阿帕玛，她希望由一位马其顿王子作为公主未来的配偶。因此，"围攻者"德米特里一世与埃及公主托勒迈斯的儿子"美男子"德米特里乌斯来到昔兰尼。但由于与阿帕玛通奸，"美男子"德米特里乌斯被处死。托勒密二世急忙派儿子托勒密三世赶往昔兰尼。毫无疑问，这一做法得到昔兰尼亲埃及派的支持。托勒密三世担任昔兰尼总督，似乎与他埃及共治法老的身份不一致。部分嫉妒的昔兰尼人拒绝承认托勒密三世为埃及王储，只是将他看作贝勒尼基二世的未婚夫。

年迈的托勒密二世努力扩大埃及在叙利亚的影响力。托勒密二世为女儿贝勒尼基和叙利亚国王安条克二世联姻展开谈判。为了获得埃及强大的权力和巨大的财富，安条克二世抛弃妻子劳迪丝一世及其生下的儿子们。当时，贝勒尼基虽然已经三十多岁，不再年轻，但很快生下一位继承人。贝勒尼基希望能扩大埃及的影响力，但被谋杀了。此时，她父亲托勒密二世还在世。另外，托勒密二世支持西库昂的阿拉图斯，并且让西库昂的阿拉图斯领导亚该亚同盟对抗马其顿国王安提柯。这显示托勒密二世外交政策涉及范围之广。托勒密二世传奇的一生即将结束。公元前246年3月，托勒密二世驾崩，享年六十多岁，并且留给他成熟能干的儿子托勒密三世一个辉煌的帝国、一座充实的国库和一座气派的宫殿。直到生命最后，托勒密二世似乎一直在考虑赋予阿尔西诺伊二世新的荣誉。在托勒密二世统治的某个时刻，可能是当他试图通过与罗马人的友谊扩大对外贸易时，他委托建筑师克尼多斯的索斯特拉斯为水手建造灯塔。这座灯塔坐落在法罗岛东端。施特拉克曾见过这座灯塔。他说建造灯塔的材料是白色大理石或石灰岩，灯塔上建有多层屋顶。如同意大利有多层屋顶的钟形建筑，灯塔屋顶的面积由上到下递增[59]。

约瑟夫斯说，在距离灯塔三十三英里的地方，海上航行的水手就能看到灯塔。托勒密二世允许索斯特拉斯称灯塔是建筑师建造的。后来，托勒密二世的臣民们认为，这是一件稀奇的事。因此，托勒密二世的臣民编了一则故事说明缘由。这则故事是这样的：在灯塔上，索斯特拉斯刻上自己是建筑师。然后，他用易变质的水泥遮住这些文字，并且在水泥上面刻上建造者托勒密二世

图25●弗萝特拉的雕像（存疑），现收藏在梵蒂冈。这尊雕像和托勒密二世和阿尔西诺伊二世的雕像一同被发现，但很可惜，雕像背面雕刻的名字和头衔已经消失了

的文字。贾科莫·伦巴罗索[60]以他一贯的敏锐看穿了这则故事的虚假，但他过于重视施特拉克对铭文"克尼多斯的索斯特拉斯代表在海上航行的人们把灯塔献给神，他是王室的朋友，以此为铭文"的描述。目前，我们发现，在托勒密二世统治时期，"法老的朋友"这个头衔没有被使用过，施特拉克已经注意到这一点。在这里，他的描述与琉善对碑文灯塔基座的铭文"德西法内斯之子克尼多斯的索斯特拉斯代表在海上航行的人们将此献给神"的报告完全一致。我认为没有理由怀疑贾科莫·伦巴罗索的观点。贾科莫·伦巴罗索引用阿拉伯旅行家马克里齐翻译的碑文。碑朝北，即朝海，由嵌入石头中的镀金铅字雕刻而成。每个字母高一腕尺，宽一跨度[61]。

不过，这座宏伟的灯塔并不意味着欢迎任何人进入亚历山大港。在进出港口方面，托勒密二世实施了十分严格的规定。即使在斯特拉波时代后期，人们必须持出入凭证才能出入亚历山大港。这可能延续了托勒密一世统治时期制定的防御措施。

上文已经谈到托勒密二世与继承人和王储托勒密三世的关系，以及女儿贝勒尼基二世的婚姻。在《托勒密王朝》一书中，施特拉克指出，阿尔西诺伊二世从来没有正式成为共治法老，尽管她被神化。她的头像被刻在埃及钱币上，她还拥有一个王位名。阿尔西诺伊二世去世后一年，她和托勒密二世被奉为兄弟神[62]。以后，我们可能会发现形容托勒密二世统治时期的说法，"托勒密一世之子托勒密二世和阿尔西诺伊二

图 26 ● 一枚钱币的正面与反面，其中正面刻着阿德尔斐神的形象，反面刻着拯救者神的形象

世——兄弟神的统治时期"。上文提到托勒密二世在位的第十五年（公元前271年）到第二十七年（公元前259年）使用的统治年份记录格式。从托勒密二世在位的第二十七年（公元前259年）开始，记录格式发生了变化。托勒密一世冠以"'拯救者'托勒密"头衔后被正式神化。法老继承人托勒密三世作为总督被派往昔兰尼，并且与昔兰尼的女继承人贝勒尼基二世订婚。

我们对托勒密二世及其子女的家庭关系知之甚少，甚至一无所知。在托勒密二世统治时期的逸事记录中，我们没有发现一点关于托勒密三世、贝勒尼基二世和利西马科斯的记录。文献中既没有记录他们的情事，也没有记录他们的任何经历。查士丁[63]称王储托勒密三世为特里丰。"特里丰"可能是托勒密三世的原名。托勒密三世在亚历山大博物馆接受了教育。根据埃拉托斯特尼[64]记录，托勒密三世是个严肃的人。除了托勒密三世三十多岁时继承王位并结婚，没有任何记录描述他的漫长独身生活或统治期间的爱情故事。我们对托勒密三世的个性一无所知。

【注释】

1 约翰·彭特兰·马哈菲:《托勒密帝国》,第4章。——原注
2 指被神化的阿尔西诺伊二世和托勒密二世。——译者注
3 阿尔西诺伊二世和托勒密二世一同被崇拜。在托勒迈斯,人们发现了阿尔西诺伊二世的顶篮少女雕像。顶篮少女是古希腊祭神时头上顶着圣物之篮的少女。直到托勒密六世统治时期,托勒密一世和托勒密二世才一同被崇拜,但同时被崇拜的还有托勒密王朝的其他法老。——原注
4 卡利克努斯是雅典政治家,大约生活在公元前400年,即苏格拉底生活的时代。——译者注
5 约翰·彭特兰·马哈菲:《希腊人的生活和思想:从亚历山大大帝时代到罗马征服希腊》,第216页;约翰·彭特兰·马哈菲:《托勒密帝国》,第74页。——原注
6 卢修斯·弗拉菲乌·弗拉维认为这个故事不可信。普鲁塔克的《亚历山大大帝传》第67页、西西里的狄奥多罗斯的《历史丛书》第17卷106页和鲁弗斯的《亚历山大大帝的历史》第9章第42页都讲述过这个故事。——原注
7 狄奥尼索斯是古希腊神话中的酒神。——译者注
8 狄奥多罗斯:《历史丛书》,第3卷,第36页。——原注
9 约翰·彭特兰·马哈菲:《托勒密帝国》,第138页。——原注
10 1875年,这份文件首次由海因里希·卡尔·布鲁格施发表。——原注
11 帕洪斯月是古埃及和科普特历法中的第九个月。——译者注
12 指托勒密一世。——译者注
13 忒奥克里托斯所著《田园诗》中的第18首诗。——原注
14 参考雅各布·克劳尔:《古埃及的历史研究》,第2章,第40页。——原注
15 参考海因里希·卡尔·布鲁格施:《埃及古迹汇编》,第17章,第128页。目前,石碑收藏在吉萨博物馆,编号1357。——原注
16 马克斯·莱布雷希特·施特拉克提出,在萨摩色雷斯发现的一篇碑文也提到阿尔西诺伊一世,但只提到她的名字。——原注
17 施洗者约翰是基督教、伊斯兰教中的一个重要人物。根据基督教的说法,在约旦河中,施洗者约翰为人施洗礼,劝人悔改。——译者注
18 索塔德斯,大约生活在公元前3世纪,古希腊马罗内亚的抑扬格诗人。他著有具有道德教化意义的索塔德斯体诗,旨在教育埃及和希腊的儿童。对托勒密二世与阿尔西诺伊二世婚姻的批评导致他入狱,并且死在狱中。——译者注
19 1896年的《高等研究年鉴》第19页写道:"法老家族每名成员的贵族身份和法老戴上王冠的合理性与他能显示的阿蒙拉的神圣血统相关。如果法老之继承人的双亲都是王室成员,都有法老之位继承权,那么他比那些父母只有一人是王室成员的人更有资格继承法老之位。此时的埃及社会准则允许现代文明中不可能的事情发生。兄弟姐妹的婚姻是最完美的婚姻。如果结为夫妻的兄弟姐妹的父母也是兄弟姐妹,那么他们的婚姻具有难以言喻的神圣性。"——原注
20 这一发现与许多对阿尔西诺伊二世王后生平的假设不符,导致这一观点不会轻易被接受。但对碑文内容的含义,人们没有任何疑问。显然,一篇是克雷莫尼迪恩战争时期——大约公元前262年的著名雅典碑文,被一些人认为与这一观点不符,因为这篇雅典碑文谈到托勒密二世参照他的祖上和姐姐的政策"ακολουθως τει των προγονων και τει της αδελφης προαιρεσει"。但显然,门德斯

石碑的碑文暗示此时阿尔西诺伊二世已经去世。如果阿尔西诺伊二世还活着，那么碑文中应该有她的一些头衔。门德斯石碑也有阿尔西诺伊二世的很多头衔，但只称她为女神。她是"伟大的阿尔西诺伊夫人"。此外，阿尔西诺伊二世没有其他头衔。另外，阿尔西诺伊二世被归入法老的祖先行列，列入祖先行列的人都是不在世的人。因此，在我看来，迄今为止，从门德斯碑文中得出的推论与正确的情况正好相反。——原注

21 我认为最早将阿尔西诺伊二世称为女神阿尔西诺伊·费拉德尔弗斯的证据是托勒密二世在位第十九年的通俗体文字书写的文献。但根据佩特里莎草纸，人们只发现在法老托勒密二世在位的第二十一年将女神阿尔西诺伊·费拉德尔弗斯赋予阿尔西诺伊二世的证据。值得注意的是，与阿尔西诺伊二世的名字相关的还有另一个埃及头衔。我对普塔和阿尔西诺伊·费拉德尔弗斯的书吏无法进一步解释，参见雅各布·克劳内的《古埃及的历史研究》第2章第48页。这表明在某座神殿内，阿尔西诺伊二世与普塔被一同供奉。——原注

22 马克斯·莱布雷希特·施特拉克：《托勒密王朝》，第117页。——原注

23 伯纳德·派恩·格伦费尔：《格伦费尔莎草纸》，第1卷，第31页。——原注

24 古埃及的地方行政单位。——译者注

25 这是亨利·乔治·莱昂斯在1896年发现的。——原注

26 阿德尔斐神指托勒密二世，在这份名单中，他占据了托勒密一世的位置。——译者注

27 这一点最早是乌尔里希·威尔肯在他关于发现的菲莱的托勒密八世石碑的文章中阐明的。——原注

28 原文为The sacred island，未考据出详细信息。——译者注

29 这要归功于查尔斯·埃德温·威尔伯。在圣岛，他发现了阿玛西斯的王名框雕刻。人们普遍认为第三十王朝末代法老内克塔内布二世是第一位在菲莱建造建筑物的法老。——原注

30 1英里约合1.6千米。——译者注

31 西西里的狄奥多罗斯著有《历史丛书》四十卷，共三部分。《历史丛书》前六卷按国别分别介绍古埃及（第一卷），美索不达米亚、印度、塞浦亚、阿拉伯（第二卷），北非（第三卷），希腊及欧洲其他地区（第四卷到第六卷）的历史与文化。第二部分，即第七到第十七卷记述特洛伊战争以来到亚历山大大帝统治时期的世界史。第三部分，即第十七卷以后，记述亚历山大大帝以后继业者到公元前60年或公元前45年恺撒发动高卢战争的历史。——译者注

32 红海岸边有三个叫阿尔西诺伊的城镇，塞浦路斯有三个叫阿尔西诺伊的城镇，其他许多地方也有叫阿尔西诺伊的城镇。托勒密二世的妹妹菲洛泰拉的名字也被用于命名城镇。这令我们怀疑在阿尔西诺伊二世死后，托勒密二世娶了菲洛泰拉。梵蒂冈的第三尊雕像与阿德尔斐神的雕像站在一起。在我看来，梵蒂冈的第三尊雕像可能是菲洛泰拉的雕像。——原注

33 正如伍德豪斯指出的那样，维奥蒂亚的阿尔西诺伊镇虽然以阿尔西诺伊二世王后的名字命名，但可能是利西马科斯兴建的城镇，因为阿尔西诺伊二世也曾是利西马科斯的妻子。但马克斯·莱布雷希特·施特拉克在自己的著作《托勒密王朝》第10章明确表示，维奥蒂亚的阿尔西诺伊镇是以托勒密二世的妻子阿尔西诺伊二世王后的名义兴建的。——原注

34 提图斯·李维：《罗马史》，第14卷；约翰·彭特兰·马哈菲：《托勒密帝国》，第296页。——原注

35 原文为Crocodilopolis，希腊语，意为"鳄鱼之城"。当地人尊崇鳄鱼，全城最重要的建筑物就是鳄鱼神索贝克的神殿。——译者注

36 在《皮特里莎草纸》中，这里的日期是L，即统治年份为第十一年，或者第十四年，以及第十六

37	德国批评家们一直反对我称他们为退伍军人，因为他们仍然有可能被征召服役。由于这些批评家似乎倾向于忽略这一事实，我必须指出，在英语中"退伍军人"并不意味着"领取养老金的人"，任何服役多年的士兵或将军都是退伍军人，无论是否仍在服役。但我确定法尤姆的定居者是预备役人员，不执行普通的营地任务。——原注
38	阿罗拉是古埃及土地测量单位，1阿罗拉=0.677英亩。——译者注
39	希罗多德认为这是免税的土地福利，将发给每一位老兵及其家庭。因此，托勒密王朝很可能借用了这个数字。对埃及的土地来说，这一数字似乎很大。在《古埃及的经济政治历史》中，尤金·勒鲁特认为，所有军人拥有的土地都是公共用地，被托勒密王朝划分为军人独有的、自由支配的土地，并且分配给希腊人和埃及本地人。我不赞同这一点。——原注
40	参考《皮特里莎草纸》，第2卷，第116页。——原注
41	经过许多争论后，这一结论令我满意，但绝不是确定的。现在，我放弃我其他观点可以在《皮特里莎草纸》第1卷中找到。——原注
42	其中，一个案例参见《皮特里莎草纸》第2卷。申诉人的名字虽然是希腊式的，但可能是埃及本地人。——原注
43	《皮特里莎草纸》，第2卷，第83页。——原注
44	根据《皮特里莎草纸》，遗嘱和碑文不仅说明定居者的军阶，而且他们称自己为亚历山大的德谟人。另外，他们不是平民，而是领取工资并享有特权的士兵。这是对雇佣兵或被雇用的人的礼貌委婉说法吗？实际上，即使暂居者也有权遗赠财产。——原注
45	定居者的遗嘱中有一处提到财产。可以参见《皮特里莎草纸》。但不幸的是，"遗嘱"这个词的上下文已经丢失。因此，我们无法分辨这个词的含义。另外，站台或宅基地由王室授予，定居者可以遗赠这一部分财产给自己的妻子。——原注
46	这个观点有证据支撑。普塞努里有一部分犹太人，《皮特里莎草纸》有对这部分犹太人的论述。我向胡戈·威利希推荐了这部分论述，但他只引用了《皮特里莎草纸》中的二手证据，没有仔细研究原文。普塞努里的每位犹太人或希腊人奴隶都要缴纳半德拉克马的税。在公元前237年的一份遗嘱中，一个叫西里斯缇·尤纳塔斯的人似乎欠立遗嘱人一百五十（银）德拉克马。根据《皮特里莎草纸》第2卷，在一份地契的背面，我们发现了一份价值评估，标记的日期是托勒密二世在位的第三十七年，因此西蒙可能在公元前248年到公元前247年间担任法尤姆的一名官员。这些零星的但完全不存疑的证据是确凿的。——原注
47	根据《柏林莎草纸》的手稿，编号31、编号107、编号152、编号160、编号167、编号170，尤金·勒鲁特在自己的著作《古埃及的经济政治历史》中认为，在安东尼王朝时期，法尤姆的土地财产拥有者肩负着发展他们周围的王室领地的责任。无论如何，这表明几个世纪以来土地财产拥有者一直在埃及存在。——原注
48	我的德国朋友普遍批评我忽略写托勒密王朝时期的埃及经济史。他们自己可以尝试一下。从目前我们掌握的大量事实来看，我们可以撰写罗马帝国时期的经济史，但对托勒密王朝时期的埃及经济史，我们仍然一无所知。——原注
49	《皮特里莎草纸》，第2卷，第20章。——原注
50	《税收莎草纸》，第37卷。——原注

51 原文是toparchs，一种官职。——译者注
52 《皮特里莎草纸》，第1卷，碎片27到碎片28。——原注
53 《皮特里莎草纸》，第2卷，碎片39。——原注
54 这个解释源自《皮特里莎草纸》第2卷，碎片39，原文为"为法老的访问准备另一份礼物"。但我承认，对这项税的解释仍然有疑问。好奇的读者最好看看尤金·勒鲁特1895年出版的《古埃及的经济政治历史》，并且将这本著作与《皮特里莎草纸》中破译者提出的推测比较。但需要特别注意的是，《古埃及的经济政治历史》声称没有解释这项税。但尤金·勒鲁特说话没有依据。他提议将"άνέθηκε"翻译成"马运输"，将"παροναιας"翻译成"这一年"。由此，我们可以知道他的希腊语水平。——原注
55 《阿什莫尔莎草纸》，爱尔兰王室科学院，1898年，第31卷，第6部分。——原注
56 请注意，有趣的是，这块碎片的开头和结尾部分的内容和莎草纸的其他文本毫不相关。这种奇怪的现象也出现在伯纳德·派恩·格伦费尔发现的公元前三世纪的莎草纸碎片上（《格伦费尔莎草纸》）。——原注
57 括号内的内容为译者所加，以帮助读者分辨几位"托勒密"法老之间的关系，下文同。——译者注
58 根据《皮特里莎草纸》第2卷碎片8，似乎有一个例外情况使整个论点不甚确定。但这很可能只是模仿了其他时期的年代记录格式。——原注
59 伦敦也有许多类似的尖顶建筑。——原注
60 贾科莫·伦巴罗索：《希腊和罗马统治下的埃及》，第118页。——原注
61 跨度是人手测量的距离单位，从拇指尖到中指尖。在古代，一跨度等于半腕尺。——译者注
62 《皮特里莎草纸》，第1卷，碎片24。——原注
63 查士丁，全名马库斯·优尼亚努斯·尤斯蒂努斯，公元3世纪时期罗马帝国历史学家，著有《〈腓利史〉概要》一书。——译者注
64 埃拉托斯特尼（公元前275—公元前193），生于希腊在非洲北部的殖民地昔兰尼。他在昔兰尼和雅典接受了良好的教育，成为一位博学的哲学家、诗人、天文学家和地理学家。——译者注

第 4 章

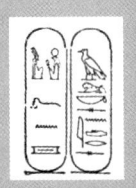

托勒密三世统治时期

PTOLEMY III

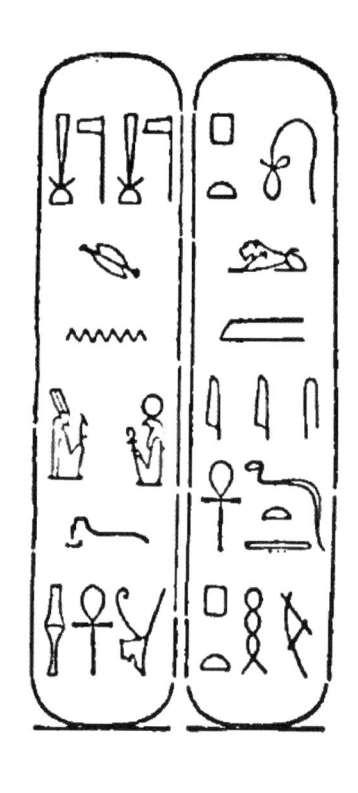

图 27 ● 托勒密三世的王名

文献注释：

除了通史和圣杰罗姆对丹尼尔的评论，其中包含提尔的波菲力的观点，我们的文献来源还有两篇重要的铭文，即卡诺普斯碑文和阿杜勒王座铭文。碑文的译本可参见施特拉克的《托勒密王朝》附录。希腊历史学家对托勒密三世统治时期几乎都保持沉默。人们从木乃伊盒中发现了大量有趣的家庭文件，以"皮特里莎草纸"为标题并以附录形式通过爱尔兰皇家学院所编《坎宁安回忆录》第八卷和第九卷出版。被发现的大部分文件、遗嘱、合同、书信等都标注有日期，充分展示了托勒密三世统治下法尤姆的状况。相关信息可以参考《希腊人的生活和思想：从亚历山大大帝时代到罗马征服希腊》[1]。刻在艾德夫神殿墙壁上的建筑文本，由约翰内斯·迪米兴出版，并且附有《莎草纸学和铭文学期刊》1871年发表的译文，这为我们提供了后来所有统治时期的重要信息。

在托勒密王朝的历史上，托勒密三世（别名"施惠者"）统治时期开端的记录最混乱。托勒密三世的妹妹贝勒尼基嫁给塞琉古王国统治者安条克二世，并且生下一位王子。根据查士丁的观点，安条克二世死在以弗所。他与托勒密三世的妹妹贝勒尼基被安条克二世的第一位妻子劳迪丝一世及其儿子们的随从袭击。短暂的围攻过后，在达芙尼宫内，安条克二世及其第二位妻子贝勒尼基被害。作为埃及的新法老，托勒密三世即位后的首要工作是为妹妹贝勒尼基报仇。但在为妹妹贝勒尼基报仇前，托勒密三世先与贝勒尼基二世公主结婚。他们其实早已订婚，但在托勒密三世加冕后，贝勒尼基二世才能成为托勒密三世的王室妻子。只有这样，贝勒尼基二世的孩子才能成为法老之位的合法继承人。托勒密三世出征叙利亚期间，贝勒尼基二世为祈祷丈夫托勒密三世平安归来，剪下自己的一缕头发献给阿尔西诺伊·阿佛洛狄忒神殿。后来，这缕头发在神坛上失踪了。希腊天文学家萨摩斯的科农安慰贝勒尼基二世说，她的头发被神拿到天上，并且向她指示了天上的星辰——今天的后发座。当时，天文学家正在绘制天象图，并且遇到一些不知名的星座。这种解释不仅为科学家,还为大臣提供了方便。此事被古希腊诗人卡利马科斯记载下来。目前,该诗仅有残片,但后来罗马诗人卡图卢斯将其译成拉丁语,《后发座》一诗被保留下来[2]。

在《皮特里莎草纸》[3]中,我发现同时期的另一个故事,但故事的内容完全不同。这是一名参加叙利亚战争的士兵或军官的叙述。故事提到,托勒密三世的舰队首先袭击了小亚细亚海岸,以夺取西里西亚要塞,并且切断了以弗所或以弗所附近的大本营(此时,叙利亚王后劳迪丝一世及其儿子在大本营)与首都安条克之

图28 ● 公元前246年的莎草纸碎片,内容与第三次叙利亚战争(进攻安条克)有关。关于莎草纸碎片的内容和评论,参考《皮特里莎草纸》第2卷碎片45

间的通信。不久，托勒密三世的这支舰队或另一支舰队沿着巴勒斯坦海岸前进到波西丁。然后，这支舰队到达奥龙特斯河口附近的塞琉西亚。埃及没有经过战争就获得了塞琉西亚。之后多年，塞琉西亚都被埃及控制。前往安条克的征途已经变成胜利之师的游行了，因为劳迪丝一世被杀后，安条克的埃及人重新获得了优势地位。此时，安条克的居民一定都害怕埃及人报复。

只有三处遗迹讲述了这场战争的结局：第一处遗迹是在阿杜勒（萨瓦金）附近的僧侣科斯马斯复制的托勒密三世的自夸式铭文。这是保存下来的唯一铭文；第二处遗迹是圣杰罗姆从波菲力那里引用的陈述；第三处遗迹是查士丁的摘录。第一，"托勒密一世法老和贝勒尼基一世王后的孩子托勒密二世法老与阿尔西诺伊二世王后的儿子、赫拉克勒斯的后代、宙斯之子、狄奥尼索斯的后代伟大的托勒密三世法老，继承了他父亲在埃及、利比亚、叙利亚、腓尼基、塞浦路斯、吕西亚、卡里亚和基克拉泽斯的权力，发动了一场战争。托勒密二世和托勒密三世首先从亚洲召集步兵、骑兵，获得海军装备和大象，然后将士兵与军用物资带到埃及，训练士兵作战。托勒密三世成为幼发拉底河所有国家，西里西亚、潘菲利亚、伊奥尼亚、达达尼尔海峡和色雷斯，以及上述地区的军队和大象的主人，并且使上述地方的首领成为他的臣民后，托勒密三世渡过幼发拉底河，将美索不达米亚、巴比伦尼亚、埃兰、波西斯和米底亚，以及远到巴克特里亚的其他地方变成自己的土地，找到波斯人从埃及带走的圣物，并且将圣物和其他珍宝一起带回埃及。他派部队渡过运河……"铭文在此处中断了[4]。

第二，在《评论丹尼尔》中，圣杰罗姆认为该书第十一章第七节和第八节表达的意思很模糊。圣杰罗姆的评论如下："贝勒尼基被杀。在埃及，她的父亲托勒密二世驾崩。贝勒尼基的哥哥托勒密·厄威格特继承法老之位成为托勒密三世。托勒密三世和贝勒尼基是兄妹。托勒密三世带着大军，来到北方塞琉古王国的一个叫卡利尼古的省。塞琉古二世及其母劳迪丝一世统治叙利亚。托勒密三世虐待了他们，并且获得大量土地，占领了叙利亚、西里西亚、幼发拉底河上游，几乎占领了整个亚洲西部。听说埃及发生了叛乱，托勒密三世掠夺了塞琉古王国，带走四万塔兰特银子及两千五百个珍贵的杯子和神像，其中包括冈比西斯二世占领埃及时带给波斯人的宝物。多年后，托勒密三世将埃及的神的雕像带回。埃及人崇拜托勒密三世，称他为'厄威格特'。托勒密三世管理叙利亚，将西里西亚交给朋友安条克，并且将幼发拉底河附近各省交给麾下另一位将军科桑西普斯。"

第三，查士丁描述的内容更多，但令人更加不满意，因为他只摘录格涅乌斯·庞培·特洛古斯的论述，并且没有厘清其中一些模糊的内容。查士丁谈到劳迪丝一世及其儿子塞琉古二世谋杀了安条克二世，以及决定谋杀在达芙尼王宫内避难的埃及王后贝勒尼基后，接着说："当向亚洲西部各城市宣布贝勒尼基及其年幼的儿子安条克被围困时，考虑到贝勒尼基祖先的尊严,托勒密三世对这一不幸感到遗憾,并且派出救援人员。对于贝勒尼基陷入险境,贝勒尼基的哥哥托勒密三世感到震惊,并且带着所有军队从埃及赶到叙利亚。但救援到来前,劳迪丝一世和塞琉古二世对贝勒尼基的武力抓捕失败后,贝勒尼基遭到背叛,并且被谋杀。随之而来的是许多人的愤怒。所有反抗劳迪丝一世的城市都投靠了托勒密三世。它们本可以组建一支大型舰队,为贝勒尼基报仇。但托勒密三世由于国内叛乱不得不回国,否则他将占领整个塞琉古王国。"下一章讲述托勒密三世和两位年轻的塞琉古王子之间的战争与和平。查士丁的描述令人很困惑。从中,我们不能得出什么有用信息。

然而,我们可以从铭文推断出,托勒密三世虽然取得彻底的胜利,但并不希望占领整个叙利亚,更不希望成为另一位亚历山大大帝。他希望占领包括大马士革和安条克在内的柯里-叙利亚,并且控制赫勒斯滂海域和色雷斯海岸。为了控制海岸,托勒密三世不仅遭到对手塞琉古王子们的反抗——为了削弱塞琉古王子们的势力,托勒密三世让他们彼此对立,这遭到了小亚细亚的希腊化商业城市(可能还有罗得岛)的反对。他们惧怕如此强大的统治者。但他们只能限制而不能完全阻止托勒密三世统治海岸地区。以上内容是讨论托勒密三世的外交政策。

现在,我们看看托勒密三世参与的对外战争对埃及的影响。埃及军队从亚洲各地带回大量财宝。这些财宝都进入埃及王室的钱包。尽管如此,托勒密三世还是自掏腰包满足公众的

图 29 ●托勒密三世的钱币

巨大需求。我们可以从《皮特里莎草纸》[5]里的一个典故中看到托勒密三世将俘虏带回埃及。托勒密三世不但交换或出售俘虏，而且令俘虏耕种土地。这些土地可能是王室土地。这表明托勒密三世试图增加埃及人口。托勒密三世在对外战争中，将流落在外的埃及神像带回。这是他父亲托勒密二世和祖父托勒密一世在各自统治期间未能完成的光荣事迹。

不过，托勒密三世怎么会不得不从亚洲赶回埃及平定国内叛乱呢？与约翰・古斯塔夫・德罗伊森的看法不同，我从不相信埃及国内的叛乱指的是昔兰尼人的叛乱。为什么要用这样一个误导人的说法称呼这场叛乱？[6]

比较托勒密三世在位的第四年（公元前243年）的阿杜勒碑文与托勒密三世在位的第九年（公元前238年）通过的卡诺普斯碑文，我们可以发现它们的风格存在明显差异。在阿杜勒碑文中，托勒密三世被称为"希腊英雄"，是赫拉克勒斯和狄奥尼索斯的后代。他出征亚洲是为了给埃及争取更大的荣耀。在卡诺普斯碑文中，托勒密三世是被神化的埃及法老的后代。他的主要优点是崇拜埃及众神,并且他发动战争是为了保卫或促进埃及的繁荣。两篇碑文都提到托勒密三世从波斯带回埃及众神的雕像。如果像让·安托万·莱隆内和尤金·勒鲁特主张的那样,最初,卡诺普斯碑文是用希腊语写的,那么这篇碑文将更有力地表明托勒密三世对埃及宗教的态度已经改变。在接下来的一年,托勒密三世开始建造上埃及的艾德夫神殿。这是现存的最大的埃及神殿。托勒密三世对埃及宗教态度的转变很可能是由所谓的"国内叛乱"造成的。这使他从亚洲战场上回到埃及。或许也是由饥荒危机引起的,卡诺普斯碑文暗示埃及曾发生饥荒。

最合情合理的推测似乎是:在托勒密三世离开埃及期间,也许在他在位的第三年(公元前244年),埃及因河流干涸而发生饥荒。我们可以想象,祭司和百姓都抱怨托勒密三世在境外远征,浪费了埃及的财富和人力。托勒密三世还可能将许多土地分给外国人,从而减少了埃及本地居民的生产用地。人们的不满因饥饿而加剧。托勒密三世可能突然意识到,在征服外国

图30 ● 贝勒尼基二世的钱币,发现于昔兰尼

的同时，他可能会在回到埃及前失去埃及。于是，他更仔细地研究了埃及的问题，并且决定今后他必须更关心埃及人的需要和感情。我们没有发现其他类似阿杜勒碑文的托勒密王朝的碑文。托勒密王朝后期，类似阿杜勒碑文的碑文是在侮辱埃及，或许在托勒密三世统治时期也是如此。托勒密王朝在远离国家中心的阿杜勒竖立石碑，其原因我们不得而知。托勒密三世不可能从巴比伦乘船经过阿拉伯半岛回国。当时，虽然有冒险家开展此类航行，但对一位君主和他的军队来说，这类航行不可能开展。托勒密三世对南方的猎象很感兴趣。他做王储时可能在偏远的阿杜勒待过一段时间。

托勒密三世回到埃及后，没有再远征叙利亚或黎凡特。他更关心国内政策的实施，以及利用外交手段制约外敌。在对埃及东部沙漠的研究中，恩斯特·埃斯克赫·弗洛耶发现了驿站的遗迹。这些驿站可以追溯到托勒密三世统治时期，可能只是为狩猎而建造的。当时，埃及还没有引入骆驼。因此，沙漠地区的植被更繁茂。恩斯特·埃斯克赫·弗洛耶第一个指出骆驼对沙漠植物的致命影响。两块托勒密王朝早期的莎草纸碎片表明，托勒密三世关注靠近红海的埃及边境。第一块碎片是《格伦费尔莎草纸》第一卷碎片9，提到标记的日期是托勒密三世在位的第八年（公元前239年）。第二块碎片标记的日期为托勒密三世在位的第二十四年（公元前223年），是《皮特里莎草纸》第二卷碎片40的一封信。这封信提到埃及士兵。当时，士兵的补给是通过海路运输，但运输工具被毁坏。写信人安慰士兵，告诉他们已经准备通过陆路运送补给，并且补给已经在路上。但我们如何才能将这些孤立的事实纳入托勒密三世统治时期的历史中呢？

幸运的是，卡诺普斯碑文保存在两份几乎完整的副本及目前卢浮宫收藏的严重损坏的一份副本中。碑文的内容是将神圣荣誉授予托勒密三世和贝勒尼基二世，称他们为"施惠者神"，并且赋予他们的女婴神圣荣誉。在祭司的秘密会议期间，贝勒尼基二世突然去世。

卡诺普斯碑文的完整翻译如下[7]：

"在兄弟神（Brother Gods）托勒密二世和阿尔西诺伊二世的儿子托勒密三世在位第九年（公元前238年）的阿普莱奥斯月7日，或埃及历法提比月17日，摩西的儿子阿波罗尼季斯是亚历山大、阿德尔斐神和施惠者神的祭司，菲拉蒙的女儿梅内克瑞泰是阿尔西诺伊二世的顶篮女神。大祭司、先知、进入内殿给神穿上长袍的人、持羽毛者、神圣的书吏和其他祭司从埃及各地的神殿来到这里，并且在迪奥斯月5日庆祝托勒密三世的生日。迪奥斯月25日，托勒密三世从其父托勒密二世手中接过埃及的统治权[8]。同一

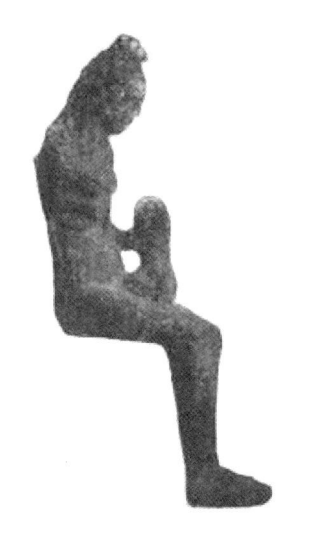

图31 ● 一个希腊-埃及人的铜像，发现于亚历山大，现被皮特里收藏

天，卡诺普斯施惠者神的神殿举行了集会，宣告法令如下：托勒密二世和阿尔西诺伊二世的儿子托勒密三世，与托勒密三世的妹妹及妻子贝勒尼基二世一直关注埃及境内许多神殿的巨大利益。他们增加众神的尊荣，并且在各方面悉心照顾阿匹斯、米尼维斯及其他神圣动物，花费高昂，安排妥当。托勒密三世发动了一场对外战争，将被波斯人从埃及掠走的神圣雕像带回，并且将这些雕像放回各自的神殿。托勒密三世通过武力保卫埃及，并且与许多地区及其首领作战。托勒密三世和贝勒尼基二世对所有居住在埃及的人及所有受他管辖的人实行善政。当河水水位一度不再上涨时，埃及人对发生的一切感到绝望，并且想起以前法老统治时期发生的灾难。当时，埃及人正被干旱折磨。托勒密三世和贝勒尼基二世谨慎保护居住在神殿内的居民和其他居民。他们有前瞻性，为挽救生命放弃一点收入，并且将谷物以高价从叙利亚、腓尼基、塞浦路斯及其他地区运到埃及，拯救了埃及人。因此，他给这代埃及人及其后代留下不朽的恩惠和伟大的功绩。这是托勒密三世法老和贝勒尼基二世王后报答众神赐予他们伟大国家[9]的行动，众神将一切美好的食物都赐予他们。这份法令由埃及各地的祭司共同颁布[10]。增加施惠者神托勒密三世和贝勒尼基二世，他们的父母——兄弟神托勒密二世和阿尔西诺伊二世，及他们的祖父母——'拯救者'托勒密一世和贝勒尼基一世的荣誉。埃及每一座神殿的祭司都应该加入施惠者神祭司的行列。他们要在自己神殿的文件中加上自己'施惠者神'的头衔，并且在他们戴的戒指上刻上头衔'施惠者神的祭司'。此外,除了已有的四个祭司组别,每座神殿还要增加一个部落为施惠者神的祭司部落。兄弟神的儿子托勒密三世法老是迪奥斯月5日出生的。这是人类许多美好事物的开端。托勒密三世在位的第一年(公元前246年)到第九年(公元前238年)梅索尔月出生的祭司及祭司的子孙后代,都要登记到第五个祭司部落中[11]。但托勒密三世在位的第一年(公元前246年)以前出生的祭司仍然留在他们所在的祭司部落内。祭司的孩子将来也要登记在孩子父亲所属的部落内。之前,埃及每年从四个部落中挑选二十名祭司,每个部落选五名祭司。这时,埃及要选出二十五名祭司,因为从施惠者神祭司部落中再选五名祭司。另外,第五祭司部落的成员将享有神职,拥有神殿中的一切权力,并且与其他部落一样,第五祭司部落将有一位首领。根据以前的法令,每个月都会在神殿举行感谢施惠者神的庆祝活动。对其他神,每年都要在伊西斯星升起当天,在神殿和埃及各地举行一次庆典和庄严集会。圣书(sacred books)记载这一天是新年的第一天。托勒密三世在位第九年(公元前238年)的帕乌尼月[12]1日,庄稼丰收,河水上涨。但如果四年后星辰的升起变为另一天,那么盛宴举行时间不应该改变,仍然应该在帕乌尼月1日举行。如同最初在托勒密三世在位的第九年(公元前238年)举行的庆典一样,这次庆典应该持续了五天,包括戴王冠、祭祀及其他适当的仪式。为了使庆典举行的时候,埃及的所处季节和世界上其他国家所处的季节一致[13],为了不使冬季举办的庆典换到夏季举办,不使夏季举办的庆典换到冬季举办，每隔四年，埃及历法就会有一点改变。因此，今年如果有三百六十日，再加上五日，那么今年的节日日期会有所改变。从此时起，每隔四年，施惠者神节日的举办日期就要多加五天。因此，人们都知道，以前在划分季节和年份上的错误已经被施惠者神纠正了。

"托勒密三世和贝勒尼基二世的女儿贝勒尼基出生后即被封为公主。还未长成少女，贝勒尼基就突然去世，进入永恒的世界[14]。每年从埃及各地前来面见托勒密三世的祭司们，向托勒密三世发出哀叹，并且向托勒密三世和贝勒尼基二世请愿，说服他们将死去的女儿贝勒尼基女神安置在卡诺普斯的神殿里，与奥西里斯神一起受人崇拜。这座神殿不仅是一等神殿，还是托勒密三世及埃及百姓认为的最重要的神殿[15]。奥西里斯的神船前往卡诺普斯神殿游行，并且在每年荷阿克月[16]29日从赫拉克里安的神殿出发，然后游行。当时，所有一等神殿都向游行队伍两侧设立的祭坛献祭。随后，游行队伍举行神化贝勒尼基的仪式，如同举行阿匹斯圣牛葬礼一样，结束了她的哀悼会。法令规定：埃及土地上的所有神殿都要永远敬奉施惠者神的女儿贝勒尼基公主。贝勒尼基公主是在提比月去世的。她亲爱的父亲托勒密三世时常纪念她。在提比月，在一等神殿内，人们为了纪念贝勒尼基公主而举行盛宴及水上游行。贝勒尼基公主也是在提比月被神化的。法令规定：在提比月，大地的所有神殿给施惠者神的女儿贝勒尼基公主举办盛宴。提比月17日起，连续四天举行水上游行，之后结束哀悼会。每一座一等神殿和二等神殿内放置贝勒尼基公主的神圣雕像。雕像要装饰黄金和珠宝，并且将雕像放在内神殿。当要护送贝勒尼基公主神像前往外国或参加其他神的宴会时，先知及为众神穿上长袍的祭司们都要将贝勒尼基公主的神像揽在怀里，方便埃及人看到她的神像，尊敬和崇拜她。贝勒尼基公主及其母贝勒尼基二世王后雕像上的冠冕不一样，贝勒尼基公主的雕像有两个谷物穗，谷物穗中间有角蝰形的冠冕。与贝勒尼基二世王后握在手中的权杖一样，贝勒尼基公主雕像的冠冕后面有一个莎草纸形状的权杖。冠冕上的贝勒尼基的名字也要按照神圣的语法符号刻写。在荷阿克月举行第二次奥西里斯游行前，齐科里亚[17]少女和祭司要准备另一幅贝勒尼基公主的画像。在节日中，齐科里亚少女和祭司要向贝勒尼基公主献祭，并且举行其他纪念活动。对于贝勒尼基公主，其他少女也可以采用传统方式祭祀。这是合法行为。贝勒尼基公主会受到神圣少女和神职人员的赞颂。神圣少女将戴上她们想要成为其女祭司的众神头饰。等到早收[18]时，神圣少女们将站在女神画像前竖起耳朵听颂词。白天，在宴会和集会上，歌者要为贝勒尼基公主歌唱。神圣书吏们无论谱写的颂词是什么，都可以将颂词交给唱诗班的老师，颂词的副本也会被载入圣书。当神圣财产放在所有祭司面前，并从神圣财产中分配给祭司一定量的谷物时，祭司的女儿将获得神圣收益。收益从祭司的女儿出生那一天算起。每一座神殿的维护费由祭司根据神圣收入的比例决定（此处存疑）。给祭司妻子的饼有着特别的形状，这种饼就称

图 32 ● 贝勒尼基公主的头饰

为'贝勒尼基公主的饼'。每座神殿指定的监工和大祭司及神殿的书吏，都要在一块石碑或铜碑上用埃及语和希腊语将卡诺普斯碑文复制下来，将它放在第一等、第二等、第三等神殿最显眼的地方，使埃及各地的祭司都能向施惠者神及其儿女表示敬意，这是他们应该做的。"

我认为圣杰罗姆的评论是正确的，即"施惠者"这个头衔是在托勒密三世和贝勒尼基二世统治初期被特别授予的，而不是在他们加冕时才授予的。根据圣杰罗姆的评论，"施惠者"这个头衔被授予托勒密三世和贝勒尼基二世时，托勒密三世已经从亚洲回到埃及，并且带回了众神的雕像。卡诺普斯碑文没有提及神殿建造。从这一点，我推断托勒密三世在其统治后期开始建造神殿，并且肯定在他被授予"施惠者"头衔后才开始建造神殿，因为大多数神殿的铭文中都出现了"托勒密三世"的这个头衔。不过，"施惠者"头衔没有出现在阿杜勒碑文中和菲莱碑文中。

在我看来，卡诺普斯碑文最后关于给祭司及其女儿发谷物的描述似乎故意写得很模糊。托勒密三世干涉神殿财产的事实——托勒密二世统治时期同样发生过——被精心隐藏了。然而，要求神殿的收入用于分发贝勒尼基公主的饼，肯定是对王室从神殿没收财物的一种让步。

在《托勒密帝国》中[19]，我谈到，最初，讲述埃及和祭司事务的卡诺普斯碑文是以通俗体文字起草的，然后转写和翻译成古老的正式文体象形文字和希腊语。关于这一点，我和让·安托万·莱隆内、尤金·勒鲁特的意见相反。研究卡诺普斯碑文的时间越长，我就越坚定自己的观点。

对于托勒密三世的其他行为，无论是其内政还是外交，我们只获得了少量信息，标注有日期的信息就更少了。托勒密三世建造并装饰了许多埃及神殿，但对这些神殿的继承权，他很难确定。卡诺普斯碑文中既没有提到"施惠者"这个头衔，也没有提到王室子女。因此，这篇碑文的雕刻时间可能是托勒密三世统治早期。最近，亨利·乔治·莱昂斯在菲莱圆柱大厅北入口发现的碑文雕刻时间可能是在卡诺普斯碑文雕刻之后。托勒密三世统治时期，这篇碑文开始雕刻，并且最终完成。碑文中提到王室孩子，但没有提到"施惠者"这个头衔[20]。阿斯旺有一座由托勒密三世下令建造的小神殿。神殿的风格是纯粹埃及式的。埃斯纳有一座相似的神殿，里面有关于托勒密三世远征的碑文，但在19世纪，这座神殿被一位有进取心的帕夏[21]毁坏了。

图33 ●托勒密三世在卡纳克建造的高塔

在卡纳克，托勒密三世建造了一座高塔。塔上的壁画显示托勒密三世身穿半希腊式服装，但塔上没有雕刻任何日期。这说明高塔可能是在托勒密三世统治后期建造的。一个确定的事实是，托勒密三世在艾德夫开工建造大神殿。这一点被记录在神殿内的象形文字铭文中，记录的日期是托勒密三世在位的第十年（公元前237年），卡诺普斯碑文颁布后不久。由此可见，托勒密三世在埃及各地为神建造神殿。最近，人们在以色列附近的拉姆齐发现了一座献给希腊神的希腊式神殿。这座神殿建筑风格独特，目前被搬移到亚历山大博物馆中。神殿内的铭文写道："代表兄弟神托勒密二世和阿尔西诺伊二世、施惠者神托勒密三世和妻子及妹妹贝勒尼基二世、宙斯的祭司克里昂和安提帕特，将祭坛和神殿献给兄弟神、奥林匹亚的宙斯（Olympian Zeus）和联盟的宙斯神（Zeus the god of confederacies）"[22]。

这篇铭文将我们引向托勒密三世的外交政策。与托勒密二世一样，托勒密三世在西拉驻军。托勒密三世任命军官管理他在爱琴海的海上霸权。托勒密三世利用大量补贴挑拨几位希腊政客争斗，并且挑拨他们和他危险的对手马其顿的安提柯二世的关系。但据我们所知，托勒密三世并没有派出庞大的舰队。这是希腊爱国者之间的争吵。幸运的是，普鲁塔克向我们讲述了斯巴达国王亚基斯四世和克莱奥梅尼、亚该亚联盟首领阿拉图斯的生平。我们可以从中得知托勒密三世是希腊政客争吵的幕后操纵者。如同古代波斯国王经常做的那样，托勒密三世通过外交手段控制了希腊的爱国人士，并且通过大量施舍和贿赂实现自己的计谋。

托勒密三世在奥林匹亚立了许愿纪念碑，还制作了一尊斯巴达国王克莱门内斯的雕像。亚历山大博物馆从来没有像托勒密三世统治时期那样繁荣、闻名。当时，亚历山大博物馆特别以科学闻名。托勒密三世似乎特别喜欢它。上文提到的历法改革，以及著名的埃拉托斯特尼被任命为图书馆馆长和王室孩子的教育者，都证明托勒密三世的高尚品位。约瑟夫斯长篇大论地讲述了托勒密三世的远征，以及向叙利亚农民征税，并且暗示托勒密三世是一个自由随性的人。不过，这一点有待考察。比起大多数德国评论家，我更倾向于相信约瑟夫斯讲述的故事[23]。

似乎在年老前，托勒密三世的精力已经衰退了。在位二十五年后(公元前221年)驾崩时，托勒密三世的年龄不可能超过六十三岁。许多历史学家认为托勒密三世死于疾病，也有人认为他是被儿子托勒密四世害死的。查士丁公开指控托勒密四世杀害了托勒密三世。但前一种观点更可靠，原因将在下文讲述。托勒密三世留下三个孩子，即继承人托勒密四世、马加斯和一个叫阿尔西诺伊的小女儿。托勒密三世的妻子贝勒尼基二世和他的哥哥利西马科斯都活得比他长。在托勒密三世的统治下，埃及及其属地经历了最繁荣的时期。

托勒密三世一生中最后一次活动与埃及无关，而与他的外交政策有关。长期以来，托勒密三世一直支持西西里岛的阿拉图斯及他参与的亚该亚联盟，并且将这一联盟视作制衡马其顿国王的重要力量。马其顿国王不但威胁占领希腊，而且威胁占领埃及控制下的岛屿。托勒密三世发现西西里岛的阿拉图斯贪婪、背信弃义。于是，他与斯巴达国王克莱门内斯结盟。斯巴达国王克莱门内斯更有能力、魄力。克莱门内斯有可能统一整个希腊。但经过漫长战争，马其顿的"许诺者"安提柯三世与托勒密三世达成协议，托勒密三世撤销了对斯巴达国王克莱门内斯的财政援助。因此，公元前221年，克莱门内斯不得不参加塞拉西亚战役，但他作战失利，不得不前往埃及。在埃及，克莱门内斯受到年迈的托勒密三世的接待。取得塞拉西亚战役胜利后不久，强大的"许诺者"安提柯三世突然死亡，埃及摆脱了一个危险的邻国。

我们不知道这场战争发生的确切时间。此时，罗得岛遭受了一场可怕的地震。由于堤岸崩塌，罗得岛一半被毁，岛上巨像被震倒，整个希腊世界受到经济下滑的威胁。托勒密三世与邻国诸王一起前来解救这个贸易重镇的困境，并且答应赠送"三百塔兰特银子；一百万阿塔拜[24]谷物；用于制作十艘五桨木船和十艘三列桨座战船的木材，包括四万腕尺的方形松木板；一千塔兰特铜币；用于制作绳索的十八万磅麻线；三千块帆布；用于修复巨像的三千塔兰特铜；一百名工匠和三百五十名劳工，每年向他们支付十四塔兰特作为报酬。此外，托勒密三世给罗得岛捐赠了一万两千阿塔拜谷物，用于比赛活动和向神献祭。他还捐赠两万阿塔拜谷物，用于建造十艘战船。上述物品的大部分及捐赠的三分之一的金钱都被立即运送过去"[25]。比托勒密三世早离世的安提柯二世、叙利亚的塞琉古二世等都向罗得岛捐赠了物资。托勒密三世驾崩后，托勒密四世继续履行父亲托勒密三世未完成的义务。

通过研究在法尤姆找到的文件，人们了解到埃及某个省居民的生活，可以发现与托勒密二世时期相比，居民的生活没有多大变化。新官员取代了旧官员。信中没有太多管理诺姆的讨论，但有来自埃及当地劳工的抱怨。面对生活物资的供应或被换岗，埃及当地劳工很失望，回应劳工抱怨的似乎都是官员下达的命令，而不是严厉措施，更不要说武力了。毫无疑问，上述文件也反映了人们的艰苦环境。另外还有几份被监禁者的请愿书，他们未经审判就被关押，但官员奚落这些被监禁者。官员们说:"你们这些懒惰的人,去劳动吧。"这表明王室或其官员的语言也被其他平民使用。在这些信中,我们发现一些埃及本地人的名字,尽管这种情况很少见,如帕雷斯。一些官员的希腊名字可能是从埃及名字翻译过去的。

然而,托勒密三世和埃及宫廷内的人并不想了解或学习埃及语。著名的埃拉托斯特尼是专门指导王室成员的。在托勒密三世统治时期,没人试图翻译外国文献或古代记录,但在托勒密二世统治时期,盛行翻译外国文献或古代记录。托勒密三世试图改革历法,这表明他重视科学。在现存的埃拉托斯特尼写给托勒密三世的诗中,这一点得到了进一步体现。埃拉托斯特尼解决了一个几何问题,并且将答案用恭维的话献给托勒密三世和王储托勒密四世[26]。

托勒密三世是一个非凡的人,从一名士兵变成一位心地善良但懒惰的政治家、祭司和学者赞助人。对于托勒密三世的生平,我们掌握的材料确实少得可怜。对于托勒密三世的性格,我们一无所知。我们认为,似乎是托勒密三世所处的环境,而不是他的性格,使他变得伟大。托勒密三世的道德感很强,并且人们从没有发现他的任何丑闻。这使我们意识到,与托勒密王朝的其他法老相比,托勒密三世生活中的一些特殊事件,可能是追求刺激的庸俗逸事作家编写的。

托勒密三世统治时期的一座宏伟建筑物是艾德夫神殿。艾德夫神殿的建造周期几乎贯穿整个托勒密王朝,但艾德夫神殿是公元前236年由托勒密三世规划和设计的。艾德夫神殿的建

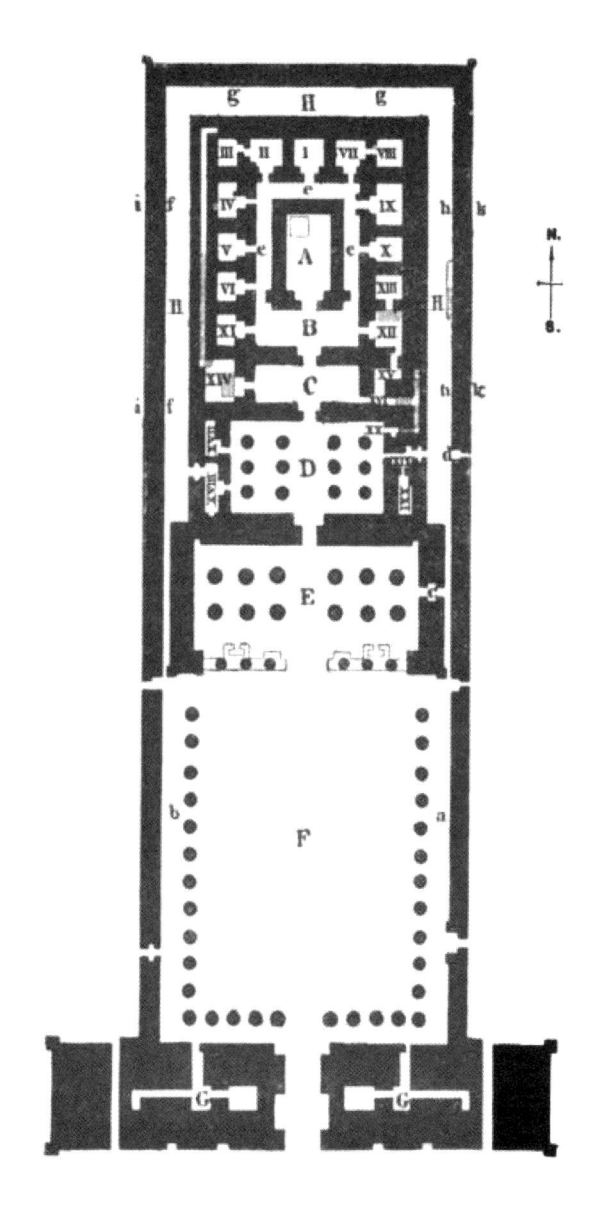

图 34 ●艾德夫神殿的平面，A、B、C、D 部分及其周围房间都是托勒密三世时期建造的

造充分表明托勒密王朝诸法老实行高度一致的对内政策。在宗教问题上，法老们都倾向于听从埃及本土祭司的意见。无论是建造艾德夫神殿，还是建造其他神殿，祭司的固有传统和观念导致统一的建筑风格。当然，艾德夫神殿的装饰与拉美西斯家族统治时期的旧建筑有很大不同。与字号大的、雕刻用力的象形文字相比，托勒密王朝时期的文字更细小、华丽，图案样式也更丰富。如果托勒密三世统治时期的大量文字遗迹有助于历史学家寻找信息并建构历史叙述，那么我们会认为文字雕刻风格的变化很有价值。但托勒密三世统治时期神殿内雕刻的长篇铭文只延续了旧时恶习，记录了托勒密三世的荣誉头衔和神圣恩惠，没有记录实质内容。

【注释】

1. 《希腊人的生活和思想：从亚历山大大帝时代到罗马征服希腊》，第2版，1897年。——原注
2. 阿拉托斯：《物象》，第370节。——原注
3. 《皮特里莎草纸》，第2卷，碎片45。——原注
4. 马克斯·莱布雷希特·施特拉克：《托勒密王朝》，编号38。——原注
5. 《皮特里莎草纸》，第2卷，第99页。——原注
6. 约翰·古斯塔夫·德罗伊森的推论是基于波利比乌斯的陈述做出的，波利比乌斯说：从暴君手中解放伯罗奔尼撒的几个城市后，来自大城市的两位哲学家埃克德莫斯和德莫潘尼斯受邀来到昔兰尼。在昔兰尼，他们因教导人们和维护自由而闻名。显然，"他们有力地维护了自由"这句话与上句的"他们使……自由"矛盾。这句话表达的是通过命令埃及政府，结束埃及内部的争吵，埃克德莫斯和德莫潘尼斯使昔兰尼人的城市在托勒密三世的统治下保持独立。在其他地方，我也说明，托勒密王朝时期的民主政治和内部独立，是如何不断与外部施惠者或法老的控制联系在一起的。例如，塞浦路斯的所有城市都是由埃及法老控制的民主城市。就昔兰尼而言，一旦内部出现混乱，托勒密三世的驻军就立刻直接控制昔兰尼。在和平时期，托勒密三世的驻军尽可能不干扰昔兰尼的管理。——原注
7. 1866年，碑文首先由发现者卡尔·里夏德·列普修斯以象形文字和希腊语出版。查尔斯·埃德温·威尔伯认为象形文字版法令的内容很不准确。卡尔·里夏德·列普修斯没有观察到石碑边缘的通俗体碑文。这份法令最近的一份重印版出现在我的《托勒密帝国》一书中。此外，还附有一个简短的评论——在此不重复，也出现在马克斯·莱布雷希特·施特拉克的《托勒密王朝》一书中。马克斯·莱布雷希特·施特拉克向吉萨博物馆捐赠了法令碑文的副本。相关法令的文件都是我在1895年发现的。在评论中，我研究了尤金·勒鲁特对法令通俗体文字版本的复制与翻译，并且并比较希腊语版本的法令和原文。——原注
8. 在我看来，可以肯定的是，托勒密三世及他以前的两位法老都没有在孟菲斯的普塔神殿举行埃及式的加冕仪式。在罗塞塔石碑上，这一事实被多次证明。——原注
9. 或可理解为"众神使人们忠于他们"。——原注
10. 可能指"在场的来自全国各地的祭司"。——原注
11. 在《古埃及的历史研究》第2章中，雅各布·克劳尔指出，"γεγενημενους"这个词的象形文字意为"国王引入神殿的"祭司，从而承认王权至高无上，但卡尔·里夏德·列普修斯对碑文的处理容易误导读者。——原注
12. 帕乌尼月是古埃及和科普特历法中的第十个月。——译者注
13. 有证据表明，这一出色的改革没有被祭司们普遍采纳。几个世纪以来，埃及改革的历法并没有在欧洲采用。——原注
14. 这句话会使我们认为贝勒尼基在幼年时夭折了。但情况似乎并非如此，因为一个绿色花瓶的铭文"献给带来好运者、恩惠之神贝勒尼基王后"显示它是献给贝勒尼基公主的。——原注
15. 这句话和曾收藏在大英博物馆的一个金盘上的铭文一致，铭文为"父亲为托勒密二世、母亲为阿尔西诺伊一世的托勒密三世国王，和王后贝勒尼基，与奥西里斯在忒默诺斯"。显然，当时，托勒密三世已经扩大了神殿周围的场地。——原注
16. 荷阿克月是古埃及和科普特历法中的第四个月。——译者注

17 我们对齐科里亚一无所知,但在我看来,如果我对《格伦费尔莎草纸》的修复正确的话,那么一定年龄的少女对神化的贝勒尼基公主有一些职责。——原注
18 两种版本的原文分别是"προωςιμος"和"πρωιμος"。实际上,两个词的含义都不清晰。——原注
19 《托勒密帝国》,第226页。——原注
20 这篇碑文深深地雕刻在大厅的门口处,碑文镀金,被发现时表面仅有一层灰尘。——原注
21 帕夏是土耳其高级官员的称号。——译者注
22 在托勒密三世和贝勒尼基二世的头衔后面,铭文写的是"以及众神、宙斯和他的奥林匹亚兄弟姐妹们一起谋反,在一些祭坛和神殿,一起制裁了宙斯的父亲克洛诺斯,反抗父亲的宙斯获得了荣耀"。显然,第一个"και"放错地方了,应该放在"αδελφοις"的后面。"Συνωμοσιος"指宙斯似乎有些奇怪,并且在其他地方没有出现。这个词的意思相当于"阴谋",有时也指经宣誓形成的联盟——虽然不经常使用。因此,这个词可能指希腊沿海城市和岛屿与托勒密三世形成的联盟,如基克拉泽斯诸岛和托勒密三世形成的联盟。——原注
23 《托勒密帝国》,第216页。——原注
24 阿塔拜是古埃及容量测量单位,1阿塔拜等于27.13升。——译者注
25 波利比乌斯:《历史》,第5卷,第88页。——原注
26 这首诗由德国古典语文学家乌尔里希·冯·维拉莫维茨-默伦多夫在其文章中首次进行解释。至于埃拉托斯特尼的其他科学作品,参见我的《希腊人的生活和思想:从亚历山大大帝时代到罗马征服希腊》。——原注

第 5 章

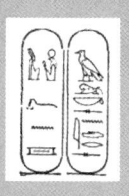

托勒密四世统治时期

PTOLEMY IV

图 35 ● 托勒密四世的王名

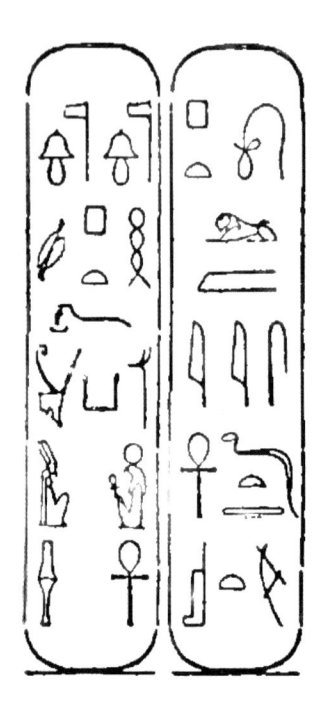

文献注释：

本章依据的古代文献主要来自波利比乌斯。波利比乌斯的历史论述开始于托勒密四世继位。约瑟夫斯的著作、《马加比三书》[1]及普鲁塔克的著作《克莱门内斯传》对托勒密四世统治时期的历史都有所论述。已经发现的托勒密四世统治时期的铭文和莎草纸数量稀少。但在施特拉克的《托勒密王朝》中，我们可以看到这个时期的一些铭文。在《皮特里莎草纸》第二卷末尾，我们可以找到这个时期的一些莎草纸。

公元前222年，托勒密四世继位。这时，他正值壮年，接受过大师的教育。托勒密四世从父亲托勒密三世手中接过一个国库充盈、国内外和平安宁的大国。但波利比乌斯和斯特拉波认为，在托勒密王朝诸位法老中，托勒密四世对埃及的伟大和繁荣造成的伤害最大。

正如我在别处提出过的，埃及国内的神殿和国外铭文不能得出上述结论。但波利比乌斯是一位不容忽视的历史学权威。可以肯定，托勒密四世别名"菲洛帕托尔"——希腊语意为"笃爱父亲者"，大约二十二岁继位[2]。继位后的最初几年，托勒密四世深受索西比乌斯的影响。索西比乌斯虽然有能力，但不择手段。他计划谋杀托勒密四世的兄长马加斯和贝勒尼基二世王后。托勒密四世对雇佣军士兵没有疑虑和恐惧，因为他迎合雇佣军指挥官克莱门内斯。波利比乌斯说，托勒密四世甚至已经发觉索西比乌斯的阴谋诡计。但当索西比乌斯去世或失去影响力时，托勒密四世受到希腊裔王后阿加索克利亚和她的弟弟阿加索克利斯的控制。阿加索克利亚和阿加索克利斯使埃及政府陷入混乱，并且使托勒密四世四处树敌。我甚至猜想，他们不允许托勒密四世再娶他人，希望阿加索克利亚可以生下一个孩子成为法老之位的继承人。后来，他们不得不允许托勒密四世与妹妹阿尔西诺伊三世结婚。

托勒密四世登基后，埃及的政治形势很快就蒙上了阴影。在马其顿王国和塞琉古王国，野心勃勃的年轻国王腓力五世和安条克三世继位，取代了稳重却懦弱的前任君主。显然，腓力五世和安条克三世中的一方，很快就会挑战埃及对爱琴海和直到塞琉西亚的巴勒斯坦海岸的控制权。腓力五世一直忙于处理亚该亚和爱琴海事务。安条克三世虽然年仅二十一岁，但他面临诸多麻烦，如叙利亚东部各省的大规模叛乱，他的叔叔——小亚细亚实力强大的伪君子阿克欧亚斯，以及一个更麻烦的大臣——赫米亚斯。赫米亚斯希望像索西比乌斯控制托勒密四世一样控制安条克三世，但安条克三世克服了所有困难，或者搁置了上述问题，并且着手收复被埃及控制的柯里-叙利亚和巴勒斯坦。与此同时，除了杀害兄长马加斯和叔叔利西马科斯，托勒密四世什么也没做。波利比乌斯谈到，当时在埃及，马加斯的支持者似乎有某种活动，阻止年轻的浪荡子托勒密四世登基。波利比乌斯说，后来，托勒密四世沉溺于酗酒，放纵自己，忽视所有政务，甚至允许他的近臣侮辱边疆省份的总督。实际上，这些总督一直在忠诚地守卫边疆。

年轻的托勒密四世从父亲托勒密三世那里继承了斯巴达国王克莱门内斯的遗产。尽管通过精彩而感人的悲剧性笔触，普鲁塔克及其希腊史写作领域的前辈们描写了流亡者克莱门内斯的失败和死亡，但克莱门内斯的事对埃及史并不重要。此时，克莱门内斯住在亚历山大，希望得到埃及人的支持，回到希腊，进攻马其顿王国，因为"许诺者"安提柯三世已经驾崩，马其顿王国掌握在一个资历尚浅的新人手中。据说，托勒密三世有同样的打算，但新法老托勒密四世不关心任何外国事务。在亚历山大的码头，克莱门内斯无所事事，失望透顶，只能愤慨地走来走去。与此同时，他向亚历山大居民畅所欲言。索西比乌斯知道将克莱门内斯留在一座充满希腊雇佣军的城市内很危险。于是，他将克莱门内斯关在一座宫殿内。实际上，这是一座监狱。克莱门内斯和朋友逃离了这座监狱，试图呼吁亚历山大居民与他一同追求自由。另外，克莱门内斯及其朋友还在街上犯下几起谋杀案。居民们惊恐地看着他们，担心自己的安全，并且偷偷溜进房子里。最后，这十三个斯巴达人自杀了。为了不使任何人替他们复仇，托勒密四世杀死了这十三个斯巴达人的家人。于是，克莱门内斯对托勒密四世王位的威胁解除了。

图36 ●一个铜戒指上托勒密四世的头像，皮特里收藏

安条克三世的军队进攻埃及的方式与众不同。首先，奥龙特斯河上的塞琉西亚要塞曾是埃及占领柯里-叙利亚的据点。公元前219年，依靠武力和欺诈，埃及军队占领了塞琉西亚要塞。其次，托勒密四世在叙利亚的将军狄奥多图斯叛变。因此，埃及失去提尔和托勒迈斯两座城市。被派去保卫巴勒斯坦的新将军尼古拉斯战败。经过长时间的对外交涉和希腊城市的斡旋、干预，安条克三世军队的进攻被推迟了至少一年。对埃及来说，这种拖延政策绝对必要，因为根据波利比乌斯的说法，托勒密四世完全忽视了守土的职责。当时，埃及已经没有可用于作战的军队。索西比乌斯和阿加索克利斯奋发图强，改善埃及失败的军事状态。但令人惊讶的是，在托勒密三世驾崩后三年内，埃及竟然陷入如此无

助的境地。年迈体衰的托勒密三世似乎比其子托勒密四世更应受到责备。显然，到了晚年，托勒密三世依靠外交和贿赂维持自己在海外的利益。他可能认为维持雇佣军的费用太高，并且将维持雇佣军视作奢侈之举。因此，托勒密四世可能继承了一个没有军队的政权，但他没有才能增强埃及的军事防御能力。波利比乌斯详细描述了索西比乌斯为应付紧急情况做的准备工作。在亚历山大，索西比乌斯集结并训练了一支庞大的军队。来自叙利亚的特使和调解人最远只能到达孟菲斯。实际上，孟菲斯位于从叙利亚到亚历山大的路上，但水上与亚历山大的距离是九十英里[3]。

当时，埃及政府有两个任务：第一个任务是从希腊、色雷斯、克里特岛、小亚细亚尽可能多地集结雇佣军；第二个任务是充分利用埃及本土军队。第一个任务仅用钱就可以解决。至于第二个任务，埃及从希腊带回三名将军。这三名将军在安条克三世和德米特里二世的战争中受过训练。此时，他们掌管了庞大的埃及本地军队，完全无视本土士兵及其战车部队。另外，他们将新兵改造成马其顿方阵，训练他们使用长矛，并且教他们理解和服从希腊或马其顿的命令。根据法尤姆莎草纸，埃及国内已经组成一支骑兵部队。此外，埃及骑兵内有利比亚骑兵。利比亚骑兵可能是在昔兰尼组织起来的。此时，埃及总兵力为三千人。根据波利比乌斯的记载，驻扎在亚历山大的骑兵包括埃及骑兵七百人，利比亚骑兵五百人，还有一千八百人可能是驻扎在埃及各地的骑兵。但四千名定居在埃及的色雷斯人与两千名专门引进的加拉太人组成了一支部队。

基于上文论述,波利比乌斯的文本可能被摘录者混淆了,从而导致了误解。波利比乌斯的文本似乎提到两个方阵:一个方阵由叙利亚国王安德洛马丘斯和托勒密四世管理,共两万五千人;另一个方阵由索西比乌斯管理,并且由两万名埃及当地人组成。从后来对拉法战役的描述看,似乎只有一个埃及方阵,即埃及本地人组成的方阵。与安条克三世的方阵一样,埃及方阵由两名指挥官指挥。因此,上一段讲述的是一个方阵的训练。后来,这个方阵归索西比乌斯管理,整个方阵可能有两万人。在对希腊的战争中,同一战线上有两个方阵是闻所未闻的现象[4]。波利比乌斯,或者至少是摘录员,对于另一个方阵没有任何描述。在这场战争中,埃及方面有七十三头利比亚大象。这是托勒密二世和托勒密三世过去五十年里在阿比西尼亚捕猎的大象。上文提到,在托勒密二世时期举行的大型庆典中,人们没有发现战象的身影。根据查尔斯·埃德温·威尔伯[5]保存的碑文[6],托勒密二世曾派探险队捕猎大象。

我以前得出过这样的推断[7],即非洲象在拉法战役中的表现使埃及停止了困难的狩猎活动。然而,根据新发现的碑文[8],亨利·霍尔证明了我的推断是错误的。这篇碑文由奥罗纳的辛迪科斯的儿子亚历山大与埃滕涅人米奥博罗斯的儿子阿波里斯,代表托勒密四世法老和阿尔西诺伊三世王后(菲洛帕托尔神)及其儿子托勒密五世等,献给托勒密三世法老。奥罗纳的辛迪科斯的儿子亚历山大和将军查理莫托斯一起被派去捕猎大象。阿波里斯是查理莫托斯麾下的士兵，军衔相当于现在的上尉。碑文提到，公元前210年，托勒密五世出生。这表明即使在拉法战役后，埃及仍然在国外招募士兵。根据波利比乌斯的记载，查理莫托斯是爱琴海雇佣军的士兵，其他人是皮西迪亚雇佣军的士兵。根据斯特拉波的描述，皮西迪亚士兵可能由于出色的技能被挑选出来，弥补了埃及本土士兵不合格的射箭技术。

经过多次推迟和交涉，埃及军队和叙利亚军队从容、谨慎地在加沙附近、巴勒斯坦南部的拉法交锋。在拉法，埃及军队和叙利亚军队爆发了激烈战斗。对此，波利比乌斯描述了细节，但描述得不清楚。开战前，双方指挥官沿着各自的路线行进，鼓舞方阵内的士兵。显然，他们对方阵充满信心[9]。托勒密四世由妹妹阿尔西诺伊三世陪同。阿尔西诺伊三世的到来极大地鼓舞了士气。《马加比三书》强调了这一点。《马加比三书》的记述可能是从一些比波利比乌斯的著作更全面的描述复制过来的。大象在每支部队两翼，骑兵的前方。激战爆发了。在战斗激烈时，安条克三世亲自指挥右翼部队对抗托勒密四世的左翼部队。安条克三世骑着大象绕过托勒密四世的左翼部队。很快，托勒密四世的左翼部队被打败了，并且被驱赶到安条克三世方阵的后面。但当安条克三世乘胜追击时，埃克格拉底采取同样的策略攻击安条克三世的左翼部队。战场中间有两个方阵。由于托勒密四世和阿尔西诺伊三世亲自参战，埃及军队士气大涨。在随后的冲锋中，叙利亚方阵被击溃，叙利亚士兵奔逃而去。托勒密四世赢得了这场战争，尽管其左翼部队被击败，几乎所有大象被俘虏。历史学家既没有指出，托勒密四世的大象是如何被战败的叙利亚军队带走的，也没有解释一百头多头大象没有采取任何行动帮助叙利亚军队夺回战争主导权或动摇埃及方阵的原因。到目前为止，托利比乌斯的叙述是不完整的。但基于目前掌握的资料，我们可以理解人们逐渐放弃捕猎大象的原因。

对自己能战胜安条克三世，托勒密四世可能感到惊讶。他满足于目前的情况，并且与安条克三世达成友好协议。根据协议，埃及将继续控制巴勒斯坦，但不控制塞琉西亚，也不要求战争赔款。作为胜利者，托勒密四世花了三个月时间在腓尼基和巴勒斯坦的城市巡视。我相信《马加比三书》的故事，即托勒密四世来到耶路撒冷，傲慢地进入至圣所。这个故事的作者可能使用了一些夸张手法。但很明显，托勒密四世从此与犹太人产生了矛盾。犹太人在埃及受到各种形式的迫害或阻碍。这就是《马加比三书》提到犹太人对托勒密四世表示不满的原因。然而，在托勒密四世统治期间，埃及牢牢控制着叙利亚。叙利亚各省一片安宁。直到托勒密四世驾崩，他的儿子年幼的托勒密五世登基，安条克三世都没有尝试征服叙利亚各省。毫无疑问，束缚叙利亚人的并不是誓言和条约，而是实力强大的埃及军队，尽管埃及法老托勒密四世软弱、懒惰、缺乏远见。或许从埃及本地人的方阵中，安条克三世得到深刻教训：只要学会使用长矛战斗，在混战中，即使是费拉人[10]，也能组成优秀的核心部队。

另外，从波利比乌斯的摘录[11]中，我们了解到，教导埃及本地人习用武器有利有弊。埃及本地人学会了运用自己的力量，并且开始在自己人的领导下计划一场起义。没过多久，埃及本地人揭竿而起。很可惜，波利比乌斯没有更明确地说明上文提到的三名有经验的希腊裔士兵是如何组织和训练方阵的。

与此同时，文献对托勒密四世的私生活和对埃及的管理的描述似乎不一致。尤金·勒鲁特说，根据通俗体文字书写的莎草纸，直到登基的第五年（公元前218年），拉法战役胜利后，托勒密四世才被授予"菲洛帕托尔神"头衔。可以说，"菲洛帕托尔神"可能是为了纪念这次大捷而授予他的。不过，尤金·勒鲁特由于一份商业文件上没有记录托勒密四世的头衔，得出了错误的结论，并且误导了自己和其他人。因此，在这里，我质疑尤金·勒鲁特推论的正确性。在现存十五篇提到托勒密四世的希腊铭文中，只有一篇没有"菲洛帕托尔神"，其他十四篇铭文都有"菲洛帕托尔神"。在有"菲洛帕托尔神"头衔的十四篇铭文中，一篇铭文提到托勒密四世的儿子托勒密五世，但这篇铭文没有提到王后阿尔西诺伊三世。托勒密四世的统治持续了十七年，如果在其统治的前五年（公元前222年到公元前217年），他没有被授予"菲洛帕托尔神"头衔，那么这种情况可能吗？托勒密四世以前的法老们的情况与托勒密四世的情况相反。借助斯坦利·莱恩·普尔的钱币，乌尔里希·威尔肯支持尤金·勒鲁特的观点，但这些钱币年代不明。在这些钱币中，我找不到任何证据支撑乌尔里希·威尔肯和尤金·勒鲁特的观点。根据通俗体文字书写的莎草纸，卡尔·里夏德·列普修斯和尤金·勒鲁特指出，虽然很久以前托勒密一世被神化，但直到托勒密四世统治时期，托勒密一世才出现在与亚历山大大帝和托勒密王朝后期诸法老相关的神名单上。与此同时，在托勒密四世统治时期，在托勒迈斯，对索塔尔一世的特别崇拜才被首次提及。我认为所谓的证据没有决定性作用。

最终，托勒密四世被允许与妹妹阿尔西诺伊三世结婚。公元前210年，阿尔西诺伊三世生下法老之位的继承人托勒密五世。由于阿加索克利斯的阴谋，阿尔西诺伊三世被谋杀。托勒密四世的时间不光花在喝酒上，还花在文学娱乐活动方面。他甚至写了一部悲剧《阿多尼斯》，并且为"诗人之王"荷马建造了一座神殿。这有利于亚历山大博物馆内的文学和美学研究。

不过，如果我们假设托勒密四世忽视了埃及的宗教信仰，就大错特错了。我们可以在《马加比三书》中看到托勒密

图37 ●阿尔西诺伊三世的钱币

图 38 ●德艾尔麦地那神殿

四世特别崇拜狄奥尼索斯。托勒密四世可能成立了一些协会或社团纪念希腊神狄奥尼索斯。艾德夫神殿的墙上刻有一些历史铭文。这是托勒密四世崇拜神的最佳证据。《马加比三书》写道："托勒密四世在位第十年（公元前213年）的埃皮斐月[12]第七天，神殿中用于供奉金荷鲁斯的内殿完工。神殿的墙上有精美文字、托勒密四世的名字和艾德夫众神的画像。托勒密四世陛下在位的第十六年（公元前207年），神殿的大门已经完工，宽阔的墓室双扇门也已经完工。然后，一场叛乱爆发了。叛乱分子藏在神殿里。"艾德夫神殿的建造持续了二十年，建造工作断断续续。艾德夫神殿中的铭文清楚地描述了托勒密四世参与的宗教崇拜活动。艾德夫神殿的建造工作一直持续到托勒密四世驾

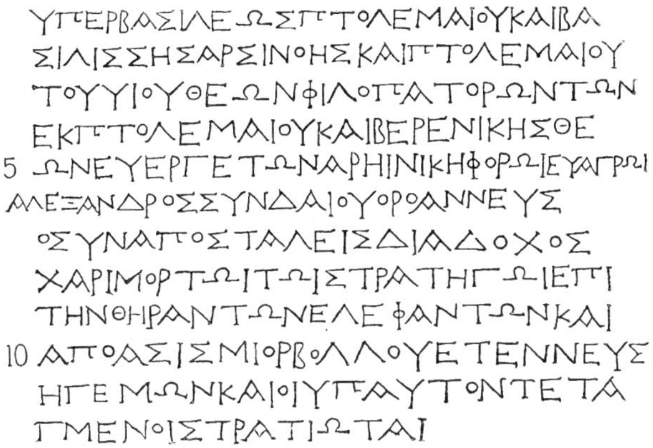

```
ΥΠΕΡΒΑΣΙΛΕΩΣΠΤΟΛΕΜΑΙΟΥΚΑΙΒΑ
ΣΙΛΙΣΣΗΣΑΡΣΙΝΟΗΣΚΑΙΠΤΟΛΕΜΑΙΟΥ
ΤΟΥΥΙΟΥΘΕΩΝΦΙΛΟΠΑΤΟΡΩΝΤΩΝ
ΕΚΠΤΟΛΕΜΑΙΟΥΚΑΙΒΕΡΕΝΙΚΗΣΘΕ
5 ΩΝΕΥΕΡΓΕΤΩΝΑΡΗΙΝΙΚΗΦΟΡΩΙΕΥΑΓΡΩΙ
ΑΛΕΞΑΝΔΡΟΣΣΥΝΔΑΙΟΥΟΘΑΝΝΕΥΣ
ΟΣΥΝΑΠΟΣΤΑΛΕΙΣΔΙΑΔΟΧΟΣ
ΧΑΡΙΜΟΡΤΩΙΤΩΙΣΤΡΑΤΗΓΩΙΕΠΙ
ΤΗΝΘΗΡΑΝΤΩΝΕΛΕΦΑΝΤΩΝΚΑΙ
10 ΑΠΟΑΣΙΣΜΙΟΡΒΟΛΛΟΥΕΤΕΝΝΕΥΣ
ΗΓΕΜΩΝΚΑΙΟΙΥΠΑΥΤΟΝΤΕΤΑ
ΓΜΕΝΟΙΣΤΡΑΤΙΩΤΑΙ
```

图 39 ● 关于大象狩猎者的铭文，现收藏在大英博物馆

崩前一年（公元前206年）。托勒密四世的王名出现在卢克索的各种建筑上。这表明托勒密四世即使没有在卢克索建造建筑，至少也装饰了卢克索的建筑，并且将自己的名字留在卢克索的建筑上。可以肯定，托勒密四世在尼罗河对岸建造了美丽的德艾尔麦地那神殿。托勒密四世的继任者托勒密五世完成神殿的建造。在阿斯旺，托勒密四世试图完成，但最终没有完成他父亲托勒密三世建造的小神殿。

沿尼罗河而上，人们可以看到托勒密四世建造建筑的重要证据。托勒密四世的名字不仅出现在菲莱神殿建筑群的各个部分，亨利·乔治·莱昂斯最近的研究表明，托勒密四世的名字还出现在菲莱神殿东边被毁坏的阿赫斯内弗神殿内。与托勒密王朝时期的其他神殿一样，阿赫斯内弗神殿内的各个房间

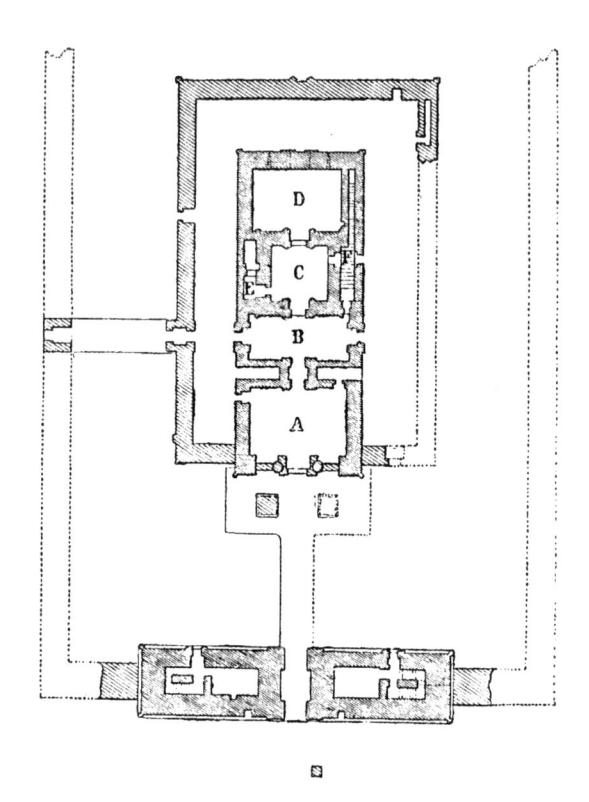

图 40 ●达克神殿的平面图

由多位法老下令完成建造。托勒密四世建造了神殿最里面的房间（D）。通往这个房间的大厅（C）由努比亚国王埃尔格门建造，但未完工。埃尔格门下令建造的大厅部分被毁。后来，大厅由托勒密五世扩建完工。这样的神殿建造模式很有指导意义。在努比亚的达克，距离菲莱五十英里的地方有一座神殿。这座神殿的建造工作由埃尔格门和托勒密四世下令开展。首先，托勒密四世下令建造神殿的外殿。接下来，埃尔格门下令建造神殿的内殿。最终，"拯救者"托勒密九世下令建造神殿的门廊。在达克神殿和菲莱神殿，奥古斯都参与了一些建造工作。这表明：第一，正如我已经从埃尔格门的王名形式推断的那样，埃尔格门不是与托勒密二世，而是与托勒密四世处在同一时代。[13]第二，当时，埃及和努比亚关系友好，但在托勒密五世统治时期，双边关系恶化。随和的托勒密四世很可能向埃尔格门做出一些让步，使埃尔格门同意承认埃及法老为自己的君主。根据西西里的狄奥多罗斯的记述，埃尔格门是一

图 41 ● 阿赫斯内弗神殿中埃尔格门的铭文，发现于菲莱

位在埃及接受教育的努比亚王子。他推翻了统治努比亚的祭司的暴政，并且使自己成为这片土地的真正主人。然而，在托勒密二世和托勒密三世统治时期，埃及似乎都没有占领努比亚，没有将其作为埃及的领地。

上埃及建筑物的所有铭文都与艾德夫神殿的铭文内容一致。这表明直到托勒密四世在位的第十六年（公元前207年），叛乱才爆发，并且持续了几年。尽管如此，波利比乌斯提出异议，他认为在托勒密四世生前，埃及爆发了一场漫长而残酷的内战。最终，这场内战被曾在拉法指挥埃及和利比亚骑兵的波利克拉特斯镇压。如果叛军占领埃及中部，那么托勒密四世怎么会花大量金钱在菲莱和努比亚修建神殿？因此，波利比乌斯的说法是正确的，即被波利克拉特斯镇压的叛军只占领了下埃及——很可能是尼罗河三角洲地区的城市。我认为，将波利比乌斯记录的两段话[14]与提到托勒密五世统治早期一次叛乱的罗塞塔石碑碑文比较，可以看出波利比乌斯记录的、罗塞塔石碑碑文描述的是托勒密四世统治下的两次叛乱。其中一次叛乱只发生在下埃及，并且被波利克拉特斯镇压。另一次叛乱影响了上埃及和下埃及，并且在托勒密四世驾崩时规模扩大。两次叛乱似乎都没有历史学家暗示的那么严重，因为在这两次叛乱期间，埃及的国外领地和对外政策都与托勒密三世统治时期相同。

值得一提的是，在亚历山大海岸，我们发现许多金匾、银匾、铜匾和石匾。它们记录了萨拉皮斯和伊西斯、拯救者神、托勒密四世法老和阿尔西诺伊三世王后、菲洛帕托尔神建造神殿的事[15]。另一块发现于瑙克拉提斯的石碑，由瑙克拉提斯及其周围地区的控制者阿斯克勒皮亚迪斯的儿子科蒙竖立。碑文中提到托勒密四世的崇高头衔，"代表伟大的菲洛帕托尔神、拯救者和胜利者托勒密四世法老，以及他的儿子托勒密五世，献给伊西斯、萨拉皮斯和阿波罗"。另一篇碑文显示伟大的菲洛帕托尔神、拯救者和胜利者托勒密四世法老献给德米特里、科勒[16]和"正义之神"的一座神殿。根据《格伦费尔莎草纸》[17]的记载，"正义之神"是奇怪的献祭对象。此处，托勒密四世是正义之神的化身。

下面，我们看看托勒密四世的宗教活动希腊化的状况。位于莱斯沃斯和塞斯托斯的遗迹刻着托勒密四世的名字。这表明托勒密四世的影响力仍然覆盖了莱斯沃斯和塞斯托斯。有充分理由相信，在其统治末期罗得岛发生地震时，托勒密四世忠实履行了他父亲托勒密三世答应给予罗得岛居民慷慨援助的承诺。根据波利比乌斯的记载，雅典人由于奉承托勒密四世感到羞耻。如果托勒密四世只是一个游手好闲的浪荡子，不关心任何对外事务，那么雅典人肯定会奉承托勒密四世。波利比乌斯说："雅典人从马其顿人手中恢复了自由，雅典人没有参与希腊事务。但在欧里克莱里季斯和米金的指导下，对希腊世界的所有领袖，特别是托勒密四世，雅典人都热情洋溢，并且接受任何饱含对托勒密四世的赞美之词的法令和公告，很少考虑到希腊世界所有首领的政治倾向。"公元前207年，托勒密四世派一位使者调解腓力五世和埃托利亚人的争端。此时，罗马人深陷第二次布匿战争。这场战争几乎在整个托勒密四世统治时期持续进行。这使罗马人无暇干涉希腊事务。罗马人向托勒密四世派遣了一位彬彬有礼的使者，维持罗马与埃及之间世代延续的友谊，并且从埃及获得谷物[18]。卡普亚人德西厄斯·马吉乌斯反对汉尼拔，被汉尼拔派往非洲。后来，马吉乌斯被一场政治风暴赶到昔兰尼。他躲到当时还是安全避难所的昔兰尼的一尊托勒密四世的雕像处。于是，马吉乌斯被带到亚历山大。但当托勒密四世释放马吉乌斯，并且允许他前往罗马或卡普亚时，他选择留在亚历山大。托勒密四世承诺马吉乌斯拥有自由身份[19]。所有零散的证据是一致的。因此，我相信，一旦发现新的证据，新信息就会与上述信息一致。即使托勒密四世驾崩后，埃及内部大乱，他年幼的儿子托勒密五世被放到王位上时，埃及军队和臣民对托勒密五世的忠诚、对于驾崩的托勒密四世没有一丝不敬，都表明托勒密四世在亚历山大并非不受欢迎。

比起上文对托勒密四世积极的或至少中立的评述，波利比乌斯对托勒密四世发出了强烈谴责。除了谴责托勒密四世，波利比乌斯还大篇幅描述了托勒密四世驾崩后亚历山大发生的暴乱。斯特拉波、普鲁塔克和查士丁对托勒密四世统治时期的论述，很可能是根据同一遗迹。因此，他们的描述没有价值。查士丁甚至认为，托勒密四世除了犯有弑母罪，还犯有弑父罪。这与真相似乎相距甚远。我们该如何处理明显互相冲突的观点呢？

虽然托勒密四世出了名地无所事事、毫无作为，但不能认为当时的所有政务都掌握在大臣索西比乌斯手中。这是因为，首先，在托勒密四世统治结束前，索西比乌斯已经去世。索西比乌斯没有参与谋杀阿尔西诺伊三世，虽然波利比乌斯清楚地说他参与过。但历史学家们认为，新法老托勒密五世登基时的骚乱主要是阿尔西诺伊三世谋杀案引起的众怒导致的，与索西比乌斯无关。如果索西比乌斯杀死了阿尔西诺伊三世，那么他肯定会不顾一切地为自己说情，并且请求保留自己的性命。此外，索西比乌斯的儿子小索西比乌斯曾作为一位重要人物出现，他是亚历山大的地方长官。因此，阿尔西诺伊三世被谋杀前，索西比乌斯肯定已经去世。

显然，阿加索克利斯及其支持者是埃及最糟糕的大臣。辅佐年幼的安条克四世的人都优秀能干。不过，为什么马其顿国王腓力五世和安条克三世没有攻击浪荡的托勒密四世和他领导的松懈的政府，而扑向年幼的安条克四世和他能干的大臣，并且企图肢解塞琉古王国？答案只有一个，即他们认为托勒密四世实力强大，但安条克四世没有强大实力。

对此，我们必须暂缓做出判断，认真研究波利比乌斯相关历史论述的来源，因为与他对"拯救者"托勒密九世的论述不同，他对托勒密四世统治时期的历史论述并非根据一手资料。因此，他肯定借用了托勒密王朝早期一些历史学家的观点。在这些历史学家中，我们已知两位，即罗得岛的卡利克诺和梅加洛波利斯的托勒密[20]。卡利克诺描述了托勒密四世建造的巨船和达哈比奇（dahabiyeh）[21]。这些内容被阿特纳奥斯引用。根据波利比乌斯的描述，罗得岛的卡利克诺和梅加洛波利斯的托勒密长期为托勒密四世和安条克四世管理塞浦路斯。梅加洛波利斯的托勒密在年老时来到亚历山大，过着放荡生活，并且写了《回忆托勒密四世》。在我看来，波利比乌斯似乎根据梅加洛波利斯的托勒密书中的人物推断托勒密四世晚年生活的放荡。然而，这可能是使托勒密四世声誉受损的文献。波利比乌斯的判断有待考证。与修昔底德一样，波利比乌斯充满偏见，尽管修昔底德与波利比乌斯严肃的写作风格使他们免遭质疑。更可能的情况是，在埃及，克莱门内斯[22]及其家人的遭遇使希腊人心怀愤懑。因此，希腊人认为托勒密四世是一位庸俗的东方暴君，远不如高贵的斯巴达国王。

关于托勒密四世对犹太人的敌视态度，我有一些话要说。我认为，《马加比三书》描述托勒密四世统治时期的内容虽然荒谬，但不是杜撰的。托勒密四世确实限制了犹太人在埃及的影响力。于是，犹太人向托勒密四世复仇。犹太人影响人们对托勒密四世的看法，以此报复托勒密四世。犹太人习惯这样对付对手。整个复仇行动持续、秘密地进行。《马加比三书》只讲述了居住在亚历山大的犹太人的某些传统习俗。

如果上述所有讨论都成立，我们似乎没有理由低估波利比乌斯的说法。即在托勒密四世统治时期，埃及本地人的物质世界和精神世界发生了很大变化。埃及本地人全副武装，受过训练。他们组成的方阵决定了一场战争的胜负,并且最终赢得了战争的胜利。到目前为止,托勒密王朝的士兵阶层似乎受到了轻视。在托勒密王朝早期,埃及军队中的埃及本地人不会获准参加重要的作战行动。但在托勒密四世统治时期,埃及本地人组成了真正的军队。为什么外国移民占据最好的土地、最好的职位及所有有利条件,而将埃及本地人排斥在外?埃及本地人发动了两次起义。正如上文指出的,埃及本地人发动的第一次起义发生在下埃及。经过几年断断续续的血腥和残酷的战争后,这次起义被镇压了。第一次起义被镇压后几年,在上埃及,第二次起义爆发了。这次起义留给新法老托勒密五世一个棘手的问题[23]。托勒密四世驾崩时,他在希腊拥有的所有领地完好无损。显然,这些领地处于和平状态。上埃及和努比亚发生了叛乱。这场叛乱完全超出了托勒密四世的控制范围。托勒密四世的继承人托勒密五世虽然已经与托勒密四世一同坐在王位上,但还是一个五岁的小孩。埃及的政务由自私的大臣们掌握。大臣们只想为自己寻求利益,增强自己的影响力。

以阿加索克利斯和他的姐姐、托勒密四世的情妇阿加索克利亚为首的恶人蓄谋杀害了年轻、精力充沛的阿尔西诺伊三世王后。如果托勒密四世生命垂危,那么埃及各地的人们都会将阿尔西诺伊三世王后看作年幼的继承人托勒密五世的摄政和保护者。对阿尔西诺伊三世王后的谋杀是秘密展开的,相关行动不会很快公之于众[24]。埃及人可能知道托勒密四世将要驾崩,但阿尔西诺伊三世的突然死亡震惊了亚历山大居民。

阿加索克利斯流着虚伪的眼泪，制造了盛有托勒密四世和阿尔西诺伊三世骨灰的骨灰瓮。随后，埃及发生暴动，波利比乌斯详细讲述了——可能引用了当地一些历史学家的话——暴动的细节。不久，人们知道，阿尔西诺伊三世是被谋杀的。人们对于阿尔西诺伊三世的悲惨命运十分悲痛。阿尔西诺伊三世很勇敢，生前曾受托勒密四世及其臣民的虐待。最终，阿尔西诺伊三世英年早逝。对于谋杀阿尔西诺伊三世的凶手，埃及人愤怒不已。但他们需要领导人。但因为每个派别都想领导这场"革命"——如果可以这样说，革命迟迟没有发起，直到被称为"马其顿派"的国防军队被召集起来处理事务。起初，造反的人们遭到阿加索克利斯的嘲笑和蔑视，但随后说服培琉喜阿姆总督特莱波莱莫斯接管亚历山大。于是，阿加索克利斯不得不想方设法摆脱困境。造反的人中有一个叫莫拉格纳斯的人。莫拉格纳斯赤身裸体逃出酷刑室，躲进营地。亚历山大居民开始反抗，坚持要求阿加索克利斯将年幼的托勒密五世交给他们。士兵们不顾阿加索克利斯的任何恳求，将阿加索克利斯及其家人交给愤怒的亚历山大居民。愤怒的亚历山大居民将他们杀死。同样的命运降临在菲拉蒙身上。菲拉蒙是杀害阿尔西诺伊三世的凶手，并且刚从昔兰尼回到亚历山大。

图42 ● 一个希腊-埃及人的铜像，皮特里收藏

【注释】

1 《马加比三书》是东正教《圣经》中的一部外典,天主教和新教的大多数派别认为这是一部伪典,莫拉维弟兄会将它收录在克拉利茨《圣经》中,作为一部经外典存在。此书讲述的是犹太人遭到托勒密王朝法老迫害的故事。——译者注

2 公元前246年,托勒密四世的父母托勒密三世和贝勒尼基二世结婚。登基后不久,托勒密三世突然远征叙利亚。托勒密三世很可能在回到埃及前,大概在三十岁时,才有一个儿子。如果托勒密三世前往叙利亚以前,他年轻的妻子已经怀孕,并且他不在埃及时生下儿子,那么我提卡利马科斯的诗《后发座》对此很可能有一些暗示。因此,我猜托勒密四世登基时是二十二岁,而不是历史学家们推测的二十四岁。——原注

3 历史学家没有意识到从亚历山大到叙利亚和巴勒斯坦的唯一一条路经过孟菲斯。——原注

4 那么,从这个角度来看,我在《希腊人的生活和思想:从亚历山大大帝时代到罗马征服希腊》和《托勒密帝国》中引用的伊夫林·雪利·舒克伯格先生对这段话的翻译需要更正。波利比乌斯给出的军队人数也需要更正。波利比乌斯说托勒密四世的步兵有七万人,但其实只有五万人。我还提议将以下铭文"首先如果根据阶层和年龄划分""他们每人都配有精良的武器""他们的武器不同于本地人已有的武器,然后训练他们""适当地;熟练地""废除他们以前的组织,不再使用按他们以前收入排列的花名册""排列"改为"首先按照年龄而不是阶层划分"等或"按照年龄划分"。"性别——引申为阶层"指的是希罗多德提到的赫克莫提比安人和卡拉西里尔人。后来,尤金·勒鲁特提到的"γενη"指的是赫克莫提比安人和卡拉西里尔人。因此,我将上述铭文翻译为:"首先,划分士兵的阶层,不是按照阶层,而是按照年龄。不同于埃及本土士兵的武器,他们每个人都配有适当的武器。然后,根据当前需要适当地训练他们,废除他们以前的组织形式,取消使用根据他们以前收入编制的花名册。"根据卢浮宫第六十三号莎草纸,"士兵们"每月会收到实物补贴及部分土地。——原注

5 马克斯·莱布雷希特·施特拉克:《托勒密王朝》,编号56。——原注

6 亨利·霍尔十分公正地指出,纪念第二次利卡斯远征的碑文必须追溯到拉法战役之后,甚至是公元前212年以后,因为它提到"阿尔西诺伊三世作为王后"。——原注

7 《托勒密帝国》,第250页。——原注

8 1898年6月,碑文内容在《经典评论》发表。——原注

9 所有继承人战争有一个与亚历山大形成鲜明对比的特征。对迪亚多基人来说,骑兵永远具有决定性。此时,步兵拥有更重要的位置。——原注

10 费拉人指中东和北非地区的农民或农业劳工。——译者注

11 波利比乌斯:《历史》,第5卷,第297页。——原注

12 埃皮斐月是古埃及和科普特历法中的第十一个月。——译者注

13 约翰·彭特兰·马哈菲:《托勒密帝国》,第273页。——原注

14 波利比乌斯:《历史》,第5卷,第107页;第14卷,第12页。——原注

15 《托勒密帝国》,第73页。——原注

16 科勒是古希腊穿着宽松长袍的女青年雕像。——译者注

17 《格伦费尔莎草纸》,第2卷,第30页。——原注

18 波利比乌斯:《历史》,第9卷,第44页。——原注

19 提图斯·李维:《罗马史》,第23卷,第10页。——原注
20 如果卡利克诺与描述托勒密二世繁荣时期的卡利克努斯是同一个人,那么他怎么能目睹托勒密四世造船? ——原注
21 无法考据,可能是某种器械。——译者注
22 克莱门内斯虽然是一位危险的来访者,但与人们认为的不同,他不可能控制昔兰尼。——原注
23 如果有托勒密五世统治时期的一些私人文件,那么我们就能更好地了解这次起义。但莎草纸没有提到这次起义。托勒密五世统治时期的文件很少,可能只在《皮特里莎草纸》中有一份。但这份文件只是一份契约,没有提到埃及的状况。——原注
24 直到宣誓效忠托勒密五世后,真正的杀人凶手菲拉蒙才被任命为昔兰尼政府的成员。在我看来很奇怪的是,菲拉蒙竟然被描述为在阿加索克利斯引发暴乱并被谋杀两天前才从昔兰尼来到亚历山大。当时,阿加索克利斯也被杀死了。我不禁怀疑,菲拉蒙早被任命为利比亚总督,甚至可能在阿尔西诺伊三世被派往昔兰尼时,谋杀了她。这将解释一封寄给菲拉蒙的、关于谋杀王后的信。参见波利比乌斯《历史》,第15卷,第26页。——原注

第 6 章

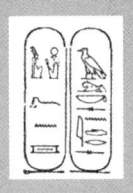

托勒密五世统治时期

图43●托勒密五世的王名

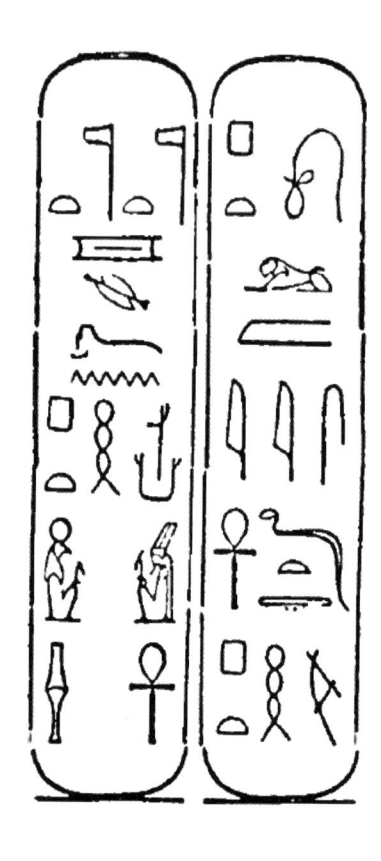

文献注释:

本章使用的主要文献有波利比乌斯和提图斯·李维的著作，以及其他历史故事。罗塞塔石碑上雕刻着孟菲斯法令，它是主要的埃及文献。

亚历山大的暴乱结束后，年幼的托勒密五世由小索西比乌斯保护。显然，小索西比乌斯尊敬和效忠埃及王室。保护托勒密五世的还有阿里斯托梅尼。最初，由于奉承小索西比乌斯，阿里斯托梅尼得到提拔，因此，阿里斯托梅尼名声不好。但后来，他证明自己是一位能干、可靠的大臣。到目前为止，托勒密五世被保护得很好。但军队甚至国库都掌握在雇佣兵特莱波莱莫斯手中。事实上，特莱波莱莫斯并不想推翻托勒密五世的统治，但当不在战场指挥军队时，他变得轻率狂妄，甚至使用公共财政支付驻希腊大使、狄奥尼索斯演员和王室近卫队的大笔费用。特莱波莱莫斯不计后果的行事风格，导致他栽在其他大臣手中，但相关细节不明。斯科帕斯可能与特莱波莱莫斯的下场一样，下文将讲到。以后，雇佣军领袖——此时主要是埃托利亚人——将成为埃及的威胁。事实上，过去雇佣军的领袖也是埃及的威胁，舍顺克一世就是一个例子。

但很快，无论是外部威胁，还是内部威胁，都聚集在埃及周围。根据《都灵莎草纸》的记载，托勒密五世在位的第一年（公元前205年），上埃及各省叛乱肆虐。直到几年后，派去镇压叛乱的军队才返回底比斯。实际上，从托勒密五世统治时期起，为保卫提拜德，位于尼罗河上游的奥博斯已经成为驻军的主要所在地。[1]这场叛乱一定是在托勒密四世在位的最后一年（公元前205年）开始的叛乱的延续。但显然，这场叛乱没有影响到托勒密四世的权力。

马其顿国王腓力五世和叙利亚国王安条克三世立刻加入一个邪恶联盟，洗劫埃及的财产。腓力五世的海军突袭了承认埃及为宗主国的岛屿和沿海城市。为重获在拉法战败中失去的权益，安条克三世开启了一场对抗柯里-叙利亚和巴勒斯坦的运动。腓力五世和安条克三世的掠夺行径没有正当的借口或说辞。埃及王室似乎通过某种方式延迟了对手的进攻。与此同时，上埃及公开爆发叛乱。在下埃及甚至即将爆发新的叛乱。直到托勒密五世登基三年后（公元前202年），腓力五世才开始率军进攻埃及在爱琴海的领地。与此同时，安条克三世开始率军进攻巴勒斯坦。腓力五世遇到罗得岛的军队和帕加马国王阿塔罗斯一世。他们猛烈地击溃了腓力五世的舰队，使腓力五世对埃及的进一步行动陷入瘫痪。最初，安条克三世被埃及派驻在爱琴海的斯科帕斯将军的部队牵制。直到公元前198年（托勒密五世在位的第七或第八年），在帕尼恩战役中，安条克三世才将斯科帕斯赶出柯里-叙利亚。

此时，一股新的力量参与到东方事务中。公元前201年，罗马派遣友好使者，宣布罗马在与迦太基的战争中获胜。罗马对埃及保持中立表示感谢。罗马了解到东方世界的局势及老盟友所处的艰难困境。埃及的大臣们请求罗马人掌管埃及，或马尔库斯·埃米利乌斯·李必达被任命为托勒密五世的导师和亚历山大的领主，但这两点都是假的[2]。实际上，罗马人不仅在公元前197年摧毁了腓力五世在库诺斯克法莱的势力，使腓力五世彻底打消了侵占埃及的念头，还积极干预埃及事务，阻止安条克三世继续入侵埃及。安条克三世不得不接受罗马的干预，并且称自己与埃及的争端已经结束，因为为了满足双方的要求，他即将与埃及结盟。因此，公元前198年，安条克三世将自己的女儿克利奥帕特拉一世许配给年轻的托勒密五世，并且承诺将柯里-叙利亚的一半税收（根据圣杰罗姆和丹尼尔的描述）或柯里-叙利亚和巴勒斯坦的一半税收（根据约瑟夫斯的描述）作为克利奥帕特拉一世的嫁妆。

承受了六年的痛苦和焦虑后，阿里斯托梅尼借助罗马的干预，使托勒密五世摆脱了外部势力的袭扰。但埃及仍面临异邦雇佣军和国内叛乱的威胁。斯科帕斯从叙利亚回到埃及，虽然他没能成功牵制住安条克三世，但他还是成为亚历山大的伟人。对反对派来说，斯科帕斯仍然是一个厉害角色。反对派没有缘由地传唤了斯科帕斯，并且逮捕了他，将他带到枢密院[3]，下令处决他。我认为，造成所有动乱的最重要原因是，埃及本地人反对年轻的托勒密五世及其大臣。在这个方面，我们有两处大不相同的文献，两处文献的叙述都很简短。这两处文献是波利比乌斯的论述和罗塞塔碑文。

可以确定，罗塞塔石碑上的法令是托勒密五世在位的第九年（公元前197年）颁布的。但法令的内容是否与托勒密五世正式加冕或者其他事务相关，我们尚不确定。父亲托勒密四世驾崩后，年轻的托勒密五世得到阿加索克利斯的拥护登上法老之位。大约公元前198年，帕尼恩战役结束后不久，当时十二岁或十三岁的托勒密五世与叙利亚公主克利奥帕特拉一世订婚。很快，斯科帕斯遭到处决。后来，阿里斯托梅尼举行成年仪式，宣布托勒密五世成年，不需要摄政或监护人了。在托勒密五世的成年仪式上，游行队伍进入孟菲斯，托勒密五世进入普塔神殿。对此，我持怀疑态度。托勒密六世统治时期再次举行成年仪式。这次是在亚历山大举行的希腊仪式。埃及人在孟菲斯宣布重大事务。这被认为是祭司们宣布托勒密五世合法登基的唯一活动。就像在现代许多欧洲国家,宗教婚姻会发生在公民身上。这些国家要求公民遵从宗教婚姻安排。但社会或教会对此置之不理。在我看来,孟菲斯法令不但说明托勒密五世被授予"埃庇法涅斯"——希腊语意为"神显者"——的头衔,而且托勒密五世通过埃及的方式正式加冕。对希腊人来说,再现埃及语的语言风格已经够困难,要在英语中完美呈现原文的风采更不可能。碑文内容如下:

年轻的托勒密五世法老[4]从父亲托勒密四世处获得法老之位。法老是王冠之主,埃及建立者,虔诚地对待创造人类生命的神。如同伟大的赫菲斯托斯[5]一样,法老比所有对手都强大,是三十年盛宴的主人。如同太阳一样,法老是上埃及和下埃及的伟大法老。托勒密五世法老是赫菲斯托斯(普塔)[6]认可的菲洛帕托尔神的后代,太阳神拉使他胜利。托勒密五世法老是活着的太阳之子宙斯,即阿蒙,是太阳之子,是"普塔宠爱的、永生的托勒密"之子[7]。现在是托勒密五世法老在位的第九年(公元前197年),阿埃托斯的儿子艾托斯是亚历山大祭司,见证这一时期的有索塔尔神、阿德尔斐神、施惠者神、菲洛帕托尔神和埃庇法涅斯神[8]。菲利诺斯的女儿皮拉,即贝勒尼基施惠者的艾迪洛弗洛斯(Athlophoros),第欧根尼的女儿阿勒亚,即阿尔西诺伊二世的顶篮少女,托勒密的女儿艾勒尼,即阿尔西诺伊三世的女祭司。现在是桑迪克斯月4日,即埃及历法中的梅赫尔月[9]18日。法令如下：大祭司和先知，进入圣所为神穿衣、持羽毛的人，神圣书吏，以及所有从埃及各地神殿进入孟菲斯的祭司，为参加托勒密五世法老成为君主的盛典[10]。他是"普塔宠爱的、永生的"托勒密，是"埃庇法涅斯"。托勒密五世从父亲托勒密四世处继承埃及法老之位。今天，托勒密五世在孟菲斯神殿宣布：菲洛帕托尔神托勒密四世法老和阿尔西诺伊三世王后之子托勒密五世法老即位以来，托勒密五世法老对神殿和神殿里居住的人、他的臣民大行善事。如同荷鲁斯是伊西斯和奥西里斯的儿子，托勒密五世是男神和女神的后代。出于对众神的慷慨，并且为使埃及繁荣，托勒密五世向神殿提供金钱和谷物，并且承担大量开支。托勒密五世建立神殿，慷慨地使用自己的所有财产及从埃及得到的收入。为了使埃及本地人和其他人享受更好的生活，他减轻[11]赋税，完全[12]免除一些种类的税。托勒密五世免除了埃及人欠王室的债。另外，托勒密五世免除了因犯及从前遭到控告的人的罪，并且将他们释放。他还指示神殿里的财物，无论是谷物还是银子，都要以年度津贴的方式分给囚犯。他将延续父亲托勒密四世统治时期的方式，将一定比例的葡萄园和其他产业的收入献给众神[13]。托勒密五世还指示，祭司不应为他们的献祭权，即"τελεστικον"，支付比他父亲托勒密四世在位第一年（公元前222年）时更多的费用[14]。他免去一些祭司沿尼罗河而下前往亚历山大的任务，并且禁止为海军抓壮丁的行为[15]。他还免去三分之二的神殿向王室缴纳的亚麻布税[16]。凡是从前忽视的事，托勒密五世都重新重视。托勒密五世关心如何适当履行神交付他的传统职责。与伟大的赫尔墨斯一样[17]，他为所有人伸张正义。他命曾经属于好战阶层的人[18]及在混乱日子迷失方向但改邪归正的人回到埃及时能拥有他们的旧财产。为了使神殿和埃及土地上的一切都平安，托勒密五世还派骑兵和步兵及水军，从海路和陆路保卫埃及，击退入侵埃及的人，支出大量银子和谷物。[19]托勒密五世到达布西里特诺姆的莱克波利斯[20]。莱克波利斯曾被叛乱分子占领。城内放满武器和其他补给品。托勒密五世看见莱克波利斯人既不虔诚敬神也不忠于自己，并且大规模破坏了埃及的神殿，伤害了埃及居民。于是，托勒密五世安营扎寨，并且用土堆、壕沟和坚固的防御工事包围莱克波利斯城。但在他在位的第八年（公元前198年），尼罗河水位很高，即将淹没平原地区。为了阻止河水流入平原地区，托勒密五世法老从许多地方堵住河流出口，并且花费很大。他派骑兵和步兵守住河流出口[21]，并且随即攻占了莱克波利斯，杀死了城中所有没有效忠自己的人。与以前伊西斯和奥西里斯的儿子赫尔墨斯和荷鲁斯在莱克波利斯制伏叛乱分子一样，对于在父亲托勒密四世统治时期蹂躏土地、毁坏神殿的叛乱者，托勒密五世来到孟菲斯为父亲托勒密四世和埃及王室复仇。在孟菲斯参加加冕仪式时，托勒密五世惩罚了叛乱分子[22]。托勒密五世免除他在位第八年（公元前198年）之前神殿欠埃及王室的债，其中包括大量谷物和大笔金钱。托勒密五世免除这段时间没有上交王室的亚麻布的罚款及核实情况需要的费用[23]。托勒密五世还为神殿的每一阿罗拉[24]耕地免除谷物税,为每一阿罗拉葡萄园免除酒瓶税。托勒密五世献给阿匹斯、米尼维斯和埃及的其他神圣动物许多礼物,并且献出的礼物比以前的法老都多。献出的礼物包括属于众神的各种物品。在神圣动物的葬礼上,托勒密五世慷慨献上许多华丽的物品,以及每个神圣动物的神龛需要的物品。另外,他敬献祭品、举办节日,遵循其他习俗。依照法律,托勒密五世维持神殿的尊荣和埃及的繁荣。他用金、银、宝石[25]装饰了阿匹斯神殿。神殿内的珍宝不计其数。作为对众神给予自己健康、胜利、力量和所有其他美好事物的报答,托勒密五世建造[26]了神殿、神龛和祭坛,修复了需要修复的神殿、神龛和祭坛,并且像仁慈的神一样处理与宗教有关的事务,为神殿寻找最合适的建造位置,翻修神殿。托勒密五世的王权将留给他的孩子。幸运的是,埃及所有神殿的祭司都认为,托勒密五世法老的荣誉,以及他的父母菲洛帕托尔神、他的祖先施惠者神、阿德尔斐神和索塔尔神的荣誉都应该大大增加,并且在每一座神殿最神圣的地方雕刻托勒密五世永生的形象。壁画中的托勒密五世被称为"复仇者"托勒密,他的画像旁边将有一幅神的画像。神将胜利的徽章交给托勒密五世。这个胜利的徽章将以埃及风格制作[27]。祭司需要每日三次敬拜托勒密和神的画像,为托勒密和神佩戴圣物、穿上衣服,行埃及节日时献给其他神的一样的礼,并且在每座神殿的正中,为托勒密五世立一尊雕像和一座金神龛,与其他神龛一同放在内室中。节日期间，埃庇法涅斯的神龛必须与众神的神龛同在。为了方便辨认，法老的十个金冠将安放在神龛上，并且与其他圣坛上的蛇装饰的王冠一样，在王冠上放一条蛇。只是其他王冠中央是红白双冠。这是法老进入孟菲斯神殿举行法老之位继承仪式时戴的王冠。上述王冠旁边的正方形表面将放置金色的圣物。圣物上应该写明这是法老的神龛，法老是上埃及与下埃及的埃庇法涅斯。从梅赫尔月30日，即庆祝托勒密五世生日那天，以及帕奥皮月[28]16日[29]，即

图44●铜像，皮特里收藏

托勒密五世从其父托勒密四世处继承法老之位那天开始，祭司们就在神殿设立定例，因为这是大福的日子，每个月的大福日都要在神殿内摆筵席，向神献祭。每年从透特月1日开始连续五天，埃及神殿都要为托勒密五世举行在其他节日举办的一切仪式（有些文字丢失），并且举办盛宴。在这五天中，祭司们要戴花环、献祭，并且举行其他仪式。除了被称为"侍奉其他神的祭司"，祭司们还被称为"埃庇法涅斯的祭司"。祭司的职责要写在一切正式文件上，并且刻在他们戴的戒指上[30]。私人也可以庆祝节日，可以设立神龛在家中供奉，并且在节日期间按月和按年按例献祭，好叫埃及人按法律供奉埃庇法涅斯。本法令将以埃及文字和希腊文字刻在一块坚硬的石碑上，并且竖立在第一等神殿、第二等神殿和第三等神殿中。另外，托勒密五世

法老的形象也要刻在石碑上。

这篇铭文虽然十分正式，并且被庄严地刻在石头上，但读者要注意，不要完全依赖碑文的内容。幸运的是，碑文中虚假的内容比较少。例如，祭司们从托勒密五世统治早期的文件复制以前法老的善行——祭司们习惯这样做，复制的托勒密五世统治早期的文件的内容。毫无疑问，希腊语的碑文有荒谬的地方。祭司们很难用希腊语要求减税。实际上，托勒密五世并没有减税。然而，碑文提到一个折中的办法。通过安抚神职人员，埃及王室限制当时在埃及各地猖獗的不忠行为。艾德夫神殿的铭文明确指出，托勒密四世在位的第十六年（公元前207年），上埃及爆发叛乱。直到托勒密五世在位的第十九年（公元前187年），叛乱才彻底结束。托勒密五世消灭了叛乱分子，并且将自己的名字刻在神殿内。

这与波利比乌斯摘录的一段内容结论一致，即由于波利克拉特斯将军的嫉妒，托勒密五世没有参与平定叛乱的局部战争，尽管当时是托勒密五世在位的第二十五年（公元前181年）。这与上文"托勒密五世在位的第十九年"对应。但这些摘录的内容与罗塞塔碑文的内容十分相似。我认为，不可能有两场不同的战争如此相似。其中，一场战争在托勒密五世在位的第八年（公元前198年）结束，另一场战争在托勒密五世在位的第十九年（公元前187年）结束。以下是摘录内容："埃及法老托勒密五世围困莱克波利斯时，埃及本地叛乱分子对所发生的事情[31]感到恐惧。于是，他们接受托勒密五世宽恕叛乱分子的承诺。但托勒密五世没有处理好后续事宜。因此，他陷入了巨大的危险中。这很像波利克拉特斯在托勒密五世的父亲托勒密四世治时期制伏叛乱分子的紧要关头。几名幸存的叛乱分子——亚提尼、保罗西利、基苏弗、以罗巴斯托斯顺应形势来到赛义斯，拜倒在托勒密五世的尊荣下。但托勒密五世违背了自己的承诺，让这几名幸存的叛乱分子全身赤裸，并被战车拖拽。最终，他们被酷刑折磨至死。然后，托勒密五世率领军队来到瑙克拉提斯。他召集亚里士多尼科斯在希腊的雇佣兵，并且带领他们一起航行到亚历山大。"接着，碑文讲述波利克拉特斯欺骗了托勒密五世。在我看来，要厘清这些混乱的描述，只能将这一段分成两个单独的注释：一个注释是托勒密五世统治早期在尼罗河东部三角洲地区发生的内战；另一个注释以叛乱分子的名字命名，是托勒密五世在位的第二十五年（公元前181年）予以镇压的、发生在上埃及的长期战争。可以肯定的是没有出现两次围攻莱克波利斯，或者围攻两个莱克波利斯的情况。因此，我认为，波利比乌斯的这段描述前半部分和罗塞塔碑文的描述对象一致。

随着在孟菲斯举行登基仪式，以及颁布相关法令，托勒密五世面临的困境已经解决了。公元前193年，叙利亚公主克利奥帕特拉一世与年轻的法老托勒密五世订婚，并且在托勒密五世大约十七岁时结婚。克利奥帕特拉的嫁妆是柯里-叙利亚的税。约瑟夫斯认为巴勒斯坦的税也是嫁妆的一部分。柯里-叙利亚的税额巨大，并且在后来引起了政治纷争。柯里-叙利

图 45 ● 托勒密五世的钱币

亚和巴勒斯坦都被叙利亚军队控制。埃及永久失去了柯里-叙利亚和巴勒斯坦。正如艾德夫的铭文显示的那样，直到托勒密五世在位的第十九年（公元前187年），上埃及和努比亚才从长期的战乱中恢复。最近，从菲莱挖掘出了安赫斯内弗和伊姆霍特普的神殿[32]。这两座神殿由托勒密四世和埃尔格门开工建造。我们从遗迹了解到，托勒密五世不仅下令大规模扩建了这两座神殿，还最终完成了神殿的建造。另外，他还下令抹去神殿墙上埃尔格门的王名。这表明托勒密五世从努比亚政权手中重新征服菲莱，并且使菲莱长期处在埃及统治下，获得了和平。这使托勒密五世能开展大量建造神殿的工作。

与此同时，在与马其顿国王腓力五世、爱琴海沿岸居民和安条克三世的战争中，托勒密五世及其贤明大臣谨慎地讨好了罗马人。罗马人虽然讲了客气话，但拒绝向埃及人提供任何帮助，也没有将托勒密四世统治时期属于埃及的爱琴海沿岸城市归还埃及。公元前190年，马格尼西亚战役后，罗马人即使惩罚了安条克三世，也没有想过将巴勒斯坦和柯里-叙利亚归还埃及。克利奥帕特拉能干、忠诚，竭尽所能地在已经失去的省份保持埃及的影响力。

在一次试图重新征服这些地区的过程中，托勒密五世丧生。当被问及将从哪里获得必要资源发动对外战争时——对外战争费用通常由埃及法老自己承担，托勒密五世回答"朋友即财富"。这使亚历山大大帝的名言有了新的含义。最初，亚历山大大帝说这句话是强调朋友的忠诚，但到托勒密五世这里，变成了战争政策。根据托勒密王朝早期的文献，以及托勒密五世统治时期与现代贵族相似的头衔制度，可以肯定，当时贵族的等级分为"朋友们的"和"继承者们的"[33]。我们推断，人们支付金钱可以获得贵族荣誉。面对托勒密五世这样的专制君主，官员们可能认为不去索取这些头衔会有危险。因此，官员们被迫接受这些头衔并被无情地征税。一个有趣的问题是这些头衔和亚历山大大帝统治时期及托勒密五世统治时

图46 ●托勒密五世的钱币

期的宫廷头衔有什么联系。此时,埃及存在一个十分复杂的官员头衔制度。这个官员头衔包括许多贵族的荣誉头衔。雅各布·克劳尔[34]评论了一篇十分有趣的、用通俗体文字写成的碑文。这篇碑文提到托勒密·亚历山大统治末期,约公元前108年,普希弗塔和贝勒尼基的儿子佩图巴斯特尔的荣誉头衔。其中,一些头衔与我们知道的希腊头衔完全不同。我引用雅各布·克劳尔的话,佩图巴斯特尔是"宫殿书吏、法老的书吏、普塔和阿尔西诺伊·费拉德尔弗斯的书吏或祭司、法令和莎草纸卷的书吏"。他还有其他一些头衔。当时,可能有一个不同于希腊贵族制度的埃及贵族制度。然而,佩图巴斯特尔的母亲很可能来自希腊。

谈到托勒密五世的性格及他统治时期埃及政府的特点,我们根据掌握的为数不多的文献可以得知,托勒密五世一方面很健壮,热爱户外运动,另一方面很残忍。随着年龄的增长,托勒密五世变得暴虐,甚至杀死了贤明的重臣阿里斯托梅尼,只因为阿里斯托梅尼跟他说话太随意。但总的来说,鉴于托勒密五世孩提时期就成为法老,在位期间,埃及的衰落几乎不能归咎于他。因为在扎马战役后,罗马人开始干涉东方事务。腓力五世的入侵、罗马人情感上的亲希腊主义和罗得岛联盟的强大力量,使埃及永久失去了罗得岛。即使在最有能力的君主的统治下,托勒密二世和托勒密三世建立的埃及也不一定能保持完整。如果已故法老托勒密四世的大臣们能更好地对待在叙利亚的官员和指挥官,那么埃及可能不会失去对柯里-叙利亚和巴

图47●托勒密五世和克利奥帕特拉一世建造的伊姆霍特普神殿，亨利·乔治·莱昂斯于1896年发现于菲莱并拍摄

勒斯坦的控制。但年幼的托勒密五世只有雇佣兵的帮助。因此，他并不是能干而有进取心的安条克三世的对手。更糟糕的是，尝试大规模武装埃及本地人带来了灾难性后果。埃及土地上的古老贵族，看到一个机会，再次决定反抗贪婪的"希腊人"。当时，入侵者的混合军队被称为"希腊人"。在被宫廷和政府剥夺他们的一切荣誉的情况下，埃及本地人不会为托勒密王朝作战。因此，托勒密五世只能调遣雇佣军。

与埃及本地人的长期斗争，在他统治期间失去上埃及，爱琴海沿岸城市的减税，以及特莱波莱莫斯和斯科帕斯的挥霍，使埃及陷入巨大的财政困难。尤金·勒鲁特甚至坚持认为，根据他在通俗体文字莎草纸中找到的证据，在托勒密五世统治末期或在托勒密五世统治期间，在托勒密四世统治时期使用的银标准货币被铜标准货币取代。目前，这一观点被证明是错误的。托勒密五世统治时期，使用银和铜两种标准货币，或者至少在托勒密五世统治早期，许多官方款项由铜币支付，并且铜币和银币之间的兑换是平等的，那么二十四奥波勒斯[35]等于一银币[36]。即使在财政危机时期，铜币贬值百分之十，托勒密五世统治时期或托勒密五世统治后期的许多款项都由银币支付。根据通俗体文字莎草纸的记载，托勒密五世很可能提出征收"εγκνκλιος εικοστη"，即百分之五的销售税。政府收据是征收销售税的决定性证据，销售税是用来填补空虚的财政的。尽管如此，埃及王室仍然拥有大量财产和高额收入。托勒密王朝后期的法老们仍然处于已知世界中最富有的统治者之列。

【注释】

1. 《都灵莎草纸》，第2卷，第39页。——原注
2. 《托勒密帝国》，第296页。——原注
3. 根据波利比乌斯的记载，斯科帕斯邀请受尊敬的希腊人，特别是埃托利亚人，作为使者来到亚历山大，出席质询会，争取受尊敬的希腊人同意以公平的诉讼程序处理他的案件。——原注
4. 将罗塞塔法令与卡诺普斯碑文的铭文开头比较，我们可以看到在这段时期，即公元前238年到公元前196年，埃及人的思想和埃及写作风格的变化。碑文的希腊语文本只是对埃及语原文亦步亦趋的翻译。碑文的希腊语文本及附注可参看《托勒密帝国》第316页到第327页。——原注
5. 赫菲斯托斯是古希腊神话中的火神和匠神。——译者注
6. 指的是为了加冕，托勒密五世私下庄严地拜访了普塔神殿。——原注
7. 这是在解释托勒密五世的王名。——原注
8. 可见此时，托勒密五世已经获得"埃庇法涅斯"这一头衔，并且加在前任法老头衔后面。——原注
9. 梅赫尔月是古埃及和科普特历法中的第六个月。——译者注
10. 这里的"盛典"不是在托勒密五世在位的第八年（公元前198年）举办的真正的埃及加冕典礼，而是在他在位的第九年（公元前197年）举办的庆典。——原注
11. 在通俗体文字的碑文中，"减轻"的文字为"给予他们……的控制权"，即将一些税的征收权交回祭司。——原注
12. 我认为"εις τελος"的意思是"完全"。根据希腊语碑文，这句话的意思是"他将一些类型的'τελος'或国家税收合并"。——原注
13. 现在，我们知道这里所说的比例是六分之一。这部分收入由埃及王室收取，作为每年一度献给阿尔西诺伊·费拉德尔弗斯的礼物。无论真假，祭司们暗示这部分收入已经转到神殿内。莎草纸标注的日期为托勒密五世在位的第二年和第四年。《皮特里莎草纸》第二卷提到向阿尔西诺伊和菲洛帕托尔神敬献这种税。因此，祭司的说法很可能是假的。可以参见《税收莎草纸》第121页及伯纳德·派恩·格伦费尔的注释。——原注
14. 碑文中这句短语令人费解，"直到第一年——与父亲有关（εως του πρωτου ετους του πατρος）"中"ετους"可能指托勒密五世在位的第一年（公元前205年）的那段时间。其间，托勒密五世的父亲托勒密四世还活着。通常上一统治时期最后几个月计入新法老在位第一年。很可能，托勒密四世在驾崩前已经就相关问题做出让步。——原注
15. "强制海军服务；被抓去充当海军（συλληψιν των εις την ναυτειαν）"也可能指海军任意取其所需的权力。但在这个意义上，"ναυτειαν"的意义不明。据说，在通俗文字版中，这个词意味某种义务服务。但人们没有找到相同的词。——原注
16. 现在，通过《税收莎草纸》，我们得知，销售亚麻布要交税。——原注
17. 我没有改变这个埃及语短语的形式，"great great"这一形式经常出现。——原注
18. "好战阶层"可能指来自上埃及——可能是艾德夫——的叛乱分子。此时，上埃及的叛乱分子已经被征伏。——原注
19. 我并不确定这是否指斯科帕斯在巴勒斯坦境内的行动。这似乎意味着动用庞大军队保卫边境。——原注
20. 上埃及的另一个地区，即提拜德，位于现在已知的斯沃特遗址。——原注

21 这里的"他们(它们)"可能指大坝,也可能指叛乱分子。由于洪水被阻,托勒密五世派军队镇压叛乱分子。叛乱分子可能希望高涨的尼罗河水帮助他们脱离困境。——原注

22 埃及语碑文反复提到在孟菲斯举行的这一庄严的登基仪式。这标志着对祭司和埃及平民的感情的重大让步。可以肯定的是,托勒密二世和托勒密三世都没有举行过类似的仪式。作为希腊裔法老,以前的法老统治着一个不太文明的民族。托勒密五世的身份与前任法老们完全不同。——原注

23 这句话的含义很模糊,因为我们不知道"δειγματισμος"是什么意思。通俗体文字的碑文是"对留在后面的布料的补充",这是一种不同的解读。——原注

24 阿罗拉是古埃及土地测量单位,1阿罗拉=0.677英亩。——译者注

25 尤金·勒鲁特认为这里的"宝石"应该是"谷物"。——原注

26 在通俗体文字的碑文版本中,这里的"建造"为"扩建"。——原注

27 从第四十行开始,碑文右侧的断裂变得更严重。因此,我们必须加上一些文字使碑文的句子完整,但这些文字并不确定。不过,碑文的大概意思是不会有偏差的。我认为不必指出每一行碑文缺失的文字,因为只英语读者只需要了解碑文的内容和含义,以及碑文中的用语都符合当时的语言习惯。——原注

28 帕奥皮月是古埃及和科普特历法中的第二个月。——译者注

29 这个日期是从象形文字的碑文副本中恢复得来的。——原注

30 这些文字是根据托勒密三世的卡诺普斯碑文上的平行文本填充的。——原注

31 上文所述的筑坝行动。——原注

32 由亨利·乔治·莱昂斯挖掘出来。——原注

33 到目前为止,我在托勒密四世统治时期的铭文中没有找到"朋友们的"或"继承者们的"这两个头衔的明确证据。我不确定是否要在托勒密四世的铭文中"……的"出现的地方加上这些头衔,但可以肯定,这两个头衔出现在托勒密五世的一篇铭文中。马克斯·莱布雷希特·施特拉克的一篇碑文和发现于西拉的另一篇碑文有可能证明这些头衔源自托勒密五世统治早期。——原注

34 雅各布·克劳尔:《古埃及的历史研究》,第2卷,第48页。——原注

35 奥波勒斯是现代希腊重量单位。——译者注

36 关于这些货币问题,请参阅伯纳德·派恩·格伦费尔对尤金·勒鲁特观点的有力反驳。——原注

第 7 章

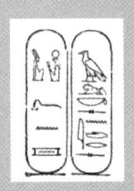

托勒密六世统治时期

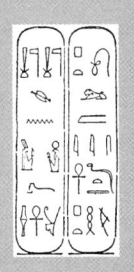

PTOLEMY VI

图48 ● 一枚钱币，正面刻着克利奥帕特拉一世的头像，她装扮成"伊西斯"，背面刻着萨拉皮斯的头像

文献注释：

除了已经引用的涵盖整个托勒密王朝时期的文献，如施特拉克的《托勒密王朝》等，在本章，我们将大量引用波利比乌斯的摘录——实际上波利比乌斯经常描述埃及这一时期的状况，圣罗杰姆对丹尼尔的评论，提图斯·李维的著作概要。我们还参考了收藏在大英博物馆、卢浮宫、莱顿博物馆和都灵博物馆内大量的莎草纸文献。在《埃及学评论》和最近出版的《古埃及的经济政治历史》中，尤金·勒鲁特校订和修正了上述文献中的许多内容。但我们没有使用勒鲁特论述的任何希腊语古文献，因为我们认为他对希腊语的解读不可信。尽管如此，勒鲁特还是为我们了解这些文献做出了巨大贡献。

托勒密五世驾崩后，留下克利奥帕特拉一世和几个年幼的孩子。作为被神化的王后，克利奥帕特拉一世既是托勒密五世的妻子，又是托勒密五世的妹妹。因此，她自然是摄政者。根据几篇碑文，克利奥帕特拉一世的长子曾和托勒密五世共治过一段时间，甚至被授予"欧帕托尔"的头衔。但克利奥帕特拉一世长子的统治时间如此短暂，以致他被所有历史学家忽视。直到最近，卡尔·里夏德·列普修斯破译的象形文字和通俗文字，以及伯纳德·派恩·格伦费尔出版的希腊莎草纸，才证明克利奥帕特拉一世的长子确实曾经是埃及的统治者。在几个法老名单中，他被放在埃庇法涅斯和菲洛墨托尔之间。我们虽然对他一无所知，但必须将他列为统治者。事实上，这与直到托勒密王朝末期埃及官方遗迹上的记录一致。但实际上，他的弟弟、当时大约七岁的菲洛墨托尔——希腊语意为"笃爱母亲者"，即托勒密六世才是法老之位的继承人[1]。

克利奥帕特拉一世很谨慎。邻近希腊城邦的统治者们忙于各自的事务，因此，埃及的外部得以和平。埃及内部似乎也没有出现什么争端。但我认为，来自叙利亚的克利奥帕特拉一世很可能在宫廷内介绍了托勒密六世统治时期掌权的外国官员，特别是犹太官员。克利奥帕特拉一世志在收复叙利亚各省。实际上，这些省份的税收是她的嫁妆。外国官员早已在埃及定居，并且担任重要官职。此时，外国官员开始悄悄潜入宫廷，埃及本地人也在潜入宫廷。可以肯定，起初，埃及本地人可以获得新的贵族头衔。如果像我说的那样，埃庇法涅斯将贵族头衔出售给富有的埃及本地人，那么埃及本地人可以进入宫廷担任一定的职务，甚至担任要职。但在克利奥帕特拉一世摄政时期，除了安条克四世突然登基成为叙利亚国王，没有其他令人感到惊讶的事件发生。安条克四世的登基肯定会给埃及带来麻烦。

我们不知道克利奥帕特拉一世去世的时间，但这个时间似乎与公元前173年正式宣布年轻的托勒密五世成为法老的时间一致。所有希腊国家都派使者参加了托勒密五世的登基庆典[2]。罗马也派使者前来,这是因为罗马及其同盟的协议只持续到托勒密五世统治时期。罗马需要与每个建立同盟关系政权的新君主重新签订协议。年轻的托勒密六世仍然需要接受导师的指导。他的母亲克利奥帕特拉一世可能比托勒密六世握有更大的权力。此时,尤雷乌斯和叙利亚人雷乌斯都是埃及重臣。他们被指控误导年幼的托勒密六世派军进攻叙利亚。埃及军队进攻叙利亚最明显的原因是叙利亚停止以税收形式支付克利奥帕特拉一世的嫁妆。叙利亚人认为嫁妆只能由克利奥帕特拉一世的个人财产支付,但埃及人认为叙利亚应该永久支付其税收。

我们简要回顾一下埃及和叙利亚复杂的矛盾。对于亚历山大城和托勒密王朝而言,解决埃及与叙利亚之间的矛盾十分重要,但对整个埃及史来说,这一问题微不足道。值得注意的

图49 ●刻着萨拉皮斯头像的托勒密王朝时期的钱币

是，在有关柯里-叙利亚的争端中提及的人物中，没有一位是埃及本地人。埃及的利益被委托给碰巧来到亚历山大城的希腊使者和罗得岛人。实际上，保护埃及利益的任务最终交给了罗马人。在埃及有所准备以前，安条克四世完全有能力占领埃及。当叙利亚军队与埃及军队最终在卡西乌斯山附近作战时，安条克四世彻底打败了托勒密六世。安条克四世夺取培琉喜阿姆，沿尼罗河而上，甚至在孟菲斯被祭司们正式加冕为埃及法老。与此同时，托勒密六世绝望地逃到萨摩色雷斯，被带到海上，并且被当作俘虏带到孟菲斯。安条克四世完全征服了埃及，甚至作为法老发行了铜币。但亚历山大城并没有被征服，人们拥护托勒密六世的弟弟托勒密八世登上法老之位。当时，托勒密六世的妹妹克利奥帕特拉二世似乎已经与托勒密六世结婚，但她忠诚地支持托勒密八世。在组织反抗获胜的叙利亚人时，年仅十五岁的托勒密八世表现得英勇非凡，这使叙利亚军队无法夺取亚历山大城。因此，安条克四世率军从埃及撤退，并且将曾经的法老托勒密六世留在孟菲斯。安条克四世可能认为，他在埃及点燃了一场内战。显然，他打算在这场内战中坐收渔人之利。但托勒密六世与托勒密八世关系和谐。据说，这是克利奥帕特拉二世在二人中间斡旋的结果。托勒密六世和托勒密八世再次联合对抗安条克四世。然而，即使托勒密六世和托勒密八世联合，也没有发挥太大作用。在陆战与海战中，安条克四世再次击败埃及军队，并且准备再次围攻亚历山大城。事实上，安条克四世很有可能获胜。但由于在皮德纳刚刚击败马其顿国王珀尔修斯，罗马人有时间插手埃及事务。于是，罗马派盖乌斯·波比利乌斯·莱纳斯率军来到埃及，并且命令他阻止安条克四世的进攻。盖乌斯·波比利乌斯·莱纳斯的军队包围了安条克四世的军队。安条克四世被迫屈服，虽然他很不情愿。

公元前167年，安条克四世在返回叙利亚途中将愤怒都发泄在犹太人身上。这是历史上著名的迫害犹太人事件。在某种程度上，犹太人的行动推迟了安条克四世入侵埃及的步伐。因此，罗马才有机会阻止安条克四世的行动。

托勒密王朝失去了收复巴勒斯坦的机会。叙利亚国王安条克四世支持耶路撒冷的希腊势力武力对抗犹太正统派。当时，大祭司奥尼亚斯三世及其追随者在"歌珊之地"[3]避难。托勒密八世和克利奥帕特拉二世在莱昂托波利斯给他们建立了一个定居点。后来，这个定居点被称为"奥尼亚斯[4]"。传统上，奥尼亚斯仍然被认为是"犹太少女的坟堆"[5]。不久，耶路撒冷的圣殿遭到严重玷污。奥尼亚斯获得许可，在阿拉伯省的赫利奥波利斯附近建造一座献给耶和华的犹太圣殿，并且在那里为埃及的犹太人设立礼拜仪式。当地的礼拜仪式一直持续到罗马时代。但由于他人破坏，礼拜仪式被取消，耶路撒冷的犹太教徒感到莫大悲痛。但无论耶路撒冷的犹太人多么憎恨巴勒斯坦人，耶路撒冷还是忠诚地臣服于托勒密王朝。奥尼亚斯为托勒密六世提供了重要服务，并且在之后的几年为克利奥帕特拉一世提供了更多服务。《以赛亚书》

中尽管有许多夸大其词的记录和谎言，有些人甚至认为《以赛亚书》的部分内容是虚构的，但它记录的主要事实没有争议。作为新增证据，《以赛亚书》表明，与以前一些法老一样，托勒密八世对犹太人十分友好，并且认为犹太人具有优秀品质[6]。现在，我们看看埃及的内政。

首先，我们要厘清三位君主共治的问题。托勒密八世被拥戴为法老。实际上，托勒密六世是安条克四世囚禁在孟菲斯的

图50 ●托勒密七世、托勒密九世和克利奥帕特拉二世的壁画形象，发现于德艾尔麦地那的神殿

犯人。年轻的克利奥帕特拉二世王后似乎也被认为与托勒密六世共治。此前，托勒密王朝的其他王后，甚至包括阿尔西诺伊二世，都没有被视为共治者。此后，克利奥帕特拉二世和丈夫及哥哥托勒密六世一同出现在所有遗迹的头衔中，即"托勒密法老和克利奥帕特拉王后、菲洛墨托尔神的统治"。后来，这个头衔变为"托勒密法老和克利奥帕特拉王后、菲洛墨托尔神及他们的孩子的统治"。由此，我们可以明确此时埃及三位君主的关系。但我们仍然有一个疑问，即历史学家完全忽略了托勒密六世和克利奥帕特拉二世曾经长期共治。施特拉克第一个观察到这一重要现象。因此，我们可以推断，托勒密六世法老和克利奥帕特拉二世王后的共治大约始于公元前170年。此后，提图斯·李维经常提到"托勒密和克利奥帕特拉统治的埃及"。

至于托勒密八世的地位，可以确定，他突然登基时并没有继承"欧厄尔葛忒斯"的头衔，也没有和姐姐克利奥帕特拉二世结婚。他被称为菲洛墨托尔神之一。当盖乌斯·波比利乌斯·莱纳斯的军队阻止了安条克四世的入侵，而且安条克四世被迫返回叙利亚时，尽管托勒密八世的统治时期被认为始于托勒密六世在位的第十二年（公元前170年），但实际上他似乎一直与托勒密六世共治，因为施特拉克称托勒密八世为"格里-贝勒齐特"。西西里的狄奥多罗斯明确指出，直到公元前146年，托勒密八世才在孟菲斯按照埃及传统正式登基。在托勒密八世登基前纪念碑的题词中，只有一处提到三位君主。年轻的托勒密八世被称为"托勒密法老、菲洛墨托尔神、托勒密法老和克利奥帕特拉王后的弟弟[7]"。其他纪念碑——有些可以追溯到托勒密六世和克利奥帕特拉二世的共治时期,只出现了托勒密六世和克利奥帕特拉二世的名字[8]。在托勒密六世统治后期,遗迹上的君主只有托勒密六世。无疑,托勒密八世拥有王室特权和徽章,但没有任何职位。托勒密八世在亚历山大密谋反对托勒密六世。

从公元前146年到公元前140年,拥有"三位君主"的埃及被国内麻烦困扰。根据西西里的狄奥多罗斯的记载,在埃及宫廷内,一个名狄奥尼修斯、姓佩托西里斯的人很有影响力,他是埃及本地人中最重要的人物。他试图通过散布托勒密六世密谋杀死托勒密八世的谎言引发骚乱。这是我们第一次在宫廷中找到一位身居高位的埃及本地人。他更可能名佩托西里斯、姓狄奥尼修斯,因为在许多莎草纸中,我们发现埃及本地人习惯他人称呼自己的希腊语名字。这时,希腊人还没开始使用埃及本地人的名字逃避迫害[9]。托勒密六世和托勒密八世穿着王室长袍一同出现。于是,骚乱平息。佩托西里斯被驱逐到亚历山大的郊区埃莱夫西纳。在埃莱夫西纳,佩托西里斯煽动雇佣兵叛乱。托勒密六世再次迅速攻击佩托西里斯的势力并消除了威胁。随后,佩托西里斯转向煽动埃及本地人。在埃及本地人中间,他取得了更大的成功,并且引发了一场新的危险的骚乱。

我们不确定这次骚乱是否就是提拜德起义。根据西西里的

图51 ●托勒密七世时期在努比亚卡拉布舍建造的柱廊

狄奥多罗斯的记载，托勒密六世通过一场激烈的战役镇压了提拜德起义，攻占了上埃及的帕诺波利斯，即现在的阿克敏。但与上埃及规模巨大的希腊城市托勒迈斯相对的帕诺波利斯，似乎是埃及本地叛乱分子精心挑选的据点[10]。在昔兰尼附近和下努比亚的德伯特，人们发现了大量碑文。碑文刻有献给托勒密六世、克利奥帕特拉二世和他们二人孩子的题词。这表明托勒密六世曾经到访上埃及，并且增强了他在努比亚的影响力。我们可以肯定地说，这是托勒密六世一生中唯一一段时间到访提拜德地区。因此，从公元前169年到公元前163年，托勒密六世可能重新征服并平定了上埃及[11]。但几年后，托勒密六世可能进行了一次远征，虽然这可能性不大。另外，可能的情况是，虽然碑文中提到托勒密六世，但实际上，他没有到访上埃及。其中最重要的一篇碑文是由施特拉克首先发现的，尽管他没有说明是在哪里发现的石碑。目前，这块石碑收藏在巴黎，但肯定来自昔兰尼。碑文中纪念的神是昔兰尼神。这些神的名字也出现在发现于昔兰尼的其他碑文中。将埃及神与希腊神对等是十分有趣的事。希腊的科诺比斯[12]相当于埃及的阿蒙，赫拉[13]是沙提[14]，赫斯提亚[15]是阿努比斯[16]，狄奥尼索斯是佩特姆帕门提斯。对托勒密六世、克利奥帕特拉二世和孩子们的题词是代表波托斯敬献的。波托斯不仅是"将军"，还是下努比亚"三十斯科尼"区菲莱莫利斯镇和克利奥帕特拉镇的建立者。但真正的敬献者是德莫芬的儿子赫罗德斯，他来自佩尔加蒙镇或凯兹科斯镇——因为碑文中只保留下了词尾"ηνος"，所以不确定他来自哪个镇。赫罗德斯拥有现代贵族头衔，包括"继承者们的""男人们的将领""指挥官"，还是上埃及的总督、科诺比斯的先知——一个新颖的头衔，以及象岛、阿巴顿和菲莱神殿的祭司礼服保管人。因此，赫罗德斯承担当地的宗教职能及政府职责。按照王室法令，赫罗德斯和托勒迈斯的祭司与科诺比斯神聚集在沙提神殿，庆祝一年一度的王室节日和波托斯的生日。

因此，波托斯享有非凡的荣誉。这似乎意味着他为托勒密六世维持了一个省的秩序，避免了一场战争。托勒密六世远征上埃及后，在返回亚历山大的途中，发现由于托勒密八世的

图52 ●托勒密六世的钱币（这枚钱币是托勒密六世在安条克的时候铸造的）

阴谋，他无法进入亚历山大，并且在穷困潦倒的情况下被放逐到罗马。罗马元老院对托勒密六世彬彬有礼。罗马认为解决争端的方法是将昔兰尼交给托勒密八世统治，并且将托勒密六世送回埃及。在其在位的第十八年（公元前164年），为了庆祝重掌大权，托勒密六世颁布了一项仁慈的法令。这似乎是针对为托勒密八世篡位效命的人的特赦令。在一份抄本中，托勒密六世法老之位继承人托勒密八世提到了这一点。这份抄本保存在《卢浮宫莎草纸》[17]中。从发现于塞拉皮雍的一份请愿书中，我们得知，为庆祝托勒密六世平安归来，在托勒密六世在位的第二十年（公元前162年），托勒密六世和克利奥帕特拉二世搬到孟菲斯。根据《卢浮宫莎草纸》[18]的记载，迪奥斯科里季斯向托勒密六世和克利奥帕特拉二世提出强烈抗议，并且反对包税人的行为[19]。值得注意的是，人们没有发现在这场危机中克利奥帕特拉二世采取任何行动的记述。

此时，在昔兰尼，托勒密八世被称为菲洛墨托尔神，但他不满足于现状。他前往罗马，指控托勒密六世背信弃义，并且声称根据埃及的分治原则，塞浦路斯属于昔兰尼。托勒密八世在罗马安插了自己的人。托勒密八世在罗马的支持者的这些主张，并没有通过武装干预的方式实现。罗马强迫托勒密六世同意他弟弟托勒密八世的要求。对此，托勒密六世采取争辩、拖延和贿赂的策略。与此同时，托勒密八世将昔兰尼人置于埃及总督托勒密·西佩特西的统治下。昔兰尼人发动了起义。托勒密·西佩特西支持起义的昔兰尼人，并且带领昔兰尼人反抗托勒密八世。实际上，这是埃及本地人势力增强的一个表现。托勒密八世召集军队镇压叛乱，并且收复了昔兰尼，但他入侵塞浦路斯的行动失败了。托勒密八世在拉普修斯战败，甚至成为托勒密六世的俘虏。托勒密六世要么是太心软，要么是太害怕罗马打击他的支持者，最终没有将弟弟托勒密八世置于死地。然而，从那时起，大约公元前156年，在昔兰尼，托勒密八世尽管心怀不满，也有机会，但可能因为羞愧或受到束缚，所以没有再次发动叛乱。

公元前151年，托勒密八世很可能唆使塞琉古王国皇帝"拯救者"德米特里一世占领了塞浦路斯。"拯救者"德米特里一世与托勒密六世相识。在罗马时，托勒密六世关照"拯救者"德米特里一世。当时，"拯救者"德米特里一世是人质，托勒密六世是流亡者。托勒密六世似乎对"拯救者"德米特里一世的进攻不以为意。他命令亚历山大·巴拉斯进攻叙利亚，并且认为"拯救者"德米特里一世在安条克不受欢迎。《马加比三书》[20]和约瑟夫斯的《犹太古史》[21]，都描述了以后发生的事。《马加比三书》和《犹太古史》讲述的事实虽然没有很大不同，但感情色彩不一样。在《马加比三书》中，托勒密六世被描绘成一位贪婪的暴君。他试图征服叙利亚，召集弱者对抗强者。但在约瑟夫斯笔下，托勒密六世——他通常是犹太作家喜爱的历史人物——是一个公正、温和的人。即使在权力巅峰时期，托勒密六世也不会占领他人的土地。对托勒密六世统治时期历史的记载，虽然《马加比三书》的权威性比《犹太古史》高很多，但我倾向于相信《犹太古史》的叙述，因为对于托勒密六世的性格，《犹太古史》与波利比乌斯、西西里的狄奥多罗斯的描述一致[22]。根据约瑟夫斯的描述，在巴勒斯坦海岸附近的托勒迈斯，托勒密六世将女儿嫁给亚历山大·巴拉斯时，差点被一个叫阿姆莫纽斯的人刺杀。亚历山大·巴拉斯不得不惩罚阿姆莫纽斯，但他迟迟没有行动，甚至拒绝惩罚阿姆莫纽斯。根据这些行为，托勒密六世推断，他的女婿知晓这次刺杀行动，并且立即支持"拯救者"德米特里一世——在战斗中，他被亚历山大·巴拉斯杀死——的儿子"胜利者"德米特里二世争夺叙利亚王位。克利奥帕特拉三世公主与亚历山大·巴拉斯的婚约被取消。她嫁给了"胜利者"德米特里二世。当时，克利奥帕特拉三世公主一定与托勒密六世及其军队在一起，而不是与亚历山大·巴拉斯在一起。随后，托勒密六世与"胜利者"德米特里二世向安条克进军。安条克居民高兴地接待了托勒密六世，并且将托勒密六世加冕为叙利亚国王。托勒密六世很感激安条克居民的支持，但说服他们接受"胜利者"德米特里二世为他们的君主。此时，亚历山大·巴拉斯召集了一支军队，并且与托勒密六世和德米特里二世的军队交战。在这场战斗中，亚历山大·巴拉斯被一位阿拉伯首领杀死。在激烈的战斗中，托勒密六世从马上摔下来，伤势严重。战后第五天，托勒密六世驾崩。此时是公元前146年。此前，波利比乌斯说，托勒密六世看到亚历山大·巴拉斯的头颅被砍下，十分高兴。

托勒密六世的统治虽然风波不断，但可以说是成功的。托勒密六世驾崩时只有四十多岁。他表现出许多高尚的品质，如勇敢、富有耐心、彬彬有礼、和蔼可亲。波利比乌斯虽然指责托勒密六世生活奢靡和缺乏男子汉气概——其原因我们不得而知，但没有否认托勒密六世具备上述美德。至于托勒密六世的妾室，以及托勒密六世醉酒和残忍等问题，我们几乎可以省略掉，因为当时是一个充满流言蜚语的时代。显然，托勒密六世想要与克里特、阿尔戈利斯、西拉和其他希腊地区建立友好关系。在我看来，托勒密六世并没有像托勒密七世那样坚持民族主义立场。接下来，我们看看碑文和莎草纸记载的托勒密六世在埃及活动的证据。

一个注有某位托勒密法老在位的第三十六年和第一年的钱币被认为属于托勒密六世时期，并且似乎暗示了托勒密六世与其长子托勒密七世共治。托勒密六世可能不想让弟弟托勒密八世继承法老之位。因此，在他最后一次远征叙利亚以前，他做出了一项决定[23]。在被神化的法老名单中，"菲洛墨托尔"之前和之后都提到了"欧帕托尔"。人们普遍认为第二个"欧帕托尔"应该是"笃爱父亲者"，即托勒密七世。在一些名单中，托勒密七世出现在"菲洛墨托尔"后面。施特拉克[24]认为有两位"欧帕托尔"，并且认为"欧厄尔葛忒斯二世"死后，"笃爱父亲者"即位。施特拉克不大关注这个问题，他认为出现同名法老，显示了官员们对以前法老的强烈感情。官员们将统治时间短暂的君主列入神化法老名单中。欧厄尔葛忒斯神、奈俄斯·菲洛帕托尔神出现在神化法老的名单中。我们发现几处献给托勒密六世和克利奥帕特拉二世的铭文。有时，托勒密六世和克利奥帕特拉二世的孩子也会出现在遗迹中。这表明在安托波里斯、迪索里斯-帕瓦、卡纳克、埃斯纳、考姆翁布、阿斯旺、菲莱以南的赫塞赫、德伯特，都有纪念托勒密六世的遗迹。德伯特神殿很有趣。这座神殿不仅展示了菲洛墨托尔和他妻子克利奥帕特拉二世的希腊铭文[25]，还展示了努比亚国王阿赫拉蒙的铭文和王名，阿赫拉蒙向奥西里斯、伊西斯和荷鲁斯献祭。这座神殿里还有托勒密王朝后期法老

图53 ● 托勒密六世的头部雕像，可能发现于阿尔戈利斯的迈塔纳

的作品。由此可见，在托勒密六世统治时期，埃及和努比亚的关系与托勒密四世统治时期一样[26]。

艾德夫建筑中的铭文十分明确："托勒密·菲洛墨托尔在位第五年（公元前177年）的提比月1日，在伟大胜利者[27]的第一个大厅内架设大木门，在第二个大厅内装了两扇门。菲洛墨托尔法老在位的第三十年（公元前152年），建筑工程重新开工。"在卡纳克和菲莱，托勒密六世都曾下令建造大量建筑。我们几乎没有发现托勒密六世时期在下埃及的建筑活动，这是巧合吗？很可能是埃及本地人的表现使托勒密六世认识到，他以前的法老们忽视了上埃及的省份。托勒密六世选择采用仁慈的政策治愈长期叛乱及破坏造成的创伤。但由于在孟菲斯发现的莎草纸文献被分别收藏在欧洲的博物馆内，我们几乎不知道托勒密六世在位的第五年（公元前177年）到第三十年（公元前152年）之间的活动。大概在托勒密六世在位的第八年（公元前174年）或第九年（公元前173年），上埃及发生了一场大骚乱。这场骚乱可能与克利奥帕特拉一世去世或者共治法老托勒密八世准备进攻叙利亚有关。这时，出于宗教原因，许多希腊人在塞拉皮雍避难。其中，一些希腊人想一辈子留在塞拉皮雍，如格拉卡斯的儿子托勒密，另一些人想在宗教纷争结束后一两年内离开塞拉皮雍[28]。我们无法断定他们是企图逃避征兵，还是害怕被叛乱分子屠杀。对隐居在塞拉皮雍的原因，格拉卡斯之子托勒密缄口不言，但他夸口说，托勒密六世对虔诚的人有特殊的好感。但我们可以在记录这些故事的莎草纸中发现与一个世纪前的《皮特里莎草纸》

一个明显的不同之处，即民族融合。

格拉卡斯之子托勒密曾与赫拉克里奥波利特诺姆的匹斯齐村一个埃及邻居的双胞胎女儿塔乌和塔斯发生纠纷。托勒密向当地官员请愿，但他们敷衍了事，这些官员都是希腊人。神殿管理人是埃及人皮斯塔斯。皮斯塔斯向塔乌和塔斯分发面包和油。这玷污了托勒密六世赐予皮斯塔斯的职责。当托勒密六世"从海外安全回家"，即在罗马人的帮助下，公元前163年，托勒密六世重新统治埃及时，他可能正式访问了孟菲斯，并且在塞拉皮雍崇拜神。这是向托勒密六世请愿的好时机。格拉卡斯之子托勒密希望他的弟弟能成为一名驻扎在孟菲斯的士兵，从而获得薪水。经过繁杂的手续，这件事已经安排好。格拉卡斯之子托勒密再次抱怨说，在牢房内，他一再受到埃及人的袭击，埃及人打着探视和搜查武器的幌子，抢劫他的财物，并且用暴力对待他，只因为"他是希腊人"。此外，在塞拉皮雍的庇护所，托勒密或他弟弟似乎与执法人员一起监视罪犯。这可能是托勒密不受欢迎的原因。在埃及社会，托勒密应该是贵族，因为他是马其顿人，并且曾是一名骑

图 54 ● 托勒密七世的浮雕，发现于科姆昂博

兵，但他的地位似乎不如普通的埃及本地人。显然，特权阶层"居民"已经完全消亡，新出现的阶层是"居民"或"附近的居民"。故事中的托勒密不是农场主。在村内，他有一间房子及庭院。希腊法庭不仅要解决希腊人和埃及本地人的争执，还要处理埃及本地人之间的诉讼案件，以及所有关乎埃及本地人利益的案件。有趣的是，托勒密六世时期的"起义"被称为"骚乱"或"分裂"。这可能意味着外国人和埃及本地人分裂成对立的阵营。实际上，在一般情况下，外国人和埃及本地人的往来不受限制。

【注释】

1 马克斯·莱布雷希特·施特拉克认为，在一篇象形文字铭文中，菲洛墨托尔被称为"阿匹斯的孪生兄弟"。他和阿匹斯圣牛都出生在公元前186年。无论如何，菲洛墨托尔不会在公元前188年之前出生。——原注

2 没有任何记载托勒密六世在孟菲斯的登基仪式的幸存文件，但可以肯定曾举行过这样一个仪式。与亚历山大大帝的登基仪式完全不同，菲洛墨托尔的登基仪式是埃及式的。——原注

3 在《圣经》中，"歌珊之地"是约瑟给予希伯来人的一块居住地。"歌珊之地"位于下埃及的尼罗河三角洲东部，也是《出埃及记》中希伯来人离开埃及的出发地。——译者注

4 定居点的命名可能取自奥尼亚斯三世，奥尼亚斯三世是公元前2世纪早期以色列的大祭司。——译者注

5 参见埃及勘探基金出版的研究报告的第七卷。——原注

6 参考胡戈·威利希《犹太人和希腊人》的第三章。——原注

7 我认为这是昔兰尼碑文上的头衔。我不知道奥古斯特·艾森洛尔有什么证据——参见卡尔·路德维希·约翰内斯·贝德克尔的《上埃及》第124页，可以证明一扇大门是这两位法老共治时期的遗迹。我不记得在我参观过的任何一座埃及神殿内，这三位君王的王名曾一起出现。我也没有在钱币中发现三位君主共治的证据。因此，同时期文献没有任何内容能支持希腊历史学家们的观点。——原注

8 我认为在大英博物馆收藏的莎草纸中发现的两个日期并不是指托勒密六世和克利奥帕特拉二世共治的日期。那张莎草纸背面给出了托勒密六世正确的统治日期。这个日期可能是某个政策开始施行的日期，或某个神殿事件的日期。然而，另一种解释，即莎草纸上的日期是托勒密六世和克利奥帕特拉二世共治的日期，得到了乌尔里希·威尔肯的认可。——原注

9 历史上发生过许多相似的片段。例如，17世纪，在英格兰移民和爱尔兰本地人的冲突中，爱尔兰人经常会用英语名字。更重要的是，在一个混乱和动荡的社会中，为缓解少数人口的情绪，消除少数人口对多数人口的威胁，英格兰人会使用爱尔兰名字。——原注

10 我们发现了托勒密六世在托勒迈斯的活动。在统治早期，除了已经存在的托勒密·索塔尔的祭司和阿尔西诺伊二世的祭司，在托勒迈斯，托勒密六世还任命了自己的祭司和他母亲克利奥帕特拉一世的祭司。随后，托勒密六世增加了一位自己妻子的祭司。然后，在他在位的第二十八年（公元前154年）以前，托勒密六世增加了以前所有法老的祭司职位。这些事实由卡尔·里夏德·列普修斯提出，与伯纳德·派恩·格伦费尔的发现，即《希腊语莎草纸》第1卷第23页上的内容一致。但我并不明白这些祭司职位的重要性。毫无疑问，托勒迈斯的希腊祭司能从他们的宗教事务中获得一些利益。这意味着托勒密六世给予了希腊祭司一定的自由。但我们不能从中得出更多的信息，书吏的记录也比较稀少。公元前105年，即克利奥帕特拉三世和托勒密九世统治时期，根据当时的《莱顿莎草纸》，我们可以看到书吏由于疏忽或懒惰明显忽略了记录托勒密王朝诸位法老的事迹。——原注

11 现有的唯一明确的证据是艾德夫建筑物的铭文，铭文写道，托勒密六世在艾德夫的部分建筑工程在他在位的第十六年（公元前166年）完工，其余工程在他在位的第三十年（公元前152年）开始建造。这篇铭文并不能说明托勒密六世平定了上埃及。著名的考姆翁布碑文也不可能追溯到托勒密六世统治时期。碑文写道："代表托勒密法老和他的妹妹克利奥帕特拉王后、菲洛墨托尔神和

他们的孩子，第二片围地献给伟大的神阿罗雷斯、阿波罗和在同一座神殿内的众神。碑文由驻扎在奥姆比地区的步兵、骑兵和其他人员雕刻，献给仁慈的法老和王后。"在这里，希腊人首先将神殿献给埃及神，然后再献给阿波罗。——原注

12　科诺比斯是埃及诺斯替教的太阳神，经常出现在诺斯替教的宝石和护身符上，用来防止毒药和疾病。——译者注

13　赫拉是古希腊神话中婚姻与生育女神和第三代天后，是奥林匹斯十二主神之一。——译者注

14　沙提是古埃及神话中神化的尼罗河水。她也是早期的一位战争、狩猎及生育女神，被看作阿努凯特女神的母亲和埃及南部的一位保护神。——译者注

15　赫斯提亚是希腊神话中的炉灶女神、家宅的保护者，与雅典娜和阿耳忒弥斯并称为"奥林匹斯三大处女神"。——译者注

16　阿努比斯是古埃及神话中的死神，以胡狼头、人身的形象出现在法老的壁画中。——译者注

17　《卢浮宫莎草纸》，编号63。——原注

18　《卢浮宫莎草纸》，编号62。——原注

19　这份文件由尤金·勒鲁特在他的《古埃及的经济政治历史》中公布。尤金·勒鲁特给出了许多奇怪的解读和猜测，但像往常一样，他没有提供任何莎草纸的照片，使我们不能检验他的观点。——原注

20　《马加比三书》，第10章、第11章。——原注

21　《犹太古史》，第13卷，第4页。——原注

22　谈到托勒密六世性格温和、不喜欢流血事件时，波利比乌斯说，托勒密六世染上了埃及人"放荡"和"懒惰"的恶习。这使他陷入许多危险中。如果托勒密六世违背信义，占领了一个不属于自己的地区，在胜利那一刻被杀死，那么几乎可以肯定的是，在这件事上，历史学家波利比乌斯会说教，并且指控托勒密六世犯有贪污罪。因此，我推断，波利比乌斯对叙利亚战争的描述与约瑟夫斯的说法一致。《马加比三书》中的故事从何而来，我们不得而知。——原注

23　马克斯·莱布雷希特·施特拉克:《托勒密王朝》，第37页。——原注

24　《托勒密王朝》，第48页。——原注

25　《托勒密王朝》，编号87。——原注

26　马克斯·莱布雷希特·施特拉克:《托勒密王朝》，第140页。——原注

27　指托勒密·菲洛墨托尔。——译者注

28　根据两封莎草纸信的内容，赫费斯提翁到达塞拉皮雍时，他的兄弟和妻子给他写信，由于某种从天而降的巨大危险，大批人逃到塞拉皮雍的避难所。当其他人都回家时，赫费斯提翁留了下来。他的兄弟和妻子第一次得知他的下落是通过一个叫荷鲁斯的人寄来的一封信。"荷鲁斯"是这个故事中唯一的埃及名字，除非他妻子的名字伊西斯被认定是埃及名字。但信中涉及的礼仪和习俗似乎完全是埃及式的。伊西斯称自己是赫费斯提翁的姐姐。伊西斯也是赫费斯提翁的妻子。这与埃及人的习俗一致。在塞拉皮雍避难的也是埃及人，但据我们所知，避难者中大部分人讲希腊语。——原注

第 8 章

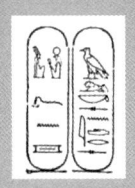

托勒密八世统治时期

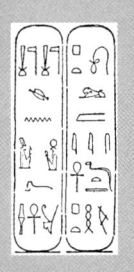

PTOLEMY VIII

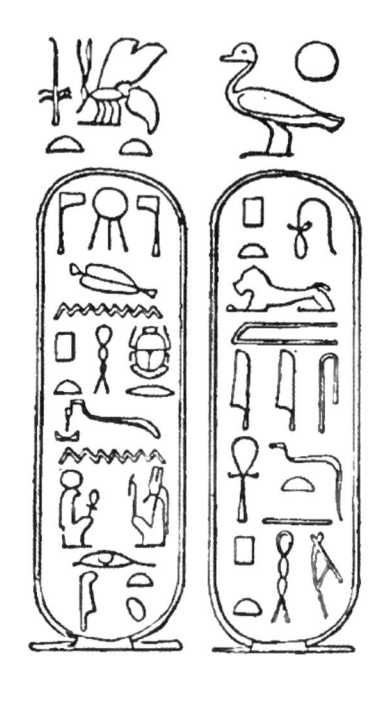

图 55 ●托勒密七世的王名。托勒密七世的王名很难与继任者的王名区分开来,很可能是在他们共治时期被祭司有意同化的。托勒密七世王名中的甲虫图案——赫佩尔——是其独特标志

文献注释:

古代历史著作对托勒密七世统治时期的历史鲜有论述。对托勒密七世统治时期的历史事件,波利比乌斯和提图斯·李维都曾做出一些有价值的论述。此外,我们在卢浮宫、大英博物馆、都灵博物馆和罗马博物馆都找到了大量莎草纸文献。我们可以从中窥探托勒密七世统治时期埃及人的生活。

克利奥帕特拉二世做出一个大胆的尝试。她要为年幼的儿子欧帕托尔或托勒密七世保住法老之位。此时,她弟弟托勒密八世从昔兰尼出发的军队已经快要登陆,但埃及军队

的主力部队还在叙利亚。因此，虽然克利奥帕特拉二世可能已经得到奥尼亚斯和莱昂托波利斯犹太人的忠实支持，但在亚历山大还有罗马贵族特慕斯支持的强大势力。显然，特慕斯维护托勒密八世的利益，并且可能编造了罗马要胁迫亚历山大居民的谎言。他坚持要昔兰尼总督托勒密八世继承法老之位。在这种情况下，托勒密八世自然要与姐姐、寡妇王后克利奥帕特拉二世结婚，并且谋杀克利奥帕特拉二世宣布的年轻法老托勒密七世。但托勒密八世在孟菲斯登基期间，大约公元前145年到公元前144年，克利奥帕特拉二世为托勒密八世生下一个儿子。托勒密八世给这个儿子取名"孟斐忒斯"。我们认为这种情况完全不可能发生[1]。正如皮特里所说，在埃及历史上，政治原因形成的、没有同居关系的正式婚姻并不少见。在第二十六王朝，赛特法老虽然娶了底比斯的公主们，但很少与她们一起生活。因此，我们可以想象这种婚姻关系的本质。在婚礼上，如果一个文明国家的王后像故事中的克利奥帕特拉二世一样，或者一个文明国家的法老像故事中的托勒密八世一样，当众谋杀王后的儿子，然后像什么都没发生过一样与她同居，并且孕育了他们的儿子孟斐忒斯。我不会相信会有这些事[2]。根据确凿的证据[3]，托勒密八世在位的第二十七年，实际上是他在位的第二年（公元前144年），他颁布了一项法令，即赦免令。法令明确托勒密八世登基时的实际财产所有人，并且保护这些实际财产所有人不受无理诉讼，无论争执双方的头衔、地位如何[4]。

当然，抛开托勒密八世是个残暴的君主，他继位成为埃及法老还有一个重要的政治原因，即他是一个成年的、在埃及有头衔的昔兰尼总督。他有能力应对埃及面临的威胁。未成年法老的统治可能会给埃及带来致命的后果。托勒密八世不仅重新统一了富裕的、被分裂出去的昔兰尼，还在罗马赢得了朋友、获得了利益。这一点是克利奥帕特拉二世和支持她的犹太人没有做到的。此时，罗马向埃及提供的恩惠比以往任何时候都重要。公元前167年，皮德纳战役后，罗马在希腊世界获得了绝对的政治影响力，并且不费吹灰之力就拯救了埃及。在罗马霸权的背后，隐藏着罗马人垄断商业这一现象。罗马商人已经开始认识到，控制世界意味着无限制的掠夺。罗马首先摧毁了罗得岛。接着，罗马又花二十多年时间摧毁了迦太基和科林斯——两座商业发达而在其他方面毫无建树的城市。提洛岛的罗马人将取代科林斯和罗得岛的商人。因此，埃及及其巨大财富都落在罗马人贪婪的控制下。

以下是托勒密八世登基时的情况。大约公元前143年，罗马贵族大西庇阿[5]和斯多葛派祭司被派去视察东方世界。东方世界一切运作良好，但未来埃及的访客会像大西庇阿那样心思纯净吗？大西庇阿发现托勒密八世肥胖臃肿，托勒密八世的昵称是"费斯康"[6]。托勒密八世穿着透明的衣服，气喘吁吁地从船上走到宫殿。大西庇阿一路陪同托勒密八世。大西庇阿低声说，亚历山大有幸见证托勒密八世在这片土地上步行。

查士丁在其著作中对托勒密八世犯下的滔天罪行没有任

何描述。相反，埃及被描绘成一个农产品丰富、人口众多的国家。显然，为了防止罗马人更密集地调查埃及，托勒密八世需要小心翼翼地统治。不久，托勒密八世面临格拉齐的麻烦。此时，意大利大量土地的收益下降。托勒密八世做出大胆尝试，他为意大利贫苦农民夺取土地。随后，为了保护帕加马，阿塔罗斯三世赠给托勒密八世礼物，但这份贿赂被故意曲

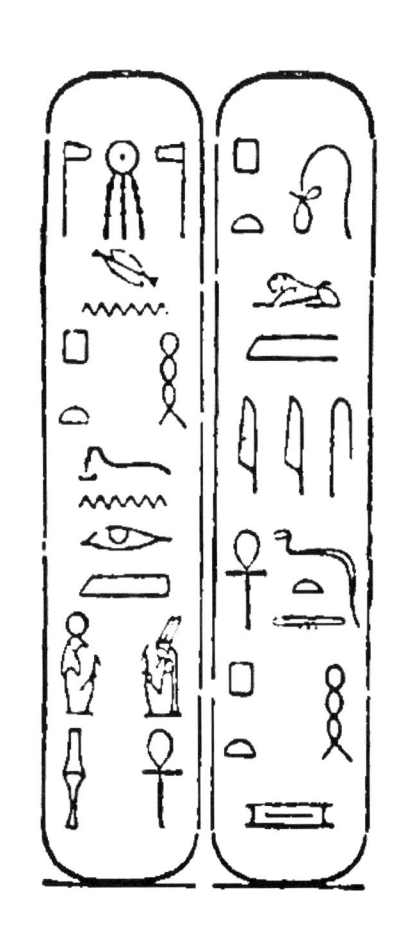

图56 ●托勒密九世的王名。托勒密九世的王名与托勒密六世的王名有细微差别。上文已经指出了托勒密六世王名的特点

解为阿塔罗斯三世无权赠送的遗产[7]。但对抗帕加马的战争及在罗马扣押为贫民征收的税款，都暗示着即将发生的事件。

我们如果相信查士丁的上述描述，那么必须认为托勒密八世竭尽所能通过暴政干涉罗马人的事务。在描述了托勒密八世谋杀侄子托勒密七世、他和克利奥帕特拉二世的婚姻及孟斐忒斯的出生后，查士丁继续说道，托勒密八世违反传统，娶了侄女克利奥帕特拉三世。幸运的是，波利比乌斯向我们展示了这样一个事实：年轻的公主克利奥帕特拉三世是被她父亲托勒密六世许配给托勒密八世的。托勒密八世与克利奥帕特拉二世[8]结婚似乎是不得已而为之。这是亚历山大的克利奥帕特拉二世王后的支持者坚持让托勒密八世登基的一项条件。托勒密八世与克利奥帕特拉三世结婚，是因为克利奥帕特拉三世没有哥哥或弟弟。实际上，克利奥帕特拉三世是法老之位的合法继承人。据说，托勒密八世和克利奥帕特拉二世离婚了，但没有证据证明这一点。可以肯定，托

图57 ●克利奥帕特拉二世的钱币

勒密八世与克利奥帕特拉三世新婚后，没有继续与克利奥帕特拉二世同居。读者们如果更喜欢阅读历史传奇而不是批判性观点，那么可以阅读尤金·勒鲁特的《古埃及的经济政治历史》。尤金·勒鲁特向我们讲述了克利奥帕特拉二世的生平。克利奥帕特拉二世为自己和儿子欧帕托尔掌握了埃及的统治权。在加冕宴会上，欧帕托尔被谋杀了。此处，尤金·勒鲁特认为查士丁的描述是正确的。之后，克利奥帕特拉二世为她已故的丈夫托勒密六世生下一个儿子。克利奥帕特拉二世等待机会，直到她和托勒密六世的孩子孟斐忒斯十四岁（成年）。克利奥帕特拉二世发动新的叛乱后，托勒密八世带走孟斐忒斯王子并杀死了他。于是，克利奥帕特拉二世的叛乱以失败告终。克利奥帕特拉二世怎么会如此愚蠢，竟将自己的孩子孟斐忒斯王子留在托勒密八世身边。克利奥帕特拉二世让孟斐忒斯王子被托勒密八世引诱。既然如此，克利奥帕特拉二世怎么会发动一场必然导致孟斐忒斯王子被害的叛乱呢？尤金·勒鲁特没有解释这些疑点。后来，克利奥帕特拉二世的另一个儿子托勒密七世走上历史舞台。为弥补自己的过失，托勒密八世和托勒密七世共同统治埃及。这使愤怒的克利奥帕特拉二世与托勒密八世和好。

然而，让我们冷静看待这个故事，因为克利奥帕特拉二世仍然是托勒密八世的王后。年代学者在确定官方文件的年代时遇到不少麻烦。官方文件既有用通俗体文字书写的，也有用希腊语书写的。为区分克利奥帕特拉二世和克利奥帕特拉

图 58 ●克利奥帕特拉三世的钱币

三世,托勒密八世统治时期的文件是这样标注的,"托勒密法老和姐姐克利奥帕特拉王后及妻子克利奥帕特拉三世的统治期"。这不是托勒密八世统治时期遗迹上标注日期的唯一格式。一些文件标注的是"托勒密法老和姐姐克利奥帕特拉王后及他们的孩子的统治期"。其他文件标注的是"托勒密和妻子克利奥帕特拉王后及他们的孩子的统治期"。可惜的是,我提到的几份希腊语文本并没有标注统治期。其中,大多数文本是许愿的内容。托勒密八世统治时期的几份通俗体文字书写的文献标注有年代,但这些文献中"妻子"和"姐姐"的符号很难辨别,表示数字的符号也很难辨别。因此,这些文献提供的信息有许多疑点[9]。不过,作为一位十分谨慎、理性的学者,施特拉克不厌其烦地列出所有符号可能代表的含义[10],尽管他对诸多可能的含义显然有些吃惊。马克斯·莱布雷希特·施特拉克的表格[11]记录了文献中托勒密八世二十九年统治期(公元前145年到公元前116年)的妻子:

法老与王后	时间
托勒密八世和克利奥帕特拉二世	公元前 145 年到公元前 141 年
托勒密八世和两位王后，可能是克利奥帕特拉二世和克利奥帕特拉三世	公元前 141 年到公元前 140 年
托勒密八世和克利奥帕特拉二世	公元前 140 年到公元前 139 年[12]
托勒密八世和两位王后，可能是克利奥帕特拉二世和克利奥帕特拉三世	公元前 139 年到公元前 136 年
托勒密八世和克利奥帕特拉二世	公元前 136 年[13]到公元前 133 年
托勒密八世和两位王后，可能是克利奥帕特拉二世和克利奥帕特拉三世	公元前 133 年到公元前 131 年
托勒密八世和克利奥帕特拉三世	公元前 131 年到公元前 124 年
克利奥帕特拉二世独立统治埃及某个部分	公元前 130 年到公元前 129 年[14]
托勒密八世和两位王后，可能是克利奥帕特拉二世和克利奥帕特拉三世	公元前 124 年到公元前 123 年
托勒密八世和克利奥帕特拉二世	公元前 123 年到公元前 121 年
托勒密八世和两位王后，可能是克利奥帕特拉二世和克利奥帕特拉三世	公元前 121 年到公元前 118 年
托勒密八世和克利奥帕特拉三世	公元前 118 年到公元前 116 年

这肯定不是真实的历史。托勒密八世首先与克利奥帕特拉二世结婚，并在一两年后与克利奥帕特拉三世结婚。托勒密八世曾与克利奥帕特拉二世发生争吵，并且试图将克利奥帕特拉二世赶出王宫，但没有成功。这两点，我都可以相信。这些事件也解释了为什么托勒密八世和克利奥帕特拉二世的称呼更改了三四次。但在我看来，像上表一样称呼改变十几次是很荒谬的。我仍然坚持自己以前的观点，即托勒密八世和克利奥帕

特拉二世的称呼尽管发生了变化,但埃及各边远地区的书吏们并不能及时获得新信息,或者书吏们并不在乎这些称呼的变化,只管抄写以前的文献。这使他们随意使用各种称呼。

公元前129年,克利奥帕特拉二世和托勒密八世姐弟之间爆发了激烈战争。当时,托勒密八世带着克利奥帕特拉三世和儿子孟斐忒斯逃往塞浦路斯。但这一年的议定书提到托勒密八世是法老[15]。因此,托勒密八世很快重新控制了埃及。事实上,托勒密八世似乎从没有完全失去埃及。此外,人们还发现一封用希腊语写的信。目前,这封信收藏在卢浮宫,标记的日期是公元前130年。尤金·勒鲁特将这封信收入他的《古埃及的经济政治历史》内[16]。信中提到帕奥斯带领一支军队驶向艾尔曼特,并且将赫尔蒙迪斯的居民视为叛乱分子[17]。因此,亚历山大和上埃及都发生了动乱,但没有爆发反对王室的起义,更不用说托勒密八世和克利奥帕特拉二世之间的内战了。亚历山大著名的、来自克里特岛戈尔廷的以卡丁之子索特里克斯的纪念碑碑文说,索特里克斯是提拜德总督,负责监督红海航运和从科普托斯经东部沙漠的车队、宝石（沙漠翡翠）和香料的安全。碑文标注的日期是托勒密八世在位第四十一年（公元前105年）的第一天。这意味着索特里克斯担任提拜德总督已经有一段时间。因此,赫尔蒙迪斯的动乱一定是局部的、短暂的。

根据我们收集到的各种信息,除了埃及本地人,埃及每个阶层都曾反抗托勒密八世。在托勒密八世努力征服塞浦路斯时,昔兰尼人拼命想摆脱托勒密八世的控制,并且对托勒密八世的妻子或情妇艾琳不敬。后来，昔兰尼的叛乱分子都被托勒密八世屠杀。根据西西里的狄奥多罗斯的观点，托勒密八世的雇佣军和一个叫加拉厄斯特的人发动了叛乱。加拉厄斯特曾是托勒密六世手下的将军，并且在托勒密六世失利的战斗中，在安条克附近指挥托勒密六世的军队。加拉厄斯特似乎将自己的特遣队带到希腊。由于希拉克斯将军的忠诚，亚历山大雇佣军的其余部队才留在埃及。希拉克斯将军自掏腰包，付清了欠雇佣军的军饷。托勒密八世统治时期，亚历山大居民经常叛乱。托勒密八世经常派雇佣军对付叛乱者。因此，亚历山大的人口结构发生了变化。对亚历山大人口结构的变化，从波利比乌斯的叙述中，我们得到一个十分重要的片段[18]："波利比乌斯参观了亚历山大。对亚历山大的现状，他不禁感到恶心。有三个群体居住在亚历山大：第一个群体是埃及本地人。他们聪明、文明。第二个群体是雇佣军。雇佣军士兵人数众多，但举止放荡。根据传统，雇佣军都保留武器。鉴于托勒密八世的软弱，雇佣军学会了统治，而不是服从。第三个群体是亚历山大的希腊平民，出于同样的原因，他们不是真正的文明人，但比另外两个群体的人要好，因为他们虽然是混血儿，但拥有希腊血统，并且遵从希腊传统。但在托勒密·欧厄尔葛忒斯·费斯康的统治下，亚历山大的希腊平民的数量逐渐减少，因为每当有人反抗托勒密八世，托勒密八世就派军队屠杀反叛者。因此，在埃及旅行是漫长而不愉快的。"

这一记述有很大疏漏，因为波利比乌斯至少漏掉了两个最重要的群体。一个群体是马其顿军队或王室军队。每一份古文献都清楚区分了这一群体与雇佣军。另一个群体是犹太人。长久以来，犹太居民都是亚历山大居民的一部分。在托勒密六世统治时期，犹太人还获得了聚居地。然而，波利比乌斯的描述也有正确的地方，即亚历山大的希腊平民逐渐消失了。对于查士丁的废话[19]，我们可以一笑置之。查士丁说，由于害怕死亡，受惊的人们逃离了亚历山大。只有托勒密八世及其仆人留在亚历山大。于是，为了吸引人们前来亚历山大定居，托勒密八世通过了一项法令。这项法令赋予在亚历山大的埃及人和叙利亚人（犹太人）公民权。这导致在亚历山大的希腊平民心灰意冷。因此，在亚历山大的希腊平民人数减少了。托勒密八世颁布法令，不遗余力地邀请罗马商人来亚历山大定居。这种情况是可能的。在提洛岛发现的铭文表明，托勒密八世让一个叫马库斯的罗马人到亚历山大居住。两篇铭文[20]提到"亚历山大早期居住者"的感激之情。另一篇铭文[21]明确感谢在亚历山大被攻占时（公元前129年），托勒密八世登基，或亚历山大被收复，托勒密八世保护罗马托运人和商人。

此外，我们还修复了一些铭文。这些铭文表明，犹太人没有遭受托勒密八世的迫害，而是受到了托勒密八世的宠爱。由于这是新发现的证据，所以值得在此向读者展示[22]。

据说，一块石头上的铭文与修复的旧铭文内容一致："恩惠之神、法老托勒密照料着神的庇佑所。"在卡纳克，阿奇博尔德·亨利·塞斯发现了一块陶片。陶片上的铭文显示在托勒密八世统治下，以利亚撒的儿子西蒙是迪索里斯的税官。

在下埃及的阿斯里比斯，我们发现了这样一篇铭文："献给托勒密和恩惠女神克利奥帕特拉，敬献者是士兵统领托勒密·埃皮基德斯，以及在阿斯里比斯的犹太小孩们；至高无上的神庇护这个地方；与此同时，献给托勒密和恩惠女神克利奥帕特拉及埃尔米亚和菲洛泰拉（两座古埃及城市）的后代们；一个女人和孩子们照料着祭坛。"

虽然第一篇铭文可能是欧厄尔葛忒斯一世统治时期的，第二篇铭文可能是托勒密五世或托勒密七世统治时期的，但我认为铭文中提到的法老更可能指托勒密八世。因此，托勒密八世不是犹太人的迫害者，而是犹太人的保护者。这使《马加比三书》中托勒密八世屠杀犹太人的说法完全不可靠。

我们在《格伦费尔莎草纸》中[23]找到了犹太人在埃及生活的确切证据。这是一个男人写给哥哥的信。这个男人抱怨说，他找到了一匹合适的母马，并且从一个叫达努乌尔的犹太人处买下这匹母马。但达努乌尔既没有将母马送来，也没有给母马的新主人路费去接母马。伯纳德·派恩·格伦费尔认为，这封信写于公元前2世纪，但这封信的写作时间可能十分接近托勒密八世统治时期。我们还在文献中发现一些犹太人敬献的纪念碑。这些纪念碑可能是在托勒密八世统治时期竖立的。另外，我们还在阿斯里比斯发现两篇铭文。铭文提到犹太人敬献托勒密（可能是托勒密六世）和克利奥帕特拉。铭文内容很奇怪："代表法老和王后、伊皮克得斯的儿子托勒密、治安官，以及代表阿斯里比斯的犹太人敬献普罗瑟切（犹太教堂）给全能的神。"

在讨论公元前3世纪中叶的莎草纸内容时，我们已经表明，犹太人在埃及的定居点早已存在。托勒密七世和"拯救者"托勒密九世统治时期的铭文表明，居住在埃及的犹太人数量增加，他们的重要性也在增强。安条克三世占领巴勒斯坦，以及安条克四世残忍迫害犹太人，肯定将耶路撒冷的许多流亡者赶到歌珊故土和埃及新定居点。此时，亚历山大的希腊

图59 ● 托勒密九世和两个女神的壁画，发现于科姆昂博

人受到迫害。相比之下，犹太人的地位提升了。

因此，我们对希腊语《传道书》编辑的观点并不惊讶。这名编辑说，托勒密六世在位的第三十八年（公元前144年），他来到埃及，并且发现此时《旧约》已经有翻译版本。这为居住在埃及的犹太人提供了便利。正如胡戈·威利希指出的那样，这特别为莱昂托波利斯的宗教中心提供了便利。翻译《旧约》需要多长时间，是个难题。根据阿里斯特亚斯的一封信，犹太人认为，整个《旧约》的翻译活动都是在托勒密二世统治时期进行并完成的。一些有才能的现代批评家，如汉斯·弗罗伊登塔，认为《旧约》的翻译活动始于托勒密六世统治时期。其他人，如胡戈·威利希，认为译经活动源于托勒密六世对犹太人的友好政策，莱昂托波利斯新避难所的建立促进了译经活动的发展。我认为《旧约》的翻译过程是循序渐进的，并且上述统治时期都曾开展翻译活动。在托勒密二世或托勒密三世时期，远在法尤姆的犹太人就已经翻译了《摩西五经》。这不是不可能的。

但要说托勒密八世喜欢犹太人，我宁可认为他更喜欢埃及本地人及其宗教。在埃及各地的神殿，甚至远到努比亚的达克神殿，托勒密八世都曾下令建造建筑。达克神殿遗迹宏伟壮观，让人觉得托勒密八世是托勒密王朝最伟大的统治者[24]。但我们发现，在托勒密八世统治时期，底比斯以北的纪念碑数量稀少。《默里斯湖莎草纸》提到托勒密八世和克利奥帕特拉二世下令在法尤姆修建建筑。以下是艾德夫神殿中的铭文：

"在石头上雕刻铭文；用黄金和彩色颜料装饰墙面、门的木制品；用好的青铜材料制作门楣、门柱和锁；在门上放置金盘子；建造内殿，这些工作一直持续到托勒密八世和克利奥帕特拉二世在位第二十八年（公元前143年）的梅索尔月18日。从奠基仪式到正式宴会，陛下敬献给神圣的主、艾德夫的荷鲁斯等神。从世界诞生到今天都没有出现过如此盛大的节日。"铭文后半部分描述了宴会上的祭品，以及盛宴中出现的大量美酒佳肴和明亮的灯光。人们尽情享受这场盛宴。"艾德夫神供奉在内殿。内殿建筑标注的日期是托勒密八世在位第三十年（公元前141年）的帕乌尼月9日。月亮神奥西里斯和太阳神拉团聚的宴会为期六天。有十八根柱子的肯特厅和天空之主的屋顶开始建造。托勒密八世在位第四十六年（公元前125年）的梅索尔月18日，神殿建造工程完工。此时，距离奠基之日十六年两个月十天。托勒密八世在位的第四十八年（公元前123年），托勒密六世的名字被完整雕刻在神殿建筑上。

"托勒密八世在位第五十四年（公元前117年）的帕乌尼月11日，建造神殿的巨墙，打位于神殿入口的塔的地基。打地基时，托勒密八世驾崩，其长子'拯救者'托勒密九世继承法老之位。"

但上述铭文并不能证明什么，因为并不是托勒密王朝的每位法老都下令在艾德夫神殿开展建筑工程，特别是在艾德夫神殿完工后。我们只能从中看出，到他驾崩时，托勒密八世一直在艾德夫修建建筑。我在《赫尔墨斯和雅典娜》[25]发布的阿

图60 ● 荷鲁斯将礼物送给托勒密九世、克利奥帕特拉二世和克利奥帕特拉三世的壁画，发现于科姆昂博

斯旺石碑铭文证实了这一点。马克斯·莱布雷希特·施特拉克对阿斯旺石碑碑文的解读并不完整。他漏掉了至关重要的日期——托勒密八世在位的第五十三年（公元前118年）。这一日期出现在碑文底部。碑文提到，阿斯旺的祭司向继位的"拯救者"托勒密九世呼吁沿用托勒密八世在位第五十三年（公元前118年）时给予阿斯旺的惠民政策。在赫尔米亚案中辩护的法律顾问[26]提道，托勒密八世在位第五十三年（公元前118年）的透特月19日，托勒密八世对所有罪犯颁布大赦令。我们不知道大赦令多久颁布一次，也不知道此时颁布大赦令的缘由。班克斯石碑提供了类似信息。碑文提到托勒密八世和接近托勒密八世统治末期[27]的两位王后收到菲莱的伊西斯大神殿的祭司请愿。祭司要

求制止"地方长官、治安官、政府工作人员、军队士兵和其他所有官员，以及陪同他们的军队和随从"将神殿当作公共休闲场所并要求祭司招待他们的行为。可以肯定，在神殿开展休闲娱乐活动的做法由来已久，但由于两件事，在神殿开展休闲娱乐活动达到高潮。第一件事是，在托勒密八世统治下，前往努比亚和上埃及的人流和物流大幅增加。第二件事是，直到此时，菲莱当地人才鼓起勇气表达他们的不满并要求纠正这种不当行为。塞赫勒石碑向我们展示了埃及瀑布区、科诺比斯、赛

图 61 ●托勒密九世下令建造的菲莱神殿柱廊

提斯、阿努凯特等地的神。除了原有的埃及名字，这些神还有希腊语名字。此外，碑文显示，神的崇拜者的名字有希腊式的，也有埃及式的，如潘努皮的儿子彼得罗勒斯、佩利亚的儿子皮森努比和帕奇努比斯等。没有任何迹象显示希腊人和埃及人地位不平等。塞赫勒石碑碑文很有价值，证明在托勒密八世统治时期，埃及人习惯使用两个名字：一个希腊名字，一个埃及名字。如果人们根据同时期莎草纸中的人名判断一个人属于哪个民族，那么将十分困难。

伯纳德·派恩·格伦费尔修复了德莱顿家族的文件。这些文件给我们提供了埃及人使用双名的信息。文件所有人自称是克里特人潘菲洛斯的儿子德莱顿。德莱顿有几个官方头衔。德莱顿的第一任妻子是萨拉皮亚斯。萨拉皮亚斯是席恩之子以斯拉达的女儿。第二任妻子是昔兰尼人阿波罗尼亚。阿波罗尼亚是赫莫克拉提斯之子托勒密的女儿。上述提到的人物的名字似乎都是希腊式的。但阿波罗尼亚两个姐妹的埃及名字分别是塞米尼斯和塞纳帕西——其中，一人的希腊名字是赫拉克勒亚，另一人的希腊名字丢失了。阿波罗尼亚的五个女儿名字是阿波罗尼亚或森蒙特西斯，阿芙罗狄西亚或塔格拉特斯，阿里斯托或森蒙特西斯，尼卡里奥或热乌蒂斯，小阿波罗尼亚或森佩莱斯。虽然德莱顿及其同辈人只以希腊名字出现，并且在德莱顿的遗嘱中，称呼他五个女儿的希腊名字。在向总督[28]提起关于侵犯她们财产的正式法律投诉中，她们使用了希腊名字和埃及名字。可见，定居在上埃及的希腊人，通常会以希腊名字称呼自己，但埃及名字不只是昵称。在卡夫尔，英国定居者普遍用当地人的名字称呼自己。当地名字和英国定居者的名字没有关联，并且英国定居者经常不能准确读出自己的当地名字。通过使用当地名字，当地人才能认识定居者。但在埃及，希腊人会在法庭正式使用其埃及本地姓名。德莱顿的妻子——不清楚是第几任妻子——经营谷物借贷等业务，生意对象主要是波斯人。德莱顿的妻子也使用两个名字，但她第一个名字不是波斯名字，而是希腊名字。然而，在托勒密王朝时期的正式合同中，波斯人只使用他们的埃及名字[29]。托勒密八世统治时期，埃及本地邻居、护工、仆人的影响力增大，甚至强迫贵族阶层使用埃及语。根据其中包含的文字符号，一些学者认为现在收藏于大英博物馆的《莱顿莎草纸》是公元前3世纪编写的。但我认为《莱顿莎草纸》是托勒密八世统治时期的遗迹，呈现了在托勒密王朝早期未出现过的新鲜事物。《莱顿莎草纸》的开头是："我来自阿普基斯，是伊纳罗瓦的儿子美特罗多鲁斯。我是一个出生在孟菲斯的希腊人。在孟菲斯，我拥有一间房子和一个庭院。这些信息都在王室登记册中。"接着，美特罗多鲁斯描述埃及本地邻居对他的限制。他的邻居都以埃及名字出现[30]。因此，要么美特罗多鲁斯是一个希腊人，忘记了自己的希腊名字和邻居的名字，尽管他属于希腊特权阶级，并且住在孟菲斯的希腊人居住区；要么美特罗多鲁斯是一个埃及人，他和其他埃及人住在希腊人居住区，并且享有特权。我认为第二种说法是事实。因此，《莱顿莎草纸》可以追溯到托勒密八世统治时期。从《皮特里莎草纸》中，我们可以看到埃及本地人出于政策或为了方便使用希腊名字的现象[31]。然而，在后来的文件中，我们很难找到类似证据。以下是《皮特里莎草纸》中的一句话："听说你在学埃及语，我为你感到高兴。现在，来到这座城市，你要在学校里教书，也可为晚年生活赚取一些费用。"我仔细寻找了托勒密八世统治时期埃及本地人使用希腊名字的证据，但我没有找到任何证据[32]。

马其顿和希腊的毁灭，很可能对上埃及希腊人的地位产生了影响。埃及本地人可能已经宣称反对希腊入侵者，虽然希

图62 ●托勒密九世献祭的壁画，发现于德艾尔麦地那

腊人入侵已经是很久以前的事了。埃及本地人也都清楚，希腊和埃及都在与罗马的战斗中惨败。在研究托勒密八世统治时期的历史及其对埃及的影响时，我们面临研究托勒密六世统治时期遇到的相同困难。希腊历史学家除了告诉我们托勒密八世的愚蠢和罪行，没有向我们提供其他任何信息。对托勒密八世的愚蠢和罪行的描写，都被希腊历史学家调整润色了，这是因为希腊人在写回忆录时，受到博物馆内博学者的干扰。托勒密八世统治的埃及，乃至受埃及影响的所有地区，都被描述成害怕他暴行的地方。当我们转向碑文和莎草纸，会发现，为纪念托勒密八世及其王后的善行，提洛岛、塞浦路斯和整个埃及都竖立了纪念托勒密八世及其王后的纪念碑。托勒密八世及其王后的善行也被记录在莎草纸上。托勒密八世一直努力将埃及的商业活动延伸到埃及以南和以东地区。托勒密八世维护了昔兰尼的和平局面，令昔兰尼不受袭扰。这可能得益于他的儿子阿皮翁作为总督统治昔兰尼。此时，托勒密八世设法控制两位野心勃勃的王后。她们很可能十分憎恨托勒密八世。这导致在托勒密八世生命的最后一刻，她们都声称自己与托勒密八世共治，继续维护王宫的安宁。在埃及各地发现的法律文件和财务文件表明，埃及国内崇尚法治，社会秩序稳定。当托勒密八世被放逐、克利奥帕特拉二世尝试独自统治国家时，埃及确实出现了短暂的混乱。但即使那时，我们也有理由相信，人们的财产没有被侵占。另外，常设法院及时纠正了一些非法企图。最重要的是，在处理定居者和埃及本地人之间的纠纷时，常设法院能保持绝对公正。后来，常设法院的许多法律顾问都担任了高级官员。一项法令虽然规定，所有通俗体文字书写的契约都应翻译成希腊语并以希腊语登记，但它没有被严格执行，以维护埃及本地人的交易活动[33]。法院中有一些埃及本地人担任法官，即使不懂希腊语的人也可以在法官面前为自己辩护。可以看到，埃及本地人越来越信任希腊法庭。关于宗教习俗（如防腐处理死者遗体）及交易争执，相关案件都会提交给法老派出的巡回法官，并且请巡回法官做出公正审判。

一份很奇怪的文件，即63号莎草纸，目前收藏在卢浮宫。最初，莎草纸内容由贾科莫·伦巴罗索编辑，最近又由尤金·勒鲁特编辑[34]。尤金·勒鲁特对埃及经济的了解远远超过他对希腊语的了解。莎草纸文件显示了一些新证据，表明托勒密八世关心埃及本地人的利益。文件标注的时间是托勒密八世在位初期。这是一份杂乱冗长的通告，并且在亚历山大由首席财务官赫罗德斯发给下属。赫罗德斯严厉斥责他们没有解释清楚全民劳役的命令。这里的"劳役"，尤金·勒鲁特理解为耕种王室土地。这个理解是正确的。在远离家乡的地方执行军事任务的士兵提出许多申诉，说他们不应该被要求履行这项职责。他们甚至不能耕种自己的农田。赫罗德斯坚持认为，王室法令旨在维护农民利益，在所有土地，特别是王室土地，收获数量最大的谷物，强制要求违背法令设立的初衷。人们破产，逃进神殿避难所，抛弃了自己和王室的土地。为了发展农业，托勒密八世下令严格管理牲畜。十分有趣的是，托勒密八世命令埃及各地的将士履行其农业生产义务。托勒密八世说，"所有"的意思是包括已经承担其他国家义务的人，"受贫穷所迫，大多数住在乡村的埃及本地人靠劳动谋生。王室给予军人的酬劳只够他们勉强维持生计。还有一些，不，大多数军人无法自己耕种土地，只能靠借高利贷耕种，才能收获一些粮食。即使他们同意帮助种植王室土地，他们也不会将种子种到王室土地中"。这是埃及令人遗憾的一面，穷人应该受到公正和宽容的对待。

一些人批评我，认为我试图恢复托勒密八世的名誉。我没有这样做。我本着公正的原则，充分陈述查士丁和斯特拉波等与我持相反意见的历史学家的论述，呈现能证明我的观点的托勒密八世统治时期的文献。当然，这里所说的文献主要是官方文件，不涉及法庭争执记录等其他材料。法庭文件也没有说法称，王室压迫会造成人们生活的不安全或导致不公正的对待。除了只掌握二手资料的非当代作家断言的血腥镇压亚历山大居民的叛乱，我找不到证据表明声名狼藉的托勒密八世对其臣民的暴政。

在论述"拯救者"托勒密九世统治时期前，我们必须说明，托勒密八世统治时期文件日期的格式发生了变化。对这一

图63 ●托勒密八世的钱币，刻有象征狄奥尼索斯的符号

点，没有一位古代历史学家注意到。正式文件标注的日期使用了马其顿历法和埃及历法，并且给出了两个月份。马其顿历法采用阴历月，偶尔会出现闰月构成一个太阳年。埃及历法中十二个月等于一年三百六十天，另加上五天。因此，实际上，马其顿历法与埃及历法中的月份是对应的，如迪奥斯月即透特月，马其顿历法的月份只构成日期格式中的一部分，不具有实质意义。

【注释】

1. 尤金·勒鲁特认为，托勒密六世，而不是托勒密八世，是死去的孟斐忒斯的父亲。这一点没有任何证据支撑。鉴于托勒密六世在其生命最后几年都忙于处理叙利亚的复杂事务，远离埃及，上述观点更站不住脚。——原注

2. 参考查士丁的《〈腓力史〉概要》第38卷，第8页。在我看来，托勒密八世给自己的儿子取名"孟斐忒斯"，表明他对孟斐斯城实施的政策。这并非不可能。希腊化的"孟斐忒斯"比单纯的"孟菲斯"更有深层的含义。——原注

3. 《都灵莎草纸》，第1卷，第9页、第21页。——原注

4. 法老登基时似乎经常颁布这种法令。至少在古代，这类法令数量繁多。法老在统治末期颁布了另一个法令。——原注

5. 大西庇阿，古罗马统帅和政治家。他是第二次布匿战争中罗马的主要将领，并且以在扎马战役中打败迦太基统帅汉尼拔著称。——译者注

6. "费斯康"意思是"啤酒肚"。——译者注

7. 我在《赫尔墨斯和雅典娜》期刊（第22卷）中已经讨论过"将一个王国留给罗马人"这个有趣的问题。帕加马过去是、现在仍然是阿塔罗斯王朝统治下一个名义上拥有主权的希腊城市。实际上，帕加马拥有自己的政府。——原注

8. 托勒密八世的第一任妻子是自己的姐姐、托勒密六世的王后克利奥帕特拉二世；第二任妻子是自己的外甥女（克利奥帕特拉二世的女儿，因此也是他的继女）克利奥帕特拉三世。——译者注

9. 我研究这段历史的时间越长，就越怀疑尤金·勒鲁特翻译的文献的可信度。对于我的疑虑，尤金·勒鲁特表示愤怒，但这不足以消除我对他的怀疑。——原注

10. 《托勒密王朝》，第39页到第41页。——原注

11. 《托勒密王朝》，第49页。——原注

12. 马克斯·莱布雷希特·施特拉克认为此处的"公元前139年"应该改为"公元前137年"，但《格伦费尔莎草纸》指出公元前139年使用了"法老和两位王后"的称呼。——原注

13. 努比亚的达克神殿中的铭文证实了这个日期。——原注

14. 《格伦费尔莎草纸》指出，公元前129年，在帕蒂里特诺姆，托勒密八世被公认为法老。——原注

15. 《格林费尔莎草纸》，第2卷，第19章。——原注

16. 马克斯·莱布雷希特·施特拉克：《托勒密王朝》，第46页；尤金·勒鲁特：《古埃及的经济政治历史》，第295页。——原注

17. 当然，我认同马克斯·莱布雷希特·施特拉克的看法，认为尤金·勒鲁特对信的解读不完全正确。——原注

18. 波利比乌斯：《历史》，第34卷，第14页。——原注

19. 《〈腓力史〉概要》，第38卷，第8页。——原注

20. 马克斯·莱布雷希特·施特拉克：《托勒密王朝》，编号115、编号118。——原注

21. 马克斯·莱布雷希特·施特拉克：《托勒密王朝》，编号113。——原注

22. 胡戈·威利希：《犹太人和希腊人》，第151页。——原注

23. 《格伦费尔莎草纸》，第1卷，第74页到第75页。——原注

24. 直到最近，在菲莱，亨利·乔治·莱昂斯才发现另一座小神殿，由法老托勒密八世及其姐姐克

利奥帕特拉二世为哈索尔建造。参见亨利·乔治·莱昂斯《关于菲莱的岛屿和神殿的报告》第27页。——原注

25 《赫尔墨斯和雅典娜》，第21卷。——原注

26 《都灵莎草纸》，第1卷，第7页。——原注

27 让·安托万·莱隆内的这一结论得到乌尔里希·威尔肯（《赫尔墨斯》，第22卷）的认可。让·安托万·莱隆内在标注日期为托勒密八世国王在位第四十四年（公元前127年）的莎草纸发现了担任提拜德总督的洛克斯的名字。让·安托万·莱隆内的结论与法老在其统治末期在上埃及实施的惠民政策是一致的。——原注

28 指德莱顿家族居住地所属诺姆的总督。——译者注

29 事实上，《莱顿莎草纸》中的波斯人都以埃及名字出现。在莎草纸中，虽然他们都被标记代表外国人的符号，但他们的名字都是埃及式的，他们的交易方式也是埃及式的，他们的邻居也都是埃及人。然而，莎草纸中出现两个女人叫"波斯人"，她们的兄弟不叫"波斯人"的情况。这意味着什么？康拉都斯·莱曼斯推测，这两个女人的母亲可能是波斯人，父亲是埃及人。——原注

30 最初，希腊人的居住地被称为"外国雇佣军的兵营"或"营地"，但此时，如果出生在孟菲斯城的希腊人真的住在希腊人居住地，那么那里居住的都是埃及本地人。——原注

31 例如，根据《皮特里莎草纸》第二卷，在油料垄断行业的零售商名单中，零售商是法尤姆村的小人物。名单中只出现了八个希腊名字，没有给出他们父亲的名字，所以他们可能是遭贬谪的希腊人。然而，我不这么认为。公元前3世纪的《皮特里莎草纸》中没有出现一个人使用希腊和埃及两个名字的情况。——原注

32 根据尤金·勒鲁特的《古埃及的经济政治历史》，在一份用通俗体文字书写的协议上，一个家庭的某个成员以希腊名字出现。普塞可乌斯被称为赫拉克德斯，他认为这是一种特权。有时指由占统治地位的种族授予富裕的本土人家庭的长子。我不会对这个奇怪的假设发表评论，但请注意，这是埃及人采用希腊名字的一个例子，这种行为在后来变得相当普遍。——原注

33 在《都灵莎草纸》第一卷中，赫尔米亚对克雅塔提起的诉讼说明了这个问题。——原注

34 《古埃及的经济政治历史》，第251页。——原注

第 9 章

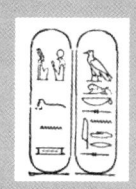

从托勒密九世统治时期到托勒密十二世统治时期

FROM PTOLEMY IX TO PTOLEMY XII

图64 ●托勒密十世的王名

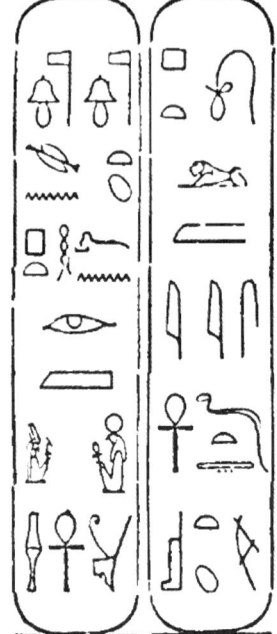

文献注释：

除了历史著作，最近，我们在伯纳德·派恩·格伦费尔的藏品中发现了"拯救者"托勒密九世到托勒密十二世统治时期的大量文献资料。其中，一些文献已经出版。在这些文献中，"拯救者"托勒密九世统治时期的最丰富。至于托勒密十一世统治时期，我们发现了几块有趣的石碑。碑文内容可以在马克斯·莱布雷希特·施特拉克的著作中找到。至于托勒密十二世，我们在西塞罗的作品中找到了许多关于他的典故。

托勒密八世驾崩时（公元前116年初），埃及繁荣稳定。埃及不再面临占领叙利亚各省的问题。但由于托勒密八世晚年执行的政策，即他支持塞琉古王国皇位的一位候选人，反抗另一位候选人，从而使埃及免除了一切被入侵的威胁。托勒密八世在上埃及实施仁政。这使他逐渐获得民心。除了罗马，埃及没有其他外部威胁。此时，罗马深受内乱的折磨。出于某种我们无法理解的原因，托勒密八世将重要的昔兰尼赠给了儿子阿皮翁。历史学家们认为阿皮翁是托勒密八世的私生子。他们不知道，根据托勒密家族的传统，任何不是共治王后生下的法老之子都会被赋予某些职位[1]。阿皮翁不是一个傲慢自负的人，因为在他治理下，昔兰尼呈现一片繁荣、安定的景象。公元前97年，阿皮翁将昔兰尼赠给罗马人。阿皮翁的母亲可能是昔兰尼人艾琳。历史学家们称昔兰尼人艾琳为托勒密八世的情妇。阿皮翁也可能是希腊贵族。

一些历史学家[2]认为，塞浦路斯由托勒密八世和托勒密七世共治。托勒密七世的母亲是克利奥帕特拉二世。在许多王表中，托勒密七世是托勒密六世的长子，被称为"奈俄斯·菲洛帕托尔"[3]。无论如何，托勒密七世从来没有真正继位。托勒密七世如果真的是塞浦路斯的共治王，那么托勒密八世也是由于将昔兰尼交给阿皮翁，才将塞浦路斯赠给托勒密七世的。这些相互分离的省份和希腊城市——罗马人总想让这些希腊城市摆脱埃及的控制，并且将它们吸纳进罗马的版图——使东方的埃及王国比贪婪的罗马共和国安全得多。但托勒密八世是否有这样的远见卓识，我们无法确定。托勒密八世还有两个儿子和

图65●托勒密八世和托勒密七世的钱币，
正面刻着托勒密·索塔尔一世的头像

两个女儿。其中，托勒密八世的长子"拯救者"托勒密九世和女儿克利奥帕特拉四世已经结婚。这与法老之位继承人的联姻传统相悖[4]。

　　守寡的克利奥帕特拉三世王后立即接管了埃及政府。那么，她的母亲克利奥帕特拉二世呢？克利奥帕特拉二世悄然退出了历史舞台。这表明克利奥帕特拉二世已经去世。克利奥帕特拉二世如果比弟弟托勒密八世长寿，那么肯定很快就被与她敌对的王后、女儿克利奥帕特拉三世杀害。因为虽然托勒密八世设法与克利奥帕特拉二世和克利奥帕特拉三世一起生活、共同统治埃及，但当托勒密八世驾崩时，埃及人不会接受她们一起当王后。两位王后共治是不可能的，并且根据埃及的传统，一位王后统治也是不可能的。实际上，埃及的王后必须与一位男性法老之位继承人共治。

　　克利奥帕特拉三世强烈要求幼子托勒密十世继承法老之位。原因可能有两个，一个原因是托勒密十世是克利奥帕特拉三世最喜欢的孩子，另一个原因是托勒密十世年幼，克利奥帕特拉三世能拥有更大的权力。但亚历山大居民或马其顿人，即王室军队，不愿意违背传统。因此，"拯救者"托勒密九世与其母克利奥帕特拉三世一同登上法老之位。如果没有亚历山大居民的干涉，那么"拯救者"托勒密九世或许不能继承法老之位。直到最近，我们才发现"拯救者"托勒密九世登基时，提拜德发生了纷争。这场纷争可能由克利奥帕特拉二世引起，并且导致她离世。德莱顿是提拜德一位受人尊敬的公民。在托勒密八世在位的第四十四年（公元前127年），德莱顿立了一份遗嘱。在一份诉状中，德莱顿的女儿们说继承遗产后，她们不能渡河或在河上遇到危险。在渡河时，德莱顿女儿们的财产被一个希腊人侵占了。这份诉状是写给佛慕斯的。在"拯救者"托勒密九世统治初期，佛慕斯担任提拜德总督。这些争执肯定发生在"拯救者"托勒密九世登基时，因为在托勒密八世统治时期，他在上埃及实施惠民政策。因此，托勒密八世赢得了民心。

关于"拯救者"托勒密九世登基时埃及发生的骚乱，萨默斯·克拉克向我提出了另一项证据。在一封信中，他写道："卡纳克西部的高塔还没有建成。塔表面粗糙。庭院南面有巨大的砖块和一堆物品。很久以前，我确信，这不是普通的土堆。塔周围有墙。墙建得很好，与塔面成直角。墙之间没有坚固的材料支撑。这堆物品是搭脚手架的材料。现在[5]，这个土堆已经被雅克·德·摩根清理。我确信我的观点是正确的。这

图 66 ● 梅迪内哈布图特摩斯三世神殿，大门是托勒密十世时期建造的

堆物品的用途很明确。根据高塔的石料工艺，我们可知高塔是托勒密王朝以后的作品，不是托勒密王朝以前的作品。高塔可能是罗马统治埃及时期的作品。托勒密王朝诸法老都积极扩建神殿。这座高塔没有完工就停工了。这堆物品是搭脚手架的材料。除非有更好、更直接的证据反驳我的观点，我认为卡纳克西部没有建成的高塔是'拯救者'托勒密九世统治时期建造的，但在托勒密十世统治时期停工。"

"拯救者"托勒密九世登基时期的骚乱并没有持续很长

时间。即位的第二年（公元前115年）——托勒密九世不承认克利奥帕特拉三世统治埃及的权力过渡期，"拯救者"托勒密九世前往昔兰尼。这是一次和解之旅，重申了托勒密八世在位的第五十三年（公元前118年）——"拯救者"托勒密九世登基以前颁布的一项法令。这项法令可以看作托勒密八世与阿巴顿、菲莱和瀑布区祭司的书信。书信的一部分内容仍然保留在大英博物馆收藏的一块石碑上。显然，克利奥帕特拉三世没有陪"拯救者"托勒密九世前往昔兰尼，因为克利奥帕特拉三世很讨厌托勒密九世。在正式协议中，克利奥帕特拉三世的头衔都是至高无上的，即"在克利奥帕特拉王后和托勒密法老、菲洛墨托尔·索塔尔神的统治下"。查士丁补充说，克利奥帕特拉三世强迫年轻的"拯救者"托勒密九世与他深爱的妹妹克利奥帕特拉四世离婚，并且娶妹妹克利奥帕特拉·塞勒涅。这可能意味着，根据托勒密王朝的传统，只有法老与王后在位期间出生的孩子才能继承法老之位。因此，"拯救者"托勒密九世与克利奥帕特拉·塞勒涅的婚姻被认为是贵贱联姻，克利奥帕特拉·塞勒涅生的孩子是私生子。但公元前108年，当克利奥帕特拉三世驱逐"拯救者"托勒密九世时，克利奥帕特拉三世从托勒密九世身边夺走了他的妻子克利奥帕特拉·塞勒涅。这时，克利奥帕特拉·塞勒涅已经为托勒密九世生下两个儿子。后来，克利奥帕特拉·塞勒涅前往叙利亚，先后嫁给多名安条克家族的成员。克利奥帕特拉·塞勒涅有许多奇特的经历，但这部分内容不属于埃及史。公元前114年，克利奥帕特拉三世设法让小儿子、之前被派往塞浦路斯的托勒密十世宣布自己为塞浦路斯总督。从那时起，托勒密八世与托勒密七世共治时提出的政策正式实施，塞浦路斯独立，并且与埃及分离。但在公元前108年到公元前107年——此时，在埃及，克利奥帕特拉三世与"拯救者"托勒密九世共同统治了九年；在塞浦路斯，托勒密十世统治了六年，克利奥帕特拉三世发动政变，迫使"拯救者"托勒密九世退位，并且与其第二任妻子克利奥帕特拉·塞勒涅离婚，托勒密十世即位。从此，托勒密十

图67 ● 托勒密十世的壁画形象，发现于艾德夫

世和克利奥帕特拉三世共同统治埃及。直到公元前101年，托勒密十世谋杀了克利奥帕特拉三世。后来，托勒密十世和妻子、哥哥"拯救者"托勒密九世的女儿贝勒尼基三世共治。公元前88年，"拯救者"托勒密九世[6]回到埃及，并且与他丧偶的女儿贝勒尼基三世恢复统治埃及。"拯救者"托勒密九世作为埃及法老，直到公元前81年驾崩[7]。

此时，法老的更迭和托勒密八世统治时期的王后更迭一样复杂。根据莎草纸记录、阿匹斯石碑和希腊编年史的记载，备受称赞的编年史家们[8]都证明了法老更迭的实际情况。如果我们重新检验编年史家们的研究结果，那会是一件十分折磨人的事。埃及在叙利亚和巴勒斯坦的行动、塞浦路斯入侵埃及、叙利亚王位的争夺，以及叙利亚王室和埃及王室的联姻等方面，都使此时的历史变得更复杂。这一时期的托勒密王朝王后和公主们展示了自己的特点：她们都拥有强大的权力和巨额财富。与托勒密王朝的公主结婚意味着能掌握大量人力和财力。托勒密王朝的公主们互相仇恨，无视家庭和情感的一切纽带，并且会杀害自己的兄弟。她们的上述特点使任何一个通情达理的人都感到疑惑：她们是否有人性，是否比希尔卡尼亚的老虎还要残忍。

幸运的是，托勒密王朝公主的冒险行动和谋杀事件都发生在叙利亚，并没有直接影响埃及的历史。在埃及，克利奥帕特拉三世与儿子们之间也有一些阴谋诡计。例如，公元前108年，克利奥帕特拉三世驱逐"拯救者"托勒密九世；大约公元前101年，托勒密十世运送武器并通过外交手段谋杀了克利奥帕特拉三世。不过，王室的阴谋没有影响埃及本地人的生活。最近，伯纳德·派恩·格伦费尔获得的文物中有一张可追溯到这一时期的莎草纸。这是驻扎在迪索里斯-帕瓦（提拜德）雇佣军的请愿书。提拜德雇佣军抱怨托勒迈斯、切诺博斯基翁的骑兵和其他据点的步兵享有比自己更高的俸禄、更充足的粮食供应，并且辩解说自己在战斗中表现英勇[9]。单看这份文件，历史学家可能会认为，当时埃及很不稳定。但伯纳德·派恩·格伦费尔公布的文件中还有几十份协议、谷物贷款、财产出售协议和遗嘱。这些文件都暗示当时埃及和平的内部环境。新发现的文件数量不断增加，其中没有提到任何动乱。这证明当时埃及和平繁荣。这些文件都是有力的证据。我们在帕蒂里特诺姆的鳄城和底比斯周边地区发现了大量遗迹。遗迹中的人名几乎都是埃及人名。特别是埃皮翁的波斯人，他们几乎一直使用其埃及名字。一个叫阿波罗诺斯的人也有埃及名字。在同一份文件中出现的提斯雷斯可能也是波斯人。但如果提拜德确实定居着一群波斯人，那么这群波斯人不像阿尔西诺伊诺姆的老兵，没有与希腊人通婚。他们肯定很快融入了埃及本地人中，并且只保留自己的头衔及附带的特权。被埋葬在蒙诺尼亚的人的名单[10]显示，在大约三百八十个家庭的户主中，只有二十二人使用希腊名字。其中，几人住在迪索里斯-马格纳，其余大部分户主都来自埃及名字的村庄，二十二个有着希腊名字的人没有一人住在村庄名字为埃及名字的村庄。柯启泰人维护被埋葬在蒙诺尼亚的人的墓，并且以此牟利。根据《都灵莎草纸》[11]的记载，一群帕拉齐斯泰人，而不是柯启泰人，从事埃及最有特色的职业，即尸体开膛和防腐工作。托勒密八世在位的第五十一年（公元前120年），死者的开膛手和防腐工签订了一份分配利润的合同。随后，在"拯救者"托勒密九世在位的第二年（公元前115年），他们提出诉讼。开膛手和防腐工的工作范围都只限于几个村庄或城镇，并且主要在尼罗河一侧河岸。需要注意，这份合同是在一个希腊官员的见证下签订的。违反协议将导致一方投诉，并且投诉内容将被记录在莎草纸上。文件中描述的买卖各方都以埃及名字出现。事实上，只有在提到高级官员时，文件才会出现希腊语名字，而不是马其顿语名字。然而，提拜德首席执法官佛慕斯也向我们证明，埃及本地人在政府中也拥有一定的地位。

至于保存至今的"拯救者"托勒密九世统治时期的铭文，在埃及，除了上文提到的阿斯旺石碑，人们几乎找不到其他铭文。但在意料之中的是，在提洛岛和塞浦路斯，人们发现了"拯救者"托勒密九世统治时期的许多铭文。这些铭文只是许愿铭文，没有提供任何信息，只提到男管家变成贵族，以及最常用的名字"欧厄尔葛忒斯"和"索塔尔"，至少提洛岛是这种情况。对于"拯救者"托勒密九世统治后期（公元前88年到公元前81年）的历史，我们没有发现任何信息。

虽然关于"拯救者"托勒密九世的希腊语史料很少，并且大多在埃及以外的遗迹上，但有充分证据表明，"拯救者"

图 68 ●丹德拉大神殿西南侧的景观

托勒密九世下令建造了埃及神殿。我推测，"拯救者"托勒密九世如果不是集中精力处理发生在底比斯的叛乱，那么在和平事业中，他会取得丰硕的成果。在"拯救者"托勒密九世的所有遗迹中，最有趣的可能是丹德拉大神殿的地下工程。这个地下工程包括地基和地下室。丹德拉大神殿是在一座古遗址上，根据一份古老的设计图建造的。但在我们看来，它具有浓郁的托勒密王朝晚期和罗马统治埃及时期的建筑风格。与"拯救者"托勒密九世的其他建筑物一样，托勒密十世下令继续建造哥哥"拯救者"托勒密九世未完成的工程。这一事实表明克利奥帕特拉三世长期影响"拯救者"托勒密九世和托勒密十世的统治。重建宏伟的丹德拉神殿并不轻松。与增建一座塔或一扇大门不同，重建整座神殿要求国库充盈、政局稳定。与此同时，与其父托勒密八世一样，"拯救者"托勒密九世增建了卡纳克以北几英里的米达姆特法老神殿，并且在梅迪内哈布小神殿重建了塔哈尔卡塔。"拯救者"托勒密九世在底比斯频繁开展建造工程。这是一个很有趣的研究话题，因为最后"拯救者"托勒密九世亲手摧毁了底比斯的一个重要城市——迪索里斯-马格纳。在埃尔卡布,"拯救者"托勒密九世完成了托勒密八世统治时期开始建造的岩石神殿。与托勒密一世、托勒密二世和托勒密三世一样,"拯救者"托勒密九世继续修建艾德夫神殿。但到托勒密十世统治时期只剩下神殿的周边工程还没有完工。托勒密九世修建了艾德夫神殿的大前院,以及院子周围的三十二根柱子和高高的围墙。在托勒密十世统治时期,围墙完工。根据奥古斯特·艾森洛尔的观点,托

图69 ● 艾德夫神殿西侧

勒密九世"建造了众神之主荷鲁斯护卫的宫殿，模仿太阳山之神建造的太阳山，在上好的砂岩上完成了精美工程，人们在宫殿中'拯救者'托勒密九世的画像前献上祭品"。铭文详细描述了这座宫殿。宫殿长一百五十五英尺[12]、宽一百三十八英尺，围墙高三十四又二分之一英尺、厚八又二分之一英尺。对日渐衰落的托勒密王朝来说，这是一件了不起的建筑作品。在菲莱神殿，甚至在遥远的塔尔米斯（努比亚的卡拉布什赫），托勒密九世添加了铭文和装饰物。在卡格的大绿洲，托勒密九世开展建造活动。艾德夫神殿的铭文显示，托勒密八世、"拯救者"托勒密九世和托勒密十世陆续修建了这座神殿。这证实了我的观点，在其统治的前十年（公元前116年到公元前106年），"拯救者"托勒密九世下令修建神殿。值得注意的是，艾德夫神殿的祭司们没有提到在位的王后贝勒尼基三世。在托勒密六世、托勒密八世、"拯救者"托勒密九世和托勒密十世持续修建同一座神殿的过程中，王后们经历了多次法老更迭。可见，王后们拥有强大的影响力。

"拯救者"托勒密九世遭到驱逐，托勒密十世从塞浦路斯回到埃及登上王位。这时，托勒密十世已经是一个成年人，不太可能听命于他专横的母亲克利奥帕特拉三世。然而，根据约瑟夫斯和查士丁的记载，在随后发生的对塞浦路斯和巴勒斯坦的战争中，克利奥帕特拉三世对抗其长子"拯救者"托勒密九世。多年来，克利奥帕特拉三世一直在所有官方协议中列在第一位，甚至有一年被列为她的统治时间。对克利奥帕特拉三世常见的称呼格式是："支持恩惠女神克利奥帕特拉三世、法老托勒密十世及守护亚历山大的母亲神。"[13]这一称呼格式虽然看似尊重克利奥帕特拉三世王后，却是废除她荣誉的前奏。托勒密十世与侄女贝勒尼基三世结婚后，和其母克利奥帕特拉三世关系紧张，他甚至想单独统治。在法尤姆，人们发现托勒密十世在位的第十八年（公元前90年）到第二十年（公元前88年）的四篇铭文。这些铭文只出现了托勒密十世的名字。铭文显示，此时，法尤姆处于和平状态，并且存在希腊人的势力。其中，两

图70 ● 托勒密十世的石碑，现收藏在都柏林大学三一学院

篇铭文由几所被称为"异端"的学校内的埃皮比[14]献给伟大的索卜克神，并且指出神殿的范围。希腊人倡导长期教育，特别注重哲学训练。此时，他们称学校教授邪说。铭文中提到的神使用埃及名字，但人使用希腊名字。人们的生活方式也是希腊式的。另外两篇铭文纪念了希拉克勒斯诺姆的阿克诺慕斯。希拉克勒斯诺姆的阿克诺慕斯向迪美的索诺排欧斯神殿捐赠。每年，阿克诺慕斯捐赠一百八十二又二分之一阿塔拜谷物，即每天二分之一阿塔拜谷物。铭文显示，希拉克勒斯诺姆的长官是莱萨尼亚，担任阿克诺慕斯的长官是雅尼克托，秘书是伊斯利安的儿子阿波罗诺斯。这些人的名字都是希腊名字。这些官员不但自己捐款，而且要求他们的继任者捐款。我们掌握的信息太少，无法做任何推论。这些铭文表明，托勒密十世统治时期存在希腊化现象。在"拯救者"托勒密九世统治初期，提拜德的高官由埃及本地人出任。但在托勒密十世统治时期，提拜德的官员都是希腊人。另外，希拉克勒斯诺姆的希腊人显然多于其他诺姆的希腊人。

我们对"拯救者"托勒密九世统治末期的宫廷史不太清楚。托勒密十世似乎曾被流放，但不知道他被流放到了哪里。随后，托勒密十世被母亲克利奥帕特拉三世召回，但我们不清楚是以什么条件召回的。公元前101年，官方文件不再出现克利奥帕特拉三世的名字，取而代之的是新王后贝勒尼基三世。在这一年，克利奥帕特拉三世可能去世了[15]。根据查士丁的记载，克利奥帕特拉三世是被托勒密十世杀死的。当时，克利奥帕特拉三世正计划谋杀托勒密十世。查士丁还说,克利奥帕特拉三世被杀的消息一揭露,托勒密十世就被一场兵变驱逐出埃及。托勒密十世带着妻子贝勒尼基三世和女儿前往吕西亚。然后,他前往塞浦路斯,并且被亚历山大的一支部队追赶。最后,托勒密十世被查里亚斯将军杀死。这些信息与在波菲力发现的遗迹残块上的信息一致。但根据信息更可靠的艾德夫神殿的铭文,托勒密十世逃到了阿拉伯,即蓬特。与此同时,"拯救者"托勒密九世恢复了对埃及的统治权。雅各

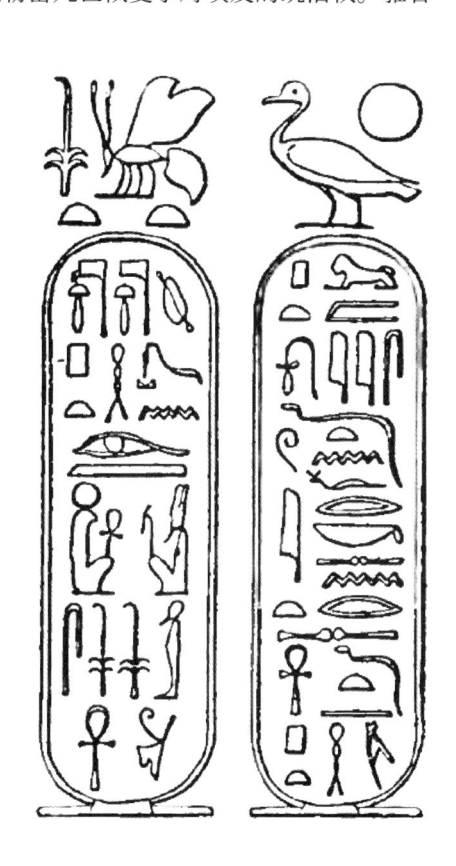

图71 ● 托勒密·亚历山大的王名

布·克劳尔[16]提出，在神话中，祭司们使用"蓬特"一词代表"塞浦路斯"。这与艾德夫神殿的铭文的内容一致。

在埃及史中，君主更迭是非常频繁的，不值得格外注意。在流亡十八年后（公元前88年），"拯救者"托勒密九世回到埃及。回到埃及后，托勒密九世究竟是变得温和（根据犹太人的传统故事），还是变得残暴了（根据波菲力的遗迹信息）？无论答案是怎样的，"拯救者"托勒密九世都不太可能推出什么新奇的国内政策。然而，正是在"拯救者"托勒密九世重掌法老大权的七年

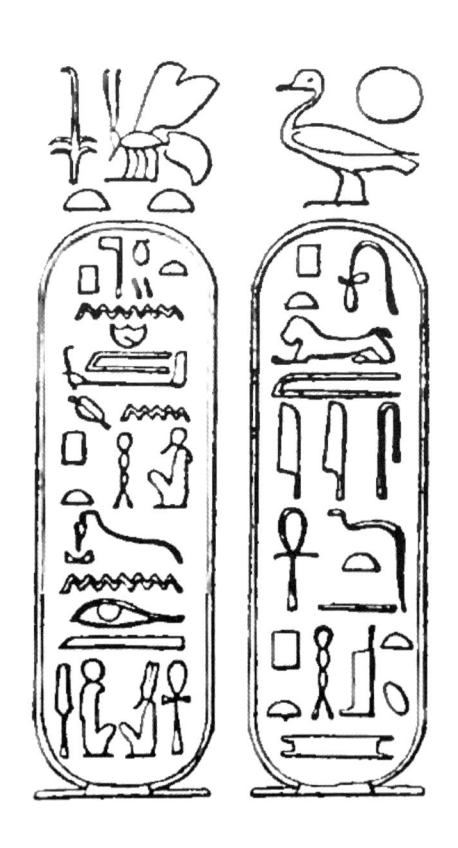

图72 ● 托勒密十三世的王名

半时间中（公元前88年到公元前80年），一场巨大的灾难降临到埃及人身上。这场灾难不可能发生在"拯救者"托勒密九世复辟时，因为公元前87年，作为苏拉的高级军官，卢库鲁斯来到埃及，劝说"拯救者"托勒密九世借一些战船给罗马人，帮助罗马人与米特拉达梯六世交战。米特拉达梯六世不仅动用舰队控制了爱琴海，还在科斯找到了托勒密十世的儿子托勒密十一世。米特拉达梯六世很尊敬托勒密十一世[17]。托勒密十一世随时可能成为托勒密十世权力和法老之位的合法继承人。托勒密九世很有礼貌地接待了卢库鲁斯，并且送给卢库鲁斯礼物，但没有借给卢库鲁斯任何战船[18]。不久，托勒密九世"与叛乱的底比斯人开战，并且在底比斯人叛乱的第三年征服了他们，摧毁了他们的城镇，底比斯人昔日繁荣的城市没有留下一丝痕迹"[19]。征服底比斯后不久，"拯救者"托勒密九世驾崩。这大概在托勒密九世复辟几年后，"雅典人曾经从'拯救者'托勒密九世处得到许多恩惠，并且为'拯救者'托勒密九世和贝勒尼基立铜像。贝勒尼基是托勒密九世的孩子、合法的继承人。"这里的"贝勒尼基"似乎是托勒密十世的妻子贝勒尼基三世。但如果是这样，她怎么会与"拯救者"托勒密九世一同向雅典人送礼物，或者她怎么会被允许嫁给自己篡位的叔叔托勒密十世？唯一的可能情况是，"拯救者"托勒密九世复辟后，从埃及向雅典送去一些礼物。这时，托勒密九世和他的寡妇女儿贝勒尼基三世和平相处。

"拯救者"托勒密九世之后的法老是托勒密十一世。实际上，托勒密十一世是托勒密十世的儿子。托勒密十一世接受苏拉的建议，娶了继母贝勒尼基三世。"拯救者"托勒密九世驾崩后，其女儿贝勒尼基三世拥有法老之位的合法继承权。但托勒密十一世登上法老之位后不久，就杀害了贝勒尼基三世。托勒密十一世统治十九天后，在亚历山大居民的叛乱中被杀。

对埃及史来说，更重要的一点是，罗马人宣称，故去的国王托勒密十一世被罗马人拥戴，他已经将埃及交到罗马人手中。对托勒密十一世和罗马关系的记录很混乱，甚至有人质疑立遗嘱人是亚历山大一世，或者一个叫亚历山大或亚历萨斯（又被称为亚历山大三世）的不出名的人。但更有可能的是托勒密十一世，他可能将埃及作为礼物向罗马当权者行贿。为了安全，托勒密十一世将私人财产存放在罗马，但这些财产都被元老院的使者占有了。元老院的使者犹豫是否执行托勒密十一世的遗嘱条款。在我看来，虽然金钱赠予是有效的，但王国赠予——如果托勒密十一世确实这样做的话——无效，因为托勒密十一世并不是埃及的实际统治者，他也不是无可争议的法老之位的最后一位直接继承人。因此，他的遗嘱的有效性尚存疑问[20]。

无论实际情况如何，此时埃及宫廷笼罩着一层乌云，罗马人随时可能实施所谓的占领埃及的权利。"拯救者"托勒密九世的私生子托勒密十二世继承了法老之位，他的兄长或弟弟托勒密继承了塞浦路斯王位，埃及内部没人反对这样的安排。我们不知道托勒密十二世的真实出身，也不知道他母亲的名字和拥有的地位，尽管亚历山大居民和埃及宫廷都接受了他。西塞罗称他没有出生在王室家庭。这至少意味着托勒密十二世出生时，他的母亲不是在位的王后[21]。托勒密十二世担心一旦自己被罗马抛弃，罗马肯定会夺取埃及。因此，他花了二十年时间和自己的大部分财富，试图让罗马承认他拥有埃及的统治权。与此同时，托勒密十二世的统治一直笼罩在罗马强制执行托勒密十一世遗嘱的威胁中。在埃及，托勒密十二世遵循传统做事。据说，托勒密十二世在正式加冕前就结婚了。海因里希·卡尔·布鲁格施翻译的一块象形文字葬礼

图 73 ● 托勒密十三世时期进行雕刻装饰的菲莱柱廊

石碑提道，大祭司帕西雷恩普塔十四岁时，"在获得上埃及和下埃及王冠那天，埃及新法老托勒密十二世将圣蛇王冠戴在头上……托勒密十二世在孟菲斯加冕。他带着自己手下的贵族、妻子和孩子来到科(Qe)的圣殿"[22]。历史学家认为，托勒密十二世的加冕仪式可能是在公元前76年举行的。也就是说，托勒密十二世将这个重要仪式推迟了近四年，但这种情况极不可能发生。评论家们也提出了这一点[23]。托勒密十二世和妻子、姐姐克利奥帕特拉五世被赋予"菲洛帕托尔·费拉德尔弗斯神"头衔。此外，托勒密十二世还称自己为"尼奥斯·狄奥尼索斯神"。不过，他的绰号和上述头衔形成了强烈对比。亚历山大的居民称托勒密十二世为"奥勒忒斯"，意为"吹笛者"，因为他很擅长吹笛。至于托勒密十二世是否虔诚崇拜狄奥尼索斯，我们不太清楚。可以肯定，托勒密十二世扩建了菲莱的伊西斯神殿。神殿中留存的官员和士兵——都是外国人——的献词表明这座神殿处在托勒密十二世的控制下，并且深受托勒密十二世喜爱[24]。其中一段献词标注的日期是托勒密十二世在位的第十九年（公元前62年）。献词由托勒密十二世的"堂兄"或"堂弟"卡利马科斯雕刻。卡利马科斯是管理印度人和红海的将军，前来崇拜伊西斯。这显示托勒密十二世的领土范围之广。卡利马科斯是否控制了这么遥远的国家，我们不能确定。"拯救者"托勒密九世和托勒密十世统治时期未完工的丹德拉大神殿的地下室由托勒密十二世下令继续建造并完工。在科普托斯，托勒密十二世为赫姆[25]、伊西斯和哈赫[26]建造了一座祭坛。他将自己的名字雕刻在底比斯的卡纳克神殿内。另外，在艾德夫神殿的高塔外，托勒密十二世安装了青铜大门，扩建考姆翁布的菲洛墨托尔神殿，并且在菲莱和比佳的古老建筑中雕刻自己的名字。事实上，托勒密十二世在这些神殿内的大部分建造工作都局限于墙面装饰。他似乎想要拥有神殿建造者的名声，但不想支付大笔费用。应当注意的是，在艾德夫神殿安装青铜大门时（公元前57年），托勒密十二世还是流亡者，而不是公认的君主。

罗马权贵们或平民领袖们（渴望掠夺埃及）与法老一方（被巨额贿赂收买并受到潜在掠夺者嫉妒和支持）之间的长期外交博弈，在国内冲突的每一个关键时刻，无不笼罩着罗马。公元前75年，比提尼亚被赠予罗马。公元前74年，罗马正式占领比提尼亚。与此同时，昔兰尼总督空缺。这引发了第二次米特拉达梯战争。在随后的动荡时期，公元前72年，克利奥帕特拉·塞勒涅的两个叙利亚儿子（不是托勒密八世的儿子）前往罗马，并且声称他们是埃及王位和塞浦路斯王位的继承人，希望推翻当时埃及和塞浦路斯的统治者。不过，他们的这个提议遭到韦雷斯的反对。这引发了第三次米特拉达梯战争[27]。罗马由于需要钱准备战争，所以想要吞并埃及。克拉苏、恺撒和赛尔维利乌斯·鲁拉斯都试图征服埃及，但因相互嫉妒而以失败告终。公元前59年，托勒密十二世用大约一年六千塔兰特的收入贿赂恺撒，使恺撒承认托勒密十二世为埃及法老。但很快，公元前58年，普布利乌斯·克洛狄乌斯·普尔喀提议并进行吞并塞浦路斯的行动。塞浦路斯总督托勒密如果不那么贪财，将钱财留在国库里，那么本来可以拯救塞浦路斯。然而，为了彰显王室气节，他宁愿自杀也不愿忍受失去塞浦路斯总督之位的不堪。

在塞浦路斯被占领前，亚历山大的居民奋起反抗托勒密十二世的统治，并且将他流放。托勒密十二世发行的钱币贬值——他的钱币保留至今。因此，我们可以看见，托勒密十二世支付巨额贿赂时陷入财务困境，甚至可能勒索臣民，或没收臣民的财产。这引起了臣民的不满。托勒密十二世被流放

图74●托勒密十三世和两位女神的壁画形象，发现于科姆昂博

后，他的妻子克利奥帕特拉五世[28]留在埃及，但她的名字没有作为统治者出现在官方文件中。这表明她在几年后（可能在公元前69年）去世了。我认为，托勒密十二世的大女儿贝勒尼基四世是在他加冕后不久出生的。与此同时，托勒密十二世还另娶了一位妻子。他们的长女出生于公元前69年到公元前68年。后来，她成为著名的埃及女王。贝勒尼基四世成为埃及法老之位的继承人。在托勒密十二世王室的其他女性消失在历史舞台后，贝勒尼基四世成为埃及的女王。亚历山大居民决心不让托勒密十二世复辟，甚至派使者前往罗马表达他们对托勒密十二世的愤怒。但托勒密十二世通过个人影响和贿赂，甚至通过暗杀亚历山大居民派的使者，挫败了亚历山大居民的企图。不过，亚历山大居民诱使元老院不恢复托勒密十二世的法老之位。与此同时，亚历山大居民为贝勒尼基四世寻找合适的丈夫。贝勒尼基四世丈夫的第一个人选是塞琉古王国皇帝塞琉古七世，但塞琉古七世很快就被贝勒尼基四世勒死。我认为，正是塞琉古七世（昵称是"腌鱼小贩"）偷了亚历山大大帝的金棺并将其木乃伊放入玻璃棺中[29]。第二个人选是阿基劳斯。当时，他是科马纳的大祭司。在亚洲一些国家，大祭司拥有和王室成员相同的地位。阿基劳斯与贝勒尼基四世一起正式统治。他们的统治年数分别计算。直到阿基劳斯在位第六个月末，叙利亚总督奥卢斯·加比尼乌斯由于接受了托勒密十二世六千塔兰特的贿赂，并且征得庞培的同意，才率军入侵埃及。在战斗中，奥卢斯·加比尼乌斯杀死了阿基劳斯。托勒密十二世还谋杀了贝勒尼基四世。通过流血战斗，托勒密十二世重新夺回法老之位[30]。

我们并不关心这场残忍的战争在罗马引发的风暴，但有一点需要指出，托勒密十二世贿赂奥卢斯·加比尼乌斯的钱是向前债权人盖乌斯·拉比里乌斯·波斯图姆斯借的。当波斯图姆斯无法收回自己的钱时，托勒密十二世任命他为财政大臣。于是，埃及的税都会经波斯图姆斯的手。历史学家可能没有意识到托勒密十二世给予波斯图姆斯这一特权的真正意义。当时，这种做法在埃及没有先例，但在最近国际社会中有类似的例子，如为了向外国债权人支付贷款利息，伊斯兰国家的统治者转让自己从土耳其帝国获得的税。真正的债权人不是默默无闻的波斯图姆斯，而是强大的恺撒，因为当庞培被杀后，恺撒占领埃及时声称，自己军队的补给只是托勒密十二世欠他的一千七百万塞斯特斯[31]的一小部分。

根据西塞罗的记载，奥卢斯·加比尼乌斯被判犯有受贿罪，波斯图姆斯也陷入这宗贿赂案中。波斯图姆斯被迫在亚历山大担任危险的职务，否则他不能收回自己的贷款。他被迫放弃罗马人的着装，打扮成希腊人的样子。他不得不顺从专制法老托勒密十二世的心情小心翼翼行事，眼睁睁看着朋友们被监禁，自己的生命处在危险中。最终，波斯图姆斯不得不脱光衣服逃命。在奥卢斯·加比尼乌斯罗马驻军的帮助下，他犯下了凶残的罪行。因此，他的罪行招致亚历山大居民的反抗。亚历山大居民一旦抓住波斯图姆斯，无疑会杀死他。

公元前55年，托勒密十二世再次登上法老之位，但他的统治只延续到公元前51年。死神带走了托勒密十二世——托勒密家族中最懒惰、最没有价值的成员。对于托勒密十二世，人们已经没有什么可记录的了。

托勒密十二世给世人留下的印象是他游手好闲、毫无建树、沉迷于"狄奥尼索斯的狂欢"。这也是他的绰号[32]的来源。托勒密十二世在公开的长笛比赛中蒙羞。这是他昵称的来源。另外，他没有得到任何人的好评。在罗马，托勒密十二世假扮成埃及法老。在托勒密十二世的暴虐统治时期，人们没有发现埃及本地人叛乱，这可能是因为其父"拯救者"托勒密九世毁灭底比斯的行动彻底粉碎了反对派的企图。托勒密十二世借助神职人员和埃及本土宗教，似乎一直与埃及本地人保持着友好的关系。

幸运的是，对托勒密十二世统治末期，我们不仅有西塞罗描述的埃及的状况，还有西西里的狄奥多罗斯的记录。大约公元前60年，西西里的狄奥多罗斯访问了亚历山大和一些上埃及城市，并且如实记录了他从希腊人那里看到和听到的关于埃及宗教中心的情况。他对埃及的印象，或者更确切地说，我们从他的叙述中得到的他对埃及的印象，与我们从纪念碑和其他遗迹中获取的信息高度一致。

根据西西里的狄奥多罗斯的记载，如果有人故意或无意杀死一只朱鹭或猫，那么这人必然会死，因为亚历山大居民会聚集在一起，不经法律调查就将他打死。这表明亚历山大居民不再以希腊人为主，因为残暴的行为深深渗透到埃及本地人的血液中。亚历山大居民对一些侮辱神的行为难以容忍。西西里的狄奥多罗斯补充道："在托勒密十二世还未被罗马人当作朋友时，亚历山大居民对住在亚历山大的罗马人十分尊重，因为他们害怕罗马找借口挑起争端。但如果一个罗马人碰巧杀死一只猫，亚历山大居民就会袭击他住的房子。即使托勒密十二世派来官员，以及居民害怕罗马的报复，都不足以挽救这个罗马人的生命，尽管他不是故意这么做的。这件事不是根据道听途说记录的，而是我在逗留埃及期间亲眼看见的。"

我不禁猜想，在海外，罗马人因其粗鲁专横的态度总不受当地人待见。此时，在东方，罗马人还变成众所周知的最残忍、最无情的勒索者。因此，亚历山大居民很可能以宗教理由向罗马人复仇。

根据西西里的狄奥多罗斯的记载，他访问亚历山大时，根据官方人口普查数据，亚历山大的人口，即自由民，超过三十万。托勒密十二世从埃及其他地方收的税超过六千塔兰特。然而，斯特拉波引用西塞罗的话，大意是托勒密十二世收的税是一万两千五百塔兰特[33]。

狄奥多罗斯和西塞罗对埃及内陆地区的描述存在强烈的反差。西西里的狄奥多罗斯记录了他从祭司处了解的埃及王室的古老传统和埃及宗教。祭司们完全不在乎希腊化。西西里的狄奥多罗斯通过研究祭司及其宗教仪式、人们的风俗习惯、旧君主的立法及奇怪的动物崇拜，将埃及描述成一个不接纳新文明的地方，但埃及拥有同样先进但原始的文化。即使在西西里的狄奥多罗斯生活的时代，神圣动物的看守人也会在祭品上花费一百塔兰特。

我们发现了托勒密十二世统治时期记录托勒密十二世向埃及神祈愿的铭文[34]。托勒密十二世可能是托勒密王朝诸位法老中最不关心臣民感情的法老。公元前58年，他完成了艾德夫神殿的修建工程。自托勒密三世下令开工建造艾德夫神殿以来，托勒密王朝的几乎每位法老都在这座神殿开展了建造工程。托勒密十二世还在神殿中记录了他与克利奥帕特拉五世对修建艾德夫神殿做出的贡献。一座巨塔刻有托勒密十二世打击对手的巨大浮雕。托勒密十二世扩建了考姆翁布神殿，建造了保存至今的多柱式门廊。他装饰了菲莱的一座塔，还在比佳岛靠近菲莱的地方修建了一座小庙。丹德拉神殿的地下室、科普托斯神殿的黑色花岗岩祭坛及卡纳克的几座神殿都刻有托勒密十二世的王名。这表明托勒密十二世在精神和金钱方面对埃及神的奉献。托勒密八世对卡纳克的破坏，并没有影响城中神殿的神圣。我们发现，在托勒密十二世后代的统治时期，埃及神殿的建造活动比许多埃及本地人担任法老时期更活跃。

托勒密十二世统治时期的莎草纸文件出于某种原因特别少。不过，人们发现了托勒密十三世统治时期的许多莎草纸文件。我们没有发现托勒密十二世或克利奥帕特拉五世统治时期的莎草纸。因此，我们不能了解当时埃及内部的状况。西西里的狄奥多罗斯从祭司口中了解了埃及的宗教传统。他对祭司的

图75●菲莱神殿中托勒密十三世的壁画形象

世袭尊荣感到惊讶。他通过希腊历史学家阿伽撒尔基德斯的著作了解到恐怖的努比亚金矿。他从阿布德拉的赫卡塔埃乌斯那里抄录了拉美西斯二世开疆拓土的记述。这些记述以浮雕或文字形式出现在底比斯的大神殿中。西西里的狄奥多罗斯的大部分记录是基于二手材料整理的。如同后来的斯特拉波或者大多数希腊作家一样，西西里的狄奥多罗斯更喜欢抄录他人书中的观点，而不是亲自研究历史事件。因此，上文引用的西西里的狄奥多罗斯书写的逸事很少有可信的内容。西西里的狄奥多罗斯说要沿着海岸撒网捕捉鹌鹑。如同5月意大利南部海岸上的景象一般，鹌鹑在夜间飞行。我们认为，西西里的狄奥多罗斯曾到过尼罗河。他说尼罗河最曲折，向北延伸的河道突然流向东西两侧，甚至向南流。盛夏时节，尼罗河的洪水使埃及看起来像爱琴海的基克拉泽斯群岛。西西里的狄奥多罗斯还知道萨加。他说萨加是阿基米德的发明。这可能是真的，因为古埃及人只使用橘槔[35]。西西里的狄奥多罗斯记录了一条真实信息，即克利奥帕特拉五世王后比托勒密十二世法老获得的荣誉更高，甚至在婚姻协议中也写明丈夫必须尊重妻子。西西里的狄奥多罗斯了解如何使用蓖麻油做灯及鹅的饲养业和其他行业。这些都被莎草纸文件充分证实。西西里的狄奥多罗斯提到，埃及的各项法律程序用书面文件而不是口头陈述记录。这也是正确的。他还说教育者们从理论方面反对音乐和体育，并且认为音乐和体育有害身心。这一描述也是正确的。我们很难说其中有多少内容是西西里的狄奥多罗斯观察得来的，有多少内容是他从其他书中抄袭的。他对底比斯和法老陵的叙述，似乎是从赫卡塔埃乌斯处抄来的，即使是他对金字塔的描述，我们也有同样的疑问。西西里的狄奥多罗斯谈到遗迹上的铭文和其他无法证实的细节。他的作品是一个生动的例子，证明了希腊历史学家通常将二手信息当作自己观察的成果。这种行为应该受到谴责。

【注释】

1 这一时期，昔兰尼的铸币情况也是历史研究的一个难题。在昔兰尼，人们发现了托勒密十世的许多钱币。因此，斯坦利·莱恩·普尔认为阿皮翁不是在托勒密八世驾崩后立即成为昔兰尼总督的，而是在托勒密八世驾崩后几年。他认为，公元前107年——阿皮翁即位的时间是"拯救者"托勒密九世遭放逐的时间。对仅仅从钱币推断出的这个结论，我持怀疑态度。——原注

2 如马克斯·莱布雷希特·施特拉克：《托勒密王朝》，第178页。——原注

3 在这些王表（亚历山大人崇拜的法老名单，或者是处于大多数官方文件开头的法老名单）中，从未真正统治过的法老欧帕托尔和托勒密七世的位置很不稳定。有时，欧帕托尔和托勒密七世似乎可以互换。有时，其中一个名字被省略。关于托勒密七世统治塞浦路斯的唯一有力证据是收藏于大英博物馆中的一枚帕福斯的钱币。——原注

4 这一事实支持了马克斯·莱布雷希特·施特拉克的观点，即托勒密七世是长子，并且被指定为法老之位的继承人。因此，法老的年幼儿子的婚姻不会受到严格监管。——原注

5 指1896年前后。——译者注

6 "拯救者"托勒密九世先与克利奥帕特拉三世开战，后流亡海外，然后又由某种原因统治塞浦路斯十九年。——原注

7 为方便读者阅读，以下是"拯救者"托勒密九世和托勒密十世的生平概述：

"拯救者"托勒密九世

（1）公元前117年到公元前111年，与母亲克利奥帕特拉三世共治；

公元前117年到公元前114年，统治整个埃及；

公元前114年到公元前111年，只统治埃及；

（2）公元前111年到公元前108年，单独统治埃及；

（3）公元前108年到公元前88年，任塞浦路斯总督；

公元前107年到公元前101年，与母亲克利奥帕特拉三世共治；

公元前101年到公元前88年，（与妻子贝勒尼基四世）单独统治；

（4）公元前88年到公元前81年，再次成为埃及法老，并且是塞浦路斯总督。——原注

8 在年代学家中，从时间方面，马克斯·莱布雷希特·施特拉克离我们最近。他的研究结果也最清晰。——原注

9 根据在莎草纸中出现的据点，我们可以看到在公元前2世纪中期，骑兵居民在数量上有所减少，在实际作战中也有所减少。无论如何，他们不是普通的驻军。——原注

10 《卡萨蒂莎草纸》，目前收藏在卢浮宫。——原注

11 《都灵莎草纸》，第8卷。——原注

12 1英尺约合0.3米。——译者注

13 这是我用在不同地方发现的两块碎片上的文字拼凑起来的。——原注

14 在古希腊，埃皮比指男性青少年，或指处于这一年龄的人拥有的社会地位。——译者注

15 克利奥帕特拉三世去世的日期还不确定。在我看来，《莱顿莎草纸》中的一些文字似乎暗示公元前99年她还活着。——原注

16 《古埃及的历史研究》，第2章，第56页。——原注

17 阿庇安：《米特拉达梯战争》，第23页。——原注

18. 普鲁塔克:《卢库鲁斯》，第2页、第3页。——原注
19. 值得注意的是，虽然迪索里斯-马格纳城被夷为平地，当地居民分散到周围的村庄，但对大神殿的维护和装饰工程并没有停止。后来的统治者，即托勒密十二世和罗马皇帝的名字仍然出现在一些比较小的建筑物的墙上。此外，克利奥帕特拉六世统治时期对卡利马科斯的赞美法令表明，直到公元前40年，迪索里斯-马格纳内部组织良好。——原注
20. 在《赫尔墨斯和雅典娜》第二十二卷中，我提到托勒密十一世的遗嘱与阿塔罗斯王朝最后一任国王的遗嘱相似。这份遗嘱似乎只将阿塔罗斯王朝最后一任国王阿塔罗斯三世的个人财产留给罗马人民，但罗马的煽动者故意无视帕加马的宪法权利，并且将阿塔罗斯三世遗嘱中的财产部分解释为包括了帕加马的所有公共收入。——原注
21. 这个私生子的母亲有可能是与"拯救者"托勒密九世离婚的克利奥帕特拉三世吗？——原注
22. 我认为这种说法等于排除了王室妻子或合法妻子的存在。另外，托勒密十二世可能直到加冕典礼结束才与克利奥帕特拉五世结婚。——原注
23. 马克斯·莱布雷希特·施特拉克:《托勒密王朝》，第209页。——原注
24. 马克斯·莱布雷希特·施特拉克:《托勒密王朝》，第150页到第153页。——原注
25. 赫姆即敏，是古埃及神话中的繁殖之神。——译者注
26. 在埃及神话中，哈赫是无限和永恒的化身。——译者注
27. 在东方，米特拉达梯六世拥有强大的权力。因此，公元前63年，托勒密十二世与米特拉达梯六世的两个女儿订婚。——原注
28. 在《托勒密王朝》一书中，马克斯·莱布雷希特·施特拉克认为此处说的是克利奥帕特拉五世，而不是贝勒尼基四世。——原注
29. 因为"Ταρίχεύω"指防腐，所以我想"Ταρίχεύω"是指木乃伊的一个俗语。——原注
30. 人们通常认为这是罗马军队对贝勒尼基四世和阿基劳斯的亚历山大军队的胜利。事实并非如此。在《高卢战记》第三卷中，恺撒明确指出，是亚历山大的无序和倒戈的军队使托勒密十二世夺回了法老之位。在战斗前，为了争得功劳，亚历山大的军队很可能逃到了加比尼乌斯，并且无论结果如何，他们都在胜利的一方。——原注
31. 塞斯特斯是古罗马的一种钱币。——译者注
32. "吹笛者"。——译者注
33. 斯特拉波与马库斯·图利乌斯·西塞罗都没有具体说明这里的塔兰特是多少，但计量学家已经证明他们表示的数目相同，金额大约是三百万英镑。——原注
34. 玛格丽特·爱丽丝·默里:《埃及的辉煌：埃及文化与文明概论》，第2卷，第427页、第429页、第431页。——原注
35. 萨加可能是汲水工具，橘槔是埃及的一种汲水工具。——译者注

第 10 章

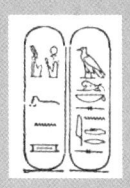

从托勒密十三世统治时期到
克利奥帕特拉六世统治时期

FROM PTOLEMY XIII TO CLEOPATRA VI

文献注释：

很幸运，讲述本章的内容时，我们可以参考几位古代作者创作的罗马史和人物传记，包括阿庇安的《米特拉达梯战争》、恺撒的《内战记》、卡西乌斯·狄奥的《罗马史》，以及普鲁塔克的《恺撒和安东尼传》。除了在丹德拉发现的克利奥帕特拉五世的(没有告诉我们任何历史的)铭文，以及目前收藏在都灵博物馆内可追溯到她统治时期的一块石碑，我们关于埃及内部状况的知识实际上是零。

无论托勒密十二世多么懒惰或不道德，他的遗嘱显示出他对家人，甚至对国家的强烈感情。显然，他十分害怕罗马人的贪婪及罗马人对埃及和自己的控制。他十分小心地书写自己的遗嘱，防止他死后有人伪造他的遗嘱。他将自己的国家留给长女克利奥帕特拉六世和长子托勒密十三世，并且呼吁罗马人看在埃及王室与罗马长久的友谊上，不要干涉他的合法要求。托勒密十二世向罗马寄去一份经证实的、密封的遗嘱副本。遗嘱的副本存放在公共档案馆内，原件保存在亚历山大[1]。但当时，罗马处在十分混乱的状态，即使面对潜在的庞大战利品——埃及的财富，罗马人也没有过多注意。托勒密十二世的遗嘱甚至没有被正式存放在埃拉里乌姆[2]，而是交由庞培保管。

当时，大约十七岁的克利奥帕特拉六世[3]和她最年长的弟弟、大约十岁的托勒密十三世共同统治埃及。根据传统，不久，克利奥帕特拉六世与托勒密十三世将结婚。对此，大臣们没有异议。其他地方的文献资料讲述了当时发生在亚历山大的一些事件，但很可惜，埃及的铭文和莎草纸没有记录这些事件。埃及的文献材料缺失一定是个意外，因为全埃及每天都有签订的合同等文件，并且托勒密王朝建造和装饰神殿的活动仍在进行。因此，埃及肯定有克利奥帕特拉六世的遗迹。克利奥帕特拉六世在位的第二年（公元前50年）或第三年（公元前49年），庞培准备与恺撒的开战。庞培派长子，即后来在蒙达被杀的格奈乌斯·庞培前往埃及获取战船和其他物资。在东方，庞培的名字很有影响力，格奈乌斯·庞培肯定被视为罗马帝国的继承人。我们从后来的典故中得知，克利奥帕特拉六世对格奈乌斯·庞培的野心有所提防。实际上，克利奥帕特拉六世顺从年轻的格奈乌斯·庞培，不想卷入什么大阴谋中。如果庞培在即将到来的冲突中获胜的话，那么我们很可能就会听说这件事的更多内容。在克利奥帕特拉六世和托勒密十三世名义上共治的第四年（公元前48年），托勒密十三世已经成年，可能在孟菲斯称法老。此时，托勒密十三世的谋士兼亲信内侍[4]波蒂诺斯怂恿托勒密十三世单独统治埃及。因此，克利奥帕特拉六世遭到流放。然而，她坚毅不屈，凭借丰富的资源，迅速在叙利亚集结了一支军队，出发夺回法老之位。托勒密十三世的军队在培琉喜阿姆附近扎营。此时，在法沙利亚，战败后逃亡的庞培带着两千名追随者来到埃及寻求庇护。托勒密十三世的谋士们认为，最好的办法是在岸上迎接庞培，然后杀了他，以此讨好权势倾天的恺撒。

历史著作和遗迹都没有告诉我们克利奥帕特拉六世和托勒密十三世作战的结果，但我们可以有把握地推断，托勒密十三世赢得了一场胜利，克利奥帕特拉六世失去了自己的军队，因为失败者的士兵通常加入胜利者的军队中。但克利奥帕特拉六世没有放弃复辟，也没有撤到叙利亚，因为她离恺撒很近，可以立即与他谈判。

图 76 ● 克利奥帕特拉六世的头像，发现于丹德拉

当恺撒到达亚历山大时，亚历山大的历史及其复杂的战争史随即变成罗马史，甚至变成世界史的一部分。亚历山大的历史没有记录在当地的遗迹上，而是体现在恺撒对克利奥帕特拉六世与托勒密十三世战争的描述中，以及这一时期的历史学家和传记作家，如普鲁塔克和卡西乌斯·狄奥的著作中。在此，我们只从他们的叙述中选出与亚历山大有关的事实。亚历山大虽然是一个民族融合，甚至是由外国人组成的城市，但它是埃及的首都，也是托勒密十三世统治时期埃及的代表性城市。首先，我们要提出，恺撒以最高统治者的身份进入亚历山大，这使亚历山大居民感到愤怒。奇怪的是，习惯屈服于埃及王室威严下的亚历山大居民，竟然对恺撒的权势感到愤怒。他们可能联想到奥卢斯·加比尼乌斯进入亚历山大及托勒密十二世复辟后的血腥场面。

然而，我们或许可以从恺撒对亚历山大居民来源的描述中，理解亚历山大居民为什么愤怒。恺撒说，在阿基拉斯领导下对付他的部队，无论在数量上，还是在作战素养上，都不应该被轻视。亚历山大共有两万人的部队。其中，第一类士兵是奥卢斯·加利比乌斯带来的士兵。这些士兵习惯了亚历山大的生活方式，忘记了罗马军队的纪律。他们中的大多数人都在亚历山大结婚，组建家庭。事实上，他们与当地人通婚，居住在一个新的定居点"κατοικοι"。第二类士兵是来自叙利亚、西里西亚和周边地区的海盗和土匪。恺撒虽然没有在其著作中提到，但在三角洲沿岸及尼罗河支流、浅滩和沼泽地的湖泊，海盗活动一直猖獗。在托勒密王朝时期，沉船和船上的货物都被认为是埃及本地人的财产。因此，在这些地区，可能有很多埃及本地人与近期被庞培从海上驱赶来的西里西亚海盗是同伙。第三类士兵是来自意大利的罪犯和被流放的人及逃亡的奴隶。多年来，亚历山大一直是他们的安全避难所，因为他们可能被登记为士兵。这一类人被称为"雇佣兵"。因此，他们与第一类士兵不同。"这些人可能会要求杀死不受欢迎的大臣。他们会掠夺私人财产。根据亚历山大马其顿驻军的旧传统，第三类士兵会驱逐或召回任意一名士兵。他们有两千匹马。另外，他们目睹了多场战争。他们帮助托勒密十二世回到埃及，杀害了马库斯·卡尔普尔纽斯·比布卢斯的两个儿子——不知何时或为何，他们与埃及本地人作战。这就是他们的历史。"

对于这种太过简短的描述，我们要开展更多的研究。然而，首先，十分明显的是，对最后一类士兵来说，如果他们当中有执束杆侍从[5]，那是十分可怕的。执束杆侍从的出现可能意味着，亚历山大施行了罗马的军法。对于这一点，埃及本地人似乎并不清楚。逃亡的奴隶可能在恺撒的侍从中，他们发现了以前的主人或者其他了解他们过去的人。因此，出于个人安全，逃亡表明了奴隶们的政治态度。恺撒无权以独裁者的名义入侵一个与他有友好关系的君主的首都，并且将罗马的军法强加在埃及身上。

奥卢斯·加比尼乌斯的士兵不是亚历山大主要的武装力

量。他们似乎想成为平民，只做普通的老士兵。他们让我们想起法尤姆的定居者。在亚历山大，奥卢斯·加比尼乌斯的士兵拥有房屋，给儿子们留下军马。大部分士兵都主张和平地生活。他们或其父辈都是作为征服者来到亚历山大的，并且组成了埃及法老最初的禁卫军。但当他们开始追求和平，享受埃及的奢侈生活时，他们逐渐被雇佣兵取代。雇佣兵获得报酬并绝对服从主人的号令，这一点在希腊将军欧迈尼斯和他的部队签订的一份合同中有所体现。

但值得注意的一点，也是我们可以毫无疑问地接受恺撒的叙述的是，雇佣兵如同最初的入侵者的军队一样，居住在宫殿附近，与宫廷联系密切，并且享受马其顿禁卫军的特权和尊荣。在托勒密王朝历史上，雇佣兵的地位上的变化有迹可循。当来自爱琴海的自由支持者或犹太人担任总指挥时，马其顿军队的传统只是在名义上存在。

面对亚历山大危险的居民和驻军，恺撒作为罗马人民的代表，提议裁决克利奥帕特拉六世和托勒密十三世的主张。在这个方面，恺撒的行为是正当的。在遗嘱中，托勒密十二世恳求罗马人帮助他实现遗愿。但在恺撒的保护下，克利奥帕特拉六世再次出现在亚历山大时，托勒密十三世很快就发现，罗马人不是中立的裁判，而是与自己对立的一方。罗马人公然支持克利奥帕特拉六世。于是，在阿基拉斯的指挥下，托勒密十三世和波蒂诺斯的军队在宫殿内突然向恺撒发动攻击，并且差点击败恺撒。经过充分考量，我认为最有可能的是，恺撒虽然不是打侵略战争的新手，但被克利奥帕特拉六世的魅力征服，忘记了自己的巨大使命，也使自己陷入险境。恺撒来到亚历山大就像霍雷肖·纳尔逊结束尼罗河战役后前往那不勒斯[6]。出于类似原因，恺撒的势力连续几个月不断削弱。与霍雷肖·纳尔逊一样，恺撒受到舆论的指责，但仍然忠于自己爱慕的对象克利奥帕特拉六世，尽管此时他已是一个成熟的男子。

在随后的事关恺撒生死的战争中，亚历山大的军队表现出优秀的军事素养。为了拦截缓慢运输给恺撒的零星物品，亚历山大的军队不顾一切试图冲入宫殿，切断恺撒与大海、救援物资或淡水的联系。亚历山大的军队对著名统帅恺撒的勇气和资源提出了挑战。这还考验直到米特拉达梯将军带着物资和兵力从叙利亚出发、途经孟菲斯前来援助，恺撒手下由两千名老兵组成的小分队是否能坚韧不拔。带领一支军队穿越尼罗河三角洲是不可能的。与此同时，恺撒不得不烧毁海港中的战船。既然他已经无法指挥这些战船了，绝不将它们留给对手使用。在这场大火中，亚历山大图书馆内的大量图书，即莎草纸卷被毁。然而，对于这次围困事件，生活在这一时期的人没有任何印象，甚至生活在这一时期的西塞罗也没有印象。几十年后，斯特拉波看到亚历山大时曾概括性地描述了亚历山大，也对这次围困事件只字不提。随着时间的推移，到吕齐乌斯·安涅·塞内加的时代，人们才开始相信，亚历山大图书馆是被烧毁的。在我看来，发生如此可怕的灾难与当时人们的沉默有密切关系。

起初，恺撒尝试与托勒密十三世和解。他宣读了托勒密十二世的遗嘱，并且承诺严格执行遗嘱。恺撒甚至提议归还塞浦路斯，并且让托勒密十二世两个年幼的孩子统治塞浦路斯。但恺撒与克利奥帕特拉六世的关系似乎使埃及所有其他王子都坚决反对他。王子们可能知道，只要克利奥帕特拉六世获得统治权，他们就没有登上法老之位的指望了。于是，托勒密十二世的还未成年的女儿阿尔西诺伊四世带着内侍盖尼墨得斯从宫殿内逃了出来，并且试图组织军队进攻入侵者。应人民的要求，托勒密十三世借口与胜利者谈判被派了出去。他领导人民虽然毫无经验，但表现得果断勇敢。不过，托勒密十三世在与恺撒和米特拉达梯的战斗中阵亡。作为恺撒的战利品，阿尔西诺伊四世被带到罗马。小男孩托勒密十四世成为克利奥帕特拉六世名义上的丈夫。在一切安顿下来，并且埃及归克利奥帕特拉六世和她弟弟托勒密十四世统治后，克利奥帕特拉六世跟随恺撒来到罗马，并且直到恺撒被刺身亡，克利奥帕特拉六世一直作为恺撒的情妇，在罗马生活。年幼的弟弟兼丈夫托勒密十四世随同克利奥帕特拉六世来到罗马。后来，托勒密十四世中毒死亡。克利奥帕特拉六世有一个孩子恺撒里昂。托勒密十四世坚称恺撒里昂的父亲是恺撒。罗马人并不喜欢她，害怕恺撒受克利奥帕特拉六世影响。罗马人认为她会令恺撒偏爱东方，远离罗马。恺撒在亚历山大及整个上埃及留下三个罗马军团。为了使克利奥帕特拉六世安心，三个罗马军团听命于鲁菲诺斯。鲁菲诺斯是个自由民，是一位能干、可靠的勇士。在首都亚历山大的动乱中，埃及各地的旧官员似乎幸存下来，效忠不在埃及的克利奥帕特拉六世。

恺撒遇刺身亡后，克利奥帕特拉六世急忙回到埃及，将其子恺撒里昂称为托勒密·恺撒、菲洛帕托尔·菲洛墨托尔神。克利奥帕特拉六世和弟弟托勒密十四世共治四年。之后，克利奥帕特拉六世和弟弟托勒密十五世[7]共治四年。因此，托勒密十五世肯定与恺撒同一年去世。随后，克利奥帕特拉六世和当时最多六岁的儿子恺撒里昂共同统治埃及。卡西乌斯·狄奥[8]明确表明，克利奥帕特拉六世与恺撒里昂共同统治埃及征得了罗马的同意。与此同时，她承诺，公元前42年，自己会与普布利乌斯·科尼利厄斯·多拉贝拉结盟并提供援助。罗马正经历巨变。恺撒一死，克利奥帕特拉六世便坚持中立的立场。尽管她很可能对不止一个派别做出承诺，并且热切等待胜利的机会。克利奥帕特拉六世必须花费很大心力，避免引起对手采取行动。但根据底比斯的一篇希腊语碑文，此时，埃及遭遇了饥荒。表面上看，被托勒密八世摧毁的底比斯仍然状况良好。这要感谢底比斯的一位官员卡利马科斯。他保护底比斯居民免受饥饿的折磨。

目前，收藏在都灵博物馆的底比斯石碑很有趣，值得我们花一些时间讨论，特别是当时，希腊纪念碑很罕见。正如佩伦所说，虽然这块石碑已经严重损坏，但碑文的大意清晰。碑文是用埃及通俗体文字和希腊语写成的。与往常一样，在碑文中，现在已经完全消失的埃及本土语言占据主要位置。我不知道对这篇碑文的研究是否取得了进展。

希腊语碑文大致如下："克利奥帕特拉、菲洛帕托尔女神和托勒密·恺撒、菲洛帕托尔·菲洛墨托尔在位的第十三年（此处存疑）[9]，这是迪索里斯-马格纳伟大的神阿蒙拉松瑟[10]的祭司、长老和其他所有人（我认为这指的是居民）颁布的法令。自从首席执法官卡利马科斯管理佩里-底比斯诺姆的收入以来，卡利马科斯曾担任竞技官和骑兵指挥官。当可怕的各种麻烦困扰底比斯时，他仁慈地照料底比斯，使当地处在安宁的状态，照料伟大的埃及神的神殿，并且仁慈地处理民事，即使在粮食匮乏和饥荒时期，使埃及人过上幸福的生活（这是碑文第七行到第十行的大概内容）。当所有人都绝望地等待死亡解救他们时，卡利马科斯恳求阿蒙拉松瑟施以援手，阿蒙拉松瑟慷慨地帮助底比斯人摆脱了所有的痛苦。卡利马科斯像星星一样闪耀，他将自己的生命奉献给佩里-底比斯的居民，并且将佩里-底比斯的居民连同他们的妻子和孩子一起从风浪中拯救出来，带到一个宁静的港湾。我们要给予卡利马科斯最高的赞美。卡利马科斯与其祖父一样妥善管理所有敬神活动。他恢复了底比斯当地的祭祀活动和颂歌表演。因此，他被称为'底比斯的救世主'。这一头衔将被刻在阿蒙拉松瑟神殿的显眼处。卡利马科斯的雕像将用坚硬的石头制作，并且被竖立起来。这篇碑文将以通俗体文字和希腊语文字书写，以显示底比斯对卡利马科斯的感激。"

虽然存在许多缺陷，但可以说，这篇碑文的大概内容就是这样。奇怪的是，它不像我们在埃及发现的托勒密王朝时期的其他碑文。碑文的日期后面没有一句关于王室的话。碑文的主题是赞扬一位叫卡利马科斯的官员。文中不乏修辞，多用夸张手法。卡利马科斯的荣誉之多、之高，是早期君主难以容忍的。显然，当克利奥帕特拉六世住在罗马时，卡利马科斯亲自处理底比斯的事务，完全独立行事。碑文提到卡利马科斯的祖父给予底比斯的恩惠。很可能指的是大约四十年前，当托勒密八世摧毁底比斯人居住的城市时，由于卡利马科斯的祖父的干涉，底比斯城得到某种程度的保护。

在罗马内战期间，卡西乌斯·狄奥向克利奥帕特拉六世索要士兵和金钱，但克利奥帕特拉六世拒绝了卡西乌斯·狄奥。克利奥帕特拉六世辩解说，饥荒和瘟疫蹂躏了埃及。上面引用的碑文提到了这一点。但如果克利奥帕特拉六世不是在腓立比将权力交到奥古斯都和安东尼手中，那么克利奥帕特拉六世本可以应对比普通的饥荒和瘟疫更严重的灾难。安东尼被委托处理东方事务。安东尼召见克利奥帕特拉六世。克利奥帕特拉六世解释自己在最近的一场战争中保持了中立。这时，她开始了生命中的一段新恋情。安东尼既是她的"奴隶"，也是她的情人。如果说恺撒还保存一丝理智，那么陷入热恋的安东尼则完全丧失了理智。

我想向读者推荐普鲁塔克的《恺撒和安东尼传》。威廉·莎士比亚的《安东尼与克利奥帕特拉六世》情节详细，故事讲得更精彩，为读者展开了即使是小说都无法呈现的生动画面。在亚历山大被奥卢斯·加比尼乌斯占领时，安东尼曾见过年轻的公主克利奥帕特拉六世，但那时，克利奥帕特拉六世还没有想过要征服安东尼。不久，通过使用自己的魅力，克利奥帕特拉六世控制了恺撒。恺撒更有权势。在恺撒的保护下，克利奥帕特拉六世住在罗马。在这期间，她一定有很多机会认识恺撒最喜欢的军官安东尼。然而，我们没有发现有任何迹象表明克利奥帕特拉六世与安东尼将成为情人。

但对于埃及令人怀疑的中立立场，渴望金钱的安东尼感到不满，并且将克利奥帕特拉六世召唤到塔尔苏斯时，克利奥帕特拉六世并没有顺从地回答他，而是像阿佛洛狄忒一样穿衣打扮，光彩照人地出现在"西德纳斯"号上。我们知道，克利奥帕特拉六世遵循希腊而不是埃及的生活方式。在扮演阿佛洛狄忒的克利奥帕特拉身旁，安东尼被允许扮演狄奥尼索斯，人们看见他们的欢呼声不亚于一个世纪后看见传道者保罗和巴拿巴[11]。在那时，保罗和巴拿巴被称为"莱斯特拉的宙斯和赫尔墨斯"。这次会面的结果是，克利奥帕特拉六世将安东尼掳到埃及。

因此，当安东尼的妻子富尔维娅在罗马对抗野心勃勃的奥古斯都、捍卫他的事业时，当叛徒安息帝国将军提图斯·拉比诺斯入侵叙利亚时，安东尼在埃及享受着"小心肝"克利奥帕特拉六世的陪伴。从来没有一个男人会冒着如此巨大的风险享受与情人的生活。但在所有享受和欢乐的背后是黑暗和血腥。克利奥帕特拉六世说服安东尼下令谋杀她的妹妹阿尔西诺伊四世。恺撒胜利后，阿尔西诺伊四世被送往罗马，向她憎恨的姐姐克利奥帕特拉六世寻求庇护，并且住在米利都的阿尔忒弥斯神殿[12]。过了一段时间，安东尼被迫离开埃及，回到罗马。在罗马，安东尼显然竭尽全力摆脱埃及的诱惑，甚至娶了奥古斯都温柔而高贵的姐姐奥古斯都娅。

此时，克利奥帕特拉六世独自留在埃及。我们对克利奥帕特拉六世的内政一无所知。但我们可以推测，在某种程度上，克利奥帕特拉六世注意到埃及神殿，特别是丹德拉神殿的建设。克利奥帕特拉六世和儿子托勒密·恺撒的王室头衔仍然留存在丹德拉神殿里的墙上。这一点值得注意，因为安东尼离开埃及后，可能在公元前40年，克利奥帕特拉六世为安东尼生下一对双胞胎，但克利奥帕特拉六世从未试图让这对双胞胎取代恺撒之子托勒密·恺撒的位置。丹德拉神殿墙上的克利奥帕特拉六世的画像，很好地表现了托勒密王朝时期埃及的艺术水准。与托勒密二世和阿尔西诺伊二世的雕像一样，克利奥帕特拉六世的画像与真人没有一点相似之处。从现存的希腊工匠设计的钱币来看，克利奥帕特拉六世很可能是个美丽的女人，而不是威廉·莎士比亚笔下那个肤色黝黑的流浪者。克利奥帕特拉六世喜欢以新女神伊西斯的身份出现在壁画中。因此，她身着埃及服装。

公元前36年，安东尼在罗马奉命指挥军队对付安息帝国。安息帝国可能希望安东尼有什么不测。安东尼的命运就此注定。在叙利亚战场，他将要见到情妇克利奥帕特拉六世了。他甚至不等克利奥帕特拉六世来找自己，就打发一个官员带克利奥帕特拉六世前往安条克见面。当克利奥帕特拉六世到达安条克时，安东尼送给她丰厚的礼物，即腓尼基、柯里-叙利亚、塞浦路斯、西里西亚及犹太和阿拉伯部分地区的统治权。这些礼物比处决无辜的托勒密十三世和将平民提拔为高官更让罗马人震惊。更糟糕的是，安东尼承认了克利奥帕特拉六世生下的双胞胎的地位，并且给他们起名"亚历山大·赫利俄斯"和"克利奥帕特拉·塞勒涅二世"。这两个名字都有重要含义。

不久，安东尼前往东方，送克利奥帕特拉六世回到埃及，让她等待自己凯旋。但途中，克利奥帕特拉六世来到耶路撒冷。在耶路撒冷，她遇见了十分憎恨自己的希律大帝。希律大帝是有史以来最英俊、最雄辩的冒险家之一。此时，得益于罗马人的恩惠、希腊城市的帮助和自己的能力，他正在建设耶路撒冷。希律大帝认为，可怕的克利奥帕特拉六世很可能会夺走自己辛辛苦苦建立的基业。同样，毫无疑问，如果安东尼最终取得胜利，那么埃及将重新获得广阔的土地，阿斯莫奈王室将被埃及征服或灭亡。因此，可以想象克利奥帕特拉六世和希律大帝，两位东方君主很有礼貌地会面，尽管他们心中都将对方视为致命对手。根据约瑟夫斯的记载，克利奥帕特拉六世对希律大帝耍花招。希律大帝提出一个杀死克利奥帕特拉六世的理由，但他的谋士警告他，安东尼将为克利奥帕特拉六世复仇，安东尼是任何劝说都拦不住的。于是，希律大帝经过深思熟虑，将克利奥帕特拉六世护送到边境。回到埃及时，安东尼作战没有获胜，而是失利了，并且只留下自己的一条命和少得可怜的残余部队。在叙利亚，克利奥帕特拉六世带着补给和援助物资再次与安东尼见面，但不让安东尼和他那从遥远的雅典而来的妻子奥古斯都娅见面。

公元前34年，在对安息帝国的第二次复仇之战中，安东尼获胜了。他在亚历山大庆祝罗马军队获胜。此时，亚美尼亚国王阿尔塔瓦兹德二世被囚禁。对罗马人来说，这比一切都糟糕。可以肯定，希律大帝在奥古斯都娅的宫内散播谣言。但除了满足克利奥帕特拉六世的欲求，安东尼对其他事情视而不见，甚至在公开场合正式宣布克利奥帕特拉六世和恺撒里昂为埃及、塞浦路斯、利比亚（我认为，包括昔兰尼在内）和柯里-叙利亚的领主。安东尼的儿子亚历山大·赫利俄斯将被称为"万王之王"，并且拥有亚美尼亚、米底亚和安息帝国[13]。此时，只是个婴儿的安东尼的小儿子托勒密·费拉德尔弗斯将以腓尼基、叙利亚和西里西亚国王的身份执政。显然，这一切都是克利奥帕特拉六世根据托勒密家族的传统提出的要求。她声称，很久以前就属于埃及的希腊世界的东西都是她的。

上述事件清楚预示了接下来发生的事。如果安东尼立即进攻奥古斯都，那么奥古斯都毫无准备，资金严重匮乏，因为东方的收入都在安东尼的控制中。罗马对金钱的需求引发了骚乱，奥古斯都不得不千方百计、不择手段地毁坏安东尼的形象，煽动罗马人反对安东尼。为了达到这个目的，安东尼的遗嘱甚至被从维斯塔贞女手中夺走。遗嘱的内容也遭到批评，因为其中的条款令人无法容忍。克利奥帕特拉六世对安东尼的追随者采取的手段似乎不如我们想象的明智，这使其中的一些人抛弃了安东尼，将他们了解的安东尼的行为传到罗马。

安东尼手下的其他军官认为，从军事角度看，克利奥帕特拉六世决定与安东尼一同前往武器储备中心萨摩斯并参加战斗，是一个重大错误。克利奥帕特拉六世在场，安东尼的大脑只会一片空白。因此，他们获胜的前提是让安东尼自由地、不受束缚地作战。但克利奥帕特拉六世持有不同的观点。如果她不参战，那么怎样才能相信罗马人？奥古斯都指不定还有什么计谋将安东尼带回罗马。如果安东尼的舰队在亚齐姆被击溃，那么克利奥帕特拉六世将变成无助的囚犯。此时，没有任何礼物可以贿赂胜利者。不管怎样，克利奥帕特拉六世只能是法老和胜利者的情妇，而不是战败者和耻辱者的情妇。克利奥帕特拉六世、阿尔西诺伊四世和贝勒尼基四世这三位王室女主人，哪一位不是抛弃战败的丈夫、投靠胜利者呢？

安东尼的倒台似乎不可避免。对于这一结果，克利奥帕特拉六世可能早就料到了。她带着自己的舰队逃走了，留下安东尼一败涂地的军队。在安东尼战败消息传到埃及前，克利奥帕特拉六世到达亚历山大。她似乎曾试图通过谋杀等手段除掉亚历山大的危险人物。但克利奥帕特拉六世意识到，为了保住王室尊严，自己必须抛弃安东尼及其他利益。奥古斯都来到亚历山大时，克利奥帕特拉六世想迷惑他，但失败了。即使克利奥帕特拉六世还没有美人迟暮，她冷酷狡猾的本性也注定不能迷惑奥古斯都。然而，为了将克利奥帕特拉六世和她的财宝作为战利品，奥古斯都做了一些愚蠢的举动欺骗克利奥帕特拉六世。但克利奥帕特拉六世没有上当，并且逃走了。

虽然克利奥帕特拉六世是托勒密王朝的末代君主，但我们不能忽视她的孩子们的命运。克利奥帕特拉六世的性格如果有什么特别之处，那么就是她始终爱护和照顾长子——她和恺撒的儿子恺撒里昂。克利奥帕特拉六世和恺撒里昂共同统治埃及。克利奥帕特拉六世将恺撒里昂的形象刻在埃及的纪念碑上，并且竭尽全力保护恺撒里昂的生命和利益。我们没有发现，克利奥帕特拉六世为了自己与安东尼的孩子的利益而损害恺撒里昂的利益。安东尼的孩子可能有些嫉妒恺撒里昂。我们应该更多研究和了解恺撒里昂，但我们没有发现恺撒里昂的记录。如同亚历山大大帝和罗克珊娜的孩子亚历山大四世一样，恺撒里昂的一生不为人知晓。我们只知道，恺撒里昂有着高贵的出身，被骗去巨额遗产，曾被对手囚禁，年轻时去世。与亚历山大大帝的儿子一样，恺撒里昂也是著名的历史

图77 ● 克利奥帕特拉六世和恺撒里昂的壁画形象，发现于丹德拉

人物。恺撒里昂不仅坐拥法老之位，还领导军队，参与所有大事。然而，关于恺撒里昂的外貌、生活习惯、婚姻等，没有一个字被记录下来。根据卡西乌斯·狄奥的记载，安东尼和克利奥帕特拉六世最后一次回到亚历山大时宣布安东尼的长子马库斯·安东尼乌斯·安蒂鲁斯与克利奥帕特拉六世的长子恺撒里昂为埃皮比。如果安东尼和克利奥帕特拉六世去世，马库斯·安东尼乌斯·安蒂鲁斯与恺撒里昂将作为继承人即位。卡西乌斯·狄奥补充说，这是安东尼和克利奥帕特拉六世死于奥古斯都之手的原因。

亚齐姆战役结束后，奥古斯都成为地中海的主人。克利奥帕特拉六世首先想前往红海和遥远的埃塞俄比亚，曾有许多探险队从埃及出发探索红海和埃塞俄比亚。那里似乎是一个远离希腊和罗马世界动乱的安全避难所。

为了带着宝藏安全越过罗马世界的边界，克利奥帕特拉六世甚至试图带领舰队穿越苏伊士运河地峡。普鲁塔克说苏伊士运河地峡长三百弗隆[14]。但克利奥帕特拉六世的第一批战船被阿拉伯人烧毁了。然后，安东尼逐渐陷入绝境，从而使克利奥帕特拉六世的行动无法开展。从这个故事看，在托勒密二世统治时期建造的运河，船无法通行。这表明托勒密王朝后期的法老发现，在通往尼罗河的沙漠道路上行走比在危险的红海里航行更可靠[15]。不久，克利奥帕特拉六世将当时十七岁的恺撒里昂送到遥远的贝烈尼凯，并且将他藏起来，由其导师照看，不让对手发现。但恺撒里昂的导师并不忠诚。为了讨好征服者,他将恺撒里昂带回埃及。最后,恺撒里昂被奥古斯都残忍杀死[16]。之后,奥古斯都称自己继承了恺撒的事业。实际上,这个世界上没有人比奥古斯都更适合继承伟大独裁者恺撒的事业。

我们知道,奥古斯都只处死了被宣布为王储的安东尼的一个儿子马库斯·安东尼乌斯·安蒂鲁斯。但我们对其余王子的状况一无所知。除了以其母名字命名的年轻公主克利奥帕特拉七世嫁给了毛里塔尼亚国王朱巴,历史没有记录任何王子的命运。朱巴是奥古斯都的朋友和战友,与奥古斯都一同来到埃及。此时,朱巴被克利奥帕特拉七世的美貌吸引。与此同时,埃及民族的优良传统给朱巴留下深刻印象。卡西乌斯·狄奥还说,奥古斯都允许朱巴及其妻子克利奥帕特拉七世带着克利奥帕特拉七世的兄长亚历山大·赫利俄斯和弟弟托勒密·费拉德尔弗斯来到非洲。

至此,埃及历史上的托勒密王朝结束了。我们即将进入罗马统治埃及时期。此时,埃及成为罗马帝国的一个行省,并且由罗马官员管理。幸运的是,这一变化没有发生在罗马共和国时期。读者可以从前几页中了解到,罗马高层的权力争夺和相互嫉妒是如何影响埃及命运的。除了波斯图姆斯的暴政,历史悠久的埃及得以免受韦雷斯及其追随者的压迫和勒索。

至少在管理方面,罗马帝国为埃及带来了重大改革。从前,埃及一直被罗马皇帝任命的大臣直接控制,但从来没有受元老院控制,实现稳定、理性的管理。幸运的是,最近,人们

图 78 ●克利奥帕特拉六世的钱币

发现了埃及在罗马化时代的许多商业文件。因此，下一卷中的研究材料远比托勒密王朝时期的研究材料更丰富。在筛选最新发现的证据后，我们无疑能通过这些证据，重新解释托勒密王朝晚期的历史。除了有关托勒密王朝内部的争端方面，托勒密王朝晚期各方面的历史材料都很缺乏。有充分的理由相信，罗马人在埃及内部管理方面改变不多。乌尔里希·威尔肯出版了大量陶片，其中大部分来自公元一世纪以后。伯纳德·派恩·格伦费尔和阿瑟·瑟里奇·亨特筛选和印刷了大量《俄克喜林库斯莎草纸》。然后我们就有望修订前面章节的内容，用外国史学家零星评论中的一些社会经济方面的细节，去填充这个框架。谁知道我们会不会找到托勒密王朝后期的一些莎草纸，这些莎草纸上记录的内容可能会告诉我们克利奥帕特拉六世统治时期埃及内部的状况？

我们热切希望，上述设想可以在作者所处的时代证实。对托勒密王朝时期埃及的叙述在这里就结束了。这一过程很艰难，还有改进的空间。

【注释】

1　恺撒:《内战记》，第3卷，第108页。——原注
2　埃拉里乌姆即古罗马的国库。——译者注
3　一些人认为托勒密十二世的长女被称为克利奥帕特拉·特丽菲娜二世，他们称克利奥帕特拉六世为克利奥帕特拉七世。——原注
4　埃及王子身边似乎都有一个小太监做内侍，与王子一起长大。这似乎是埃及王室的传统。实际上，内侍通常具有很大的影响力，如菲洛墨托尔的内侍尤拉奥斯。——原注
5　执束杆侍从是罗马的公务人员，通常作为执政的地方官员的侍从兼保镖。——译者注
6　1798年，英国海军上将霍雷肖·纳尔逊追逐拿破仑·波拿巴的法兰西军队来到埃及，并且在尼罗河战役中摧毁了拿破仑·波拿巴的舰队。霍雷肖·纳尔逊身负重伤，前往那不勒斯。在那不勒斯，霍雷肖·纳尔逊遇见并爱上了著名的美人汉密尔顿夫人。汉密尔顿夫人的丈夫是比她年长得多的英国驻那不勒斯王国大使威廉·汉密尔顿。——译者注
7　另有说法认为托勒密十五世是恺撒里昂。——译者注
8　卡西乌斯·狄奥:《罗马史》，第47卷，第31页。——原注
9　在此，佩伦想填上两个年份，分别是法老和王后的统治年份，与其他共治时期的年份标记一样。但由于碑文中的空缺处不够填写两个年份，所以佩伦不得不省略其中一个。另外，原碑文很可能只提到一个统治年份。事实上，克利奥帕特拉六世是否允许儿子恺撒里昂单独计算他的统治时间，这个问题我们不能确定。在《托勒密王朝》中，马克斯·莱布雷希特·施特拉克认为这个答案是否定的。——原注
10　阿蒙拉松瑟（Amonrasonther）是"阿蒙（Amun）"的希腊语译名，可能是埃及语"Amun-re Nesu Netcheru"的音译。——译者注
11　巴拿巴，是耶路撒冷最早的基督教徒之一。他卖了自己的所有物品，并把所得给了使徒。他的名字意思是"安慰之子"或"鼓励之子"。——译者注
12　卡西乌斯·狄奥:《罗马史》，第48卷，第24页。——原注
13　提图斯·李维:《罗马史》（第131卷）证实了这一点。——原注
14　弗隆是英国长度单位。——译者注
15　卡西乌斯·狄奥提到阿拉伯人烧毁的船是在红海沿岸建造的，而不是从地中海运来的。——原注
16　普鲁塔克在《恺撒和安东尼传》中指控马库斯·安东尼乌斯·安蒂鲁斯的导师塞奥佐罗斯谋杀了男孩马库斯·安东尼乌斯·安蒂鲁斯，塞奥佐罗斯将安蒂鲁斯出卖给了士兵。普鲁塔克补充说，让恺撒里昂失去生命的是罗马容不下两位恺撒——一山不容二虎。——原注

附 录

托勒密王朝
法老们的王名[1]

THE THRONE-NAMES OF THE PTOLEMIES

亚历山大三世和腓力三世的第一个名字相同，为：

Śtp n Rʿ, mr n Ymn

意思是"拉之选择，阿蒙之爱"。

亚历山大四世被尊称为：

Hʿʿyb Ymn, śtp n Rʿ,

意思是"使阿蒙内心愉悦，拉之选择"。

托勒密二世的王名为：

Wśr kʾ Ymn, mr Rʿ,

意思是"阿蒙灵魂的力量之源，拉之爱"。

托勒密三世的王名为：

Ywʿ n ntrwi śnwi, śtp n Rʿ, śḥm ʿnḫ n Ymn

意思是"两个友好神灵的继承人，拉之选择，阿蒙的人间代表"。

托勒密四世的王名为：

Ywʿ ntrwi mnḫwi, śtp n Ptḥ, wśr kʾ Rʿ, śḥm ʿnḫ Ymn

意思是"两个慈爱神灵的继承人，普塔之选择，拉灵魂的力量之源，阿蒙的人间代表"。

托勒密五世的王名为：

Yw' ntrwi mrwi ytw, stp n Ptḥ, wsr k' R', sḥm 'nḫ Ymn

意思是"两个友爱神灵的继承人，普塔之选择，拉灵魂的力量之源，阿蒙的人间代表"。

托勒密七世的王名为：

Yw' n ntrwi prwi, ḫpr Ptḥ, stp n Ymn, yr m''t R'

意思是"两个伟大神灵的继承人，普塔之身，阿蒙之选择，拉任命的统治者"，该王名中圣甲虫 ḫpr 的出现彰显了该王名的尊贵。

托勒密九世的王名为：

Yw' n ntrwi prwi, stp n Ptḥ, yr m''t Ymn, sḥm 'nḫ R'

意思是"两个伟大神灵的继承人，普塔之选择，阿蒙任命的统治者，拉的人间代表"。

托勒密十世的王名为：

Yw' n ntr mnḫ, ntr't mnḫ't, stp n Ptḥ, yr m''t R', sḥm 'nḫ n Ymn

意思是"慈爱男神和慈爱女神的继承人，普塔之选择，拉任命的统治者，阿蒙的人间代表"。

托勒密十一世的王名为：

Yw' ntrwi mnḫwi, stp n Ptḥ, yr m''t Ymn, snn 'nḫ n R'

意思是"两个慈爱神灵的继承人，普塔之选择，阿蒙任命的统治者，拉的人间代表"。

他的第二个王名为：

Ptolemy —sd·tw·n·f Yrksntrs, 'nḫ st, mr Ptḥ—

意思是"托勒密被称为'亚历山大'，万寿无疆，普塔之爱"。

托勒密十三世的王名为：

Yw' n p ntr nti nḥm, štp n Ptḥ, yr m"t Ymn, sḫm 'nḫ R'

意思是"拯救众生之神的继承人，普塔之选择，阿蒙任命的统治者，拉的人间代表"。

（托勒密一世的王名尚不清楚，托勒密十四世和托勒密十五世的王名尚未发现。）

【注释】

1　译者为弗朗西斯·卢埃林·格里菲斯。——原注